Lições de Direito do Consumo

CB126066

Lições de Direito do Consumo

3ª edição · 2022

David Falcão
Professor do Instituto Politécnico de Castelo Branco
Doutor em Direito

Prefácio por Jorge Morais Carvalho

ALMEDINA

LIÇÕES DE DIREITO DO CONSUMO
AUTOR
David Falcão
1ª Edição: setembro, 2019
EDITOR
EDIÇÕES ALMEDINA, S.A.
Rua Fernandes Tomás, nºs 76, 78 e 80
3000-167 Coimbra
Tel.: 239 851 904 · Fax: 239 851 901
www.almedina.net · editora@almedina.net
DESIGN DE CAPA
EDIÇÕES ALMEDINA, S.A.
CAPA: EDIÇÕES ALMEDINA
PRÉ-IMPRESSÃO
EDIÇÕES ALMEDINA, S.A.
IMPRESSÃO E ACABAMENTO

maio, 2022
DEPÓSITO LEGAL
....

Os dados e as opiniões inseridos na presente publicação são da exclusiva responsabilidade do(s) seu(s) autor(es).
Toda a reprodução desta obra, por fotocópia ou outro qualquer processo, sem prévia autorização escrita do Editor, é ilícita e passível de procedimento judicial contra o infrator.

ALMEDINA | GRUPOALMEDINA

BIBLIOTECA NACIONAL DE PORTUGAL – CATALOGAÇÃO NA PUBLICAÇÃO
FALCÃO, David, 1978-
Lições de direito do consumo. – 3ª ed. – (Manuais universitários)
ISBN 978-989-40-0185-0
CDU 346

NOTA DE ABERTURA

Várias foram as razões pelas quais me senti compelido à elaboração destas singelas lições. Em primeiro lugar, porque os diversos anos a lecionar a unidade curricular de Direito do Consumo, no Instituto Politécnico de Castelo Branco, contribuíram para que, com o decurso do tempo, conse-guisse reunir o conhecimento técnico e científico suficiente, fruto de árduo trabalho de investigação, necessário à criação de um instrumento rigoroso que pudesse servir de apoio a alunos do ensino superior, bem como, a todos os juristas que dele se pretendam prevalecer e consumidores que almejem conhecer as regras relativas à contratação de consumo. Em segundo lugar, porque é imperativo insistir-se na importância do Direito do Consumo, não raras vezes apelidado de parente pobre do Direito, dada a sua função de-terminante na tutela do consumidor. Em terceiro lugar, porque são escas-sas as referências bibliográficas no mercado relativas à temática.

Quero, ainda, aproveitar esta nota de abertura para agradecer ao Prof. Doutor Jorge Morais Carvalho, figura de proa neste domínio, pela amabilidade e disponibilidade para a elaboração do prefácio da obra, e à minha família, sem a qual a minha vida não teria "jeito nenhum".

PREFÁCIO

É um enorme gosto escrever este pequeno texto sobre as *Lições de Direito do Consumo*, de DAVID FALCÃO.

O Direito do Consumo é uma área recente, discutindo-se até a sua autonomia científica. Terá cerca de cinquenta anos em alguns países, como os Estados Unidos da América, e não mais de quarenta anos em Portugal.

A primeira Lei de Defesa do Consumidor foi aprovada em 1981, tendo sido reforçados os direitos dos consumidores com a primeira revisão constitucional no ano seguinte. A entrada de Portugal na União Europeia gerou, pouco depois, o início de uma avalanche legislativa nesta matéria.

Na doutrina, são escassas as obras gerais e de referência sobre Direito do Consumo, justificando-se aqui uma referência às mais relevantes, homenageando também os autores que mais se debruçaram sobre estas matérias.

Destacam-se, naturalmente, os trabalhos de CARLOS FERREIRA DE ALMEIDA, o percursor do estudo desta área em Portugal numa perspetiva jurídica. A sua obra *Os Direitos dos Consumidores* (Almedina, 1982) constituiu – e ainda constitui – uma referência, pelo menos até 2005, momento em que publicou a segunda obra de fundo sobre o tema. Após a publicação de vários artigos científicos, a obra *Direito do Consumo* (Almedina, 2005) veio refrescar o panorama da doutrina nacional nesta matéria, tornando-se, desde então, incontornável para quem deseja estudar o tema em Portugal, em especial pela análise segundo uma perspetiva de direito europeu. Desde então, o autor não voltou a publicar uma obra específica sobre o tema, embora tenha refletido bastante sobre os efeitos da crise no Direito do Consumo e o seu futuro[1] e

[1] V., por exemplo, "O Futuro do Direito do Consumo", in *I Congresso de Direito do Consumo* (Almedina, 2016) pp. 27-34.

trate muitos destes assuntos ao longo da sua obra *Contratos*, já com seis volumes, todos publicados pela Almedina ao longo dos últimos anos.

Incontornável é também o nome de ANTÓNIO PINTO MONTEIRO, com dezenas de artigos científicos sobre Direito do Consumo, debruçando-se sobre temas tão variados como os contratos de adesão, os contratos celebrados à distância, a venda de bens de consumo, os serviços públicos essenciais. É também o pai do Anteprojeto de Código do Consumidor, apresentado, para conhecimento e debate público, em março de 2006, e preparado por uma comissão presidida por si. O projeto não chegou a ver a luz do dia, mas ainda hoje é citado, por algumas das suas soluções serem vistas como inovadoras e merecerem a reflexão dos aplicadores do direito.

Outra referência na doutrina portuguesa é JOÃO CALVÃO DA SILVA, que infelizmente nos deixou recentemente, demasiado cedo. A sua tese de doutoramento – *Responsabilidade Civil do Produtor* (Almedina, 1999) – é uma referência incontornável, tal como o é a sua anotação ao Decreto-Lei nº 67/2003 – *Venda de Bens de Consumo* – cuja 4ª edição foi publicada pela Almedina em 2010.

Como grande referência em matéria de crédito ao consumo, embora não circunscrevendo a sua investigação a esta área, temos FERNANDO DE GRAVATO MORAIS, que publicou, entre muitas outras obras sobre o tema, a sua tese de doutoramento – *União de Contratos de Crédito e de Venda para o Consumo* (Almedina, 2004).

Muitos outros nomes poderiam ser aqui referidos, mais antigos e mais recentes, com artigos científicos e textos de divulgação, estes de natureza mais associativa, publicados ao longo das últimas décadas.

2019 promete, no entanto, tornar-se um ano histórico no que respeita à produção científica em matéria de Direito do Consumo em Portugal. Além da 6ª edição do meu *Manual de Direito do Consumo* e da reimpressão do *Manual de Resolução Alternativa de Litígios de Consumo*, que escrevi com JOÃO PEDRO PINTO-FERREIRA e JOANA CAMPOS CARVALHO, JOSÉ ENGRÁCIA ANTUNES publicou a obra *Direito do Consumo* (Almedina) e são agora publicadas estas *Lições de Direito do Consumo*.

É com enorme felicidade que assisto à publicação de novas obras de fundo sobre Direito do Consumo, permitindo aumentar o debate, a discussão, a investigação em torno destes temas.

A obra de DAVID FALCÃO leva-me a refletir sobre uma série de temas. Felizmente, nem sempre estou de acordo com o autor. Mas certamente irei investigar em torno de vários pontos deste livro, melhorando a argumentação e, em alguns aspetos, mudando a minha posição. É isso que desafio o leitor a fazer. Ler, pensar, desafiar-se com esta obra. Concordar, criticar, em ambos os casos construtivamente. É essa a essência da investigação jurídica, é esse o trabalho do jurista, do aplicador do Direito.

Além das matérias mais comuns, mas não por isso menos relevantes e geradoras de debate, como, por exemplo, o conceito de consumidor, as cláusulas contratuais gerais, as práticas comerciais desleais, os contratos celebrados à distância, a venda de bens de consumo, os serviços públicos essenciais ou o crédito ao consumo, o autor trata de forma aprofundada temas menos abordados, como os da segurança dos produtos, da educação para o consumo ou do livro de reclamações.

Estou seguro de que esta obra irá contribuir para o aprofundamento do estudo do Direito do Consumo em Portugal e para uma melhor aplicação do direito, em especial pela reflexão que a sua leitura irá suscitar.

Lisboa, 20 de junho de 2019

Jorge Morais Carvalho
Professor da Faculdade de Direito da Universidade Nova de Lisboa

ÍNDICE DE ABREVIATURAS

Ac.	Acórdão
ARN	Autoridade Reguladora Nacional
ANACOM	Autoridade Nacional das Comunicações
ASAE	Autoridade de Segurança Alimentar e Económica
CC	Código Civil
CCG	Cláusulas Contratuais Gerais
Cfr.	Confrontar
CICAP	Centro de Informação de Consumo e Arbitragem do Porto
CRP	Constituição da República Portuguesa
CPub	Código da Publicidade
DGC	Direção-Geral do Consumidor
DGPJ	Direção-Geral de Política de Justiça
FIN	Ficha Sobre Informação Normalizada Europeia em Matéria de Crédito a Consumidores
GRAL	Gabinete de Resolução Alternativa de Litígios
LAV	Lei da Arbitragem Voluntária
LCE	Lei das Comunicações Eletrónicas
LDC	Lei de Defesa do Consumidor
LI	Lei da Imprensa
LM	Lei da Mediação
LR	Lei da Rádio
LSPE	Lei dos Serviços Públicos Essenciais
LTSAP	Lei da Televisão e dos Serviços Audiovisuais a Pedido
MRAL	Mecanismos de Resolução Alternativa de Litígios
RAPEX	*Rapid Alert System for Non-Food Consumer Products*
RASFF	*Rapid Alert System for Food and Feed*

REC	Referencial de Educação do Consumidor
Rel.	Tribunal da Relação
STA	Supremo Tribunal Administrativo
STJ	Supremo Tribunal de Justiça
TAEG	Taxa Anual de Encargos Efetiva Global
TAN	Taxa Nominal
TJUE	Tribunal de Justiça da União Europeia
UE	União Europeia

Capítulo I

Parte Geral

Parte I
Aspetos Gerais

1. Objeto e Fundamentos do Direito do Consumo

O Direito do Consumo é um ramo de Direito[2] constituído por um conjunto de normas e princípios que visam a proteção do consumidor[3].

Entende-se que, sendo a relação de consumo, tendencialmente, desequilibrada, o conjunto de normas e princípios que regem essa relação tenham como objeto corrigir o desequilíbrio que resulta, principalmente, da falta de informação e de conhecimentos técnicos do consumidor em situação comparável com a do outro contraente, um profissional, que exerça com caráter regular uma atividade económica com vista à obtenção

[2] Na doutrina discute-se a autonomia do Direito do Consumo, isto é, se deve ser considerado um ramo de Direito dotado de autonomia. O facto de integrar normas de vários ramos (por ex. Direito Civil, Administrativo, Penal, Constitucional, entre outros) tem sido o principal argumento dos que recusam a autonomia. Em sentido contrário, argumenta-se ser suficiente, para considerar o Direito do Consumo como ramo de Direito, por um lado, a finalidade das normas, no sentido de proteção da parte mais débil da relação jurídica, muito à semelhança do Direito do Trabalho e, por outro, por ser constituído por um sistema coeso, coerente e intencional de normas para que se possa atribuir dita autonomia. Apesar de nos parecer uma questão meramente académica, acompanhamos esta segunda tendência doutrinária. A propósito da autonomia do Direito do Consumo cfr. Ferreira de Almeida, Carlos, *Direito do Consumo*, Almedina, Coimbra, 2005, págs. 71 e ss; Morais Carvalho, Jorge, *Manual de Direito do Consumo*, 6ª ed., Almedina, Coimbra, 2019, págs. 43 e ss; Menezes Leitão, Luís, "O Direito do Consumo: Autonomização e Configuração Dogmática", *EIDC*, vol. I, 2002, pág. 25 e Engrácia Antunes, José, *Direito do Consumo*, Almedina, Coimbra, 2019, págs. 28 e ss.

[3] Neste sentido cfr. Ferreira de Almeida, Carlos, *Direito do Consumo*, Almedina, Coimbra, 2005, pág. 17.

de benefícios, que pelo exercício dessa atividade se encontra em posição privilegiada.

No que concerne aos fundamentos deste ramo de Direito, várias podem ser as razões justificativas de intervenção legislativa[4]. Começando por apontar razões de natureza histórica, em meados do séc. XX os processos de fabrico melhoram substancialmente, fruto do desenvolvimento científico, tecnológico e industrial o que, consequentemente, aumenta os níveis de produção. Num contexto de práticas comerciais agressivas de venda a qualquer custo surge uma categoria débil, o consumidor, necessitado da proteção adequada. Por outro lado, a intervenção legislativa, pode ser abordada desde um ponto de vista corretivo, isto é, com o intuito de corrigir o desequilíbrio da relação de consumo que, como se disse, resulta da falta de informação e conhecimentos técnicos e de menor capacidade financeira do consumidor em situação comparável com a do profissional. As normas de consumo podem ainda ser fundamentadas desde uma perspetiva de mercado pois, tais normas, aumentam a confiança do consumidor[5] e, consequentemente, a aquisição de bens e serviços.

2. O Conceito de Consumidor

É de suma importância estabelecer critérios delimitativos que nos permitam construir um conceito de consumidor, pois, sendo a proteção dos consumidores o objeto deste ramo de Direito, a determinação de quem é consumidor é imperativa, uma vez que as normas de Direito do Consumo regulam, exclusivamente, as relações jurídicas em que este é parte.

O artigo 2º, nº 1 da Lei de Defesa do Consumidor (LDC), define consumidor como "todo aquele a quem sejam fornecidos bens, prestados serviços ou transmitidos quaisquer direitos, destinados a uso não profissional, por pessoa que exerça com carácter profissional uma atividade económica que vise a obtenção de benefícios".

[4] Cfr. Ferreira de Almeida, Carlos, *Direito do Consumo*, Almedina, Coimbra, 2005, pág. 37 e ss e Morais Carvalho, Jorge, *Manual de Direito do Consumo*, 6ª ed., Almedina, Coimbra, 2019, págs. 46 e ss.

[5] Cfr. Pinto Monteiro, António, "O Direito do Consumidor em Debate: Evolução e Desafios", *I Congresso de Direito do Consumo*, Morais Carvalho, Jorge, (coord.), Almedina, Coimbra, 2016, pág. 26.

Apesar da consagração legal, a conceptualização no plano doutrinário e jurisprudencial não tem sido unívoca[6]. Cabe, portanto, do mencionado artigo, extrair um elemento subjetivo ("todo aquele"), um objetivo ("fornecidos bens, prestados serviços e transmitidos direitos"), um teleológico ("destinados a uso não profissional") e um relacional[7] ("pessoa que exerça com carácter profissional uma atividade económica que vise a obtenção de benefícios").

2.1. Elemento Subjetivo

Quanto ao elemento subjetivo, a controvérsia tem-se vindo a centrar em incluir ou excluir as pessoas jurídicas da noção de consumidor[8]. A própria Lei, em determinados momentos, define consumidor como pessoa singular[9] e, noutros, deixa a questão em aberto[10]. Por outras palavras, em certos diplomas legais, adota-se uma noção restrita de consumidor, no sentido de o considerar pessoa singular e noutros uma noção ampla, pessoa singular ou coletiva. Apesar da controvérsia referida, o elemento teleológico, que analisaremos, restringe o âmbito de aplicação das normas ao uso não profissional dado aos bens fornecidos ou serviços prestados o que, por sua vez, exclui pessoas singulares ou coletivas que atuem no domínio da sua atividade profissional.

O fracassado anteprojeto do Código do Consumidor de 2006, apesar de adotar uma noção bastante ampla de consumidor, teria colocado um termo à discussão em torno de quem deva considerar-se enquanto tal pois, estabelecia o seguinte, no artigo 10º, nº 1:

[6] Cfr. Ac. STJ de 3/10/2017. Processo 212/11.1T2AVR-B.P1.S1.

[7] Neste sentido cfr. Ferreira de Almeida, Carlos, Direito do Consumo, Almedina, Coimbra, 2005, págs. 29 e ss e Morais Carvalho, Jorge, *Manual de Direito do Consumo*, 6ª ed., Almedina, Coimbra, 2019, págs. 25 e ss.

[8] Cfr. Ferreira de Almeida, Carlos, *Direito do Consumo*, Almedina, Coimbra, 2005, págs. 30 e ss e Duarte, Paulo, "O Conceito Jurídico de Consumidor segundo o artigo 2º, nº 1, da Lei de Defesa do Consumidor", *Boletim da Faculdade de Direito da Universidade de Coimbra,* Vol. LXXV, 1999, págs. 661 e ss.

[9] Cfr. por ex. artigo 2º, al. g) do DL 84/2021, de 18 de outubro, artigo 4º, nº 1, al. a) do DL 133/2009, de 2 de junho, do DL 24/2014, de 2 de junho ou artigo 3º, al. a) do DL 57/2008, de 26 de março.

[10] Ver por ex. artigo 2º, nº 1 da Lei 24/96, de 31 de julho ou artigo 3º, al. b) do DL 134/2009, de 2 de junho.

"Considera-se consumidor a pessoa singular que actue para a prossecução de fins alheios ao âmbito da sua actividade profissional, através do estabelecimento de relações jurídicas com quem, pessoa singular ou colectiva, se apresenta como profissional".

O artigo 11º, nº 1 estendia ainda o âmbito de aplicação da seguinte forma:

"As pessoas colectivas só beneficiam do regime que este diploma reserva ao consumidor se provarem que não dispõem nem devem dispor de competência específica para a transacção em causa e desde que a solução se mostre de acordo com a equidade" concluindo no nº 2 que "o disposto no número anterior aplica-se também às pessoas singulares que actuem para a prossecução de fins que pertençam ao âmbito da sua actividade profissional".

Para a construção de um conceito, é determinante fazer-se uma retrospetiva a nível doutrinário e jurisprudencial.

No plano doutrinário, Calvão da Silva[11] defendeu que "a doutrina e as Directivas comunitárias excluem as pessoas jurídicas e morais" do conceito de consumidor, portanto, segundo o autor, o sujeito consumidor será pessoa singular, excluindo-se as pessoas coletivas que adquiram bens ou serviços no domínio da sua atividade profissional.

Para Cura Mariano[12], as pessoas coletivas não devem ser legalmente consideradas consumidores, aceitando, no entanto, que o "condomínio", não integrando o conceito de pessoa coletiva, poderá ser considerado enquanto tal.

Segundo Ferreira de Almeida[13], o conceito de consumidor poderá oscilar dentro da mesma ordem jurídica e, consequentemente, os seus elementos poderão variar consoante o instituto a que se aplique.

[11] Cfr. Calvão da Silva, João, *Compra e Venda de Coisas Defeituosas*, 5ª ed. Almedina, Coimbra, 2008, pág. 122.

[12] Cfr. Cura Mariano, João, *Responsabilidade Contratual do Empreiteiro pelos Defeitos da Obra*, 6ª edição, Almedina, Coimbra, 2015, págs. 207 e ss.

[13] Cfr. Ferreira de Almeida, Carlos, *Direito do Consumo*, Almedina, Coimbra, 2005, pág. 47.

Morais Carvalho[14], considerou que as pessoas coletivas que exerçam uma atividade profissional não são consumidoras, podendo sê-lo as associações, fundações[15] e o condomínio.

Num plano de inclusão das pessoas coletivas na noção de consumidor e a favor do alargamento do conceito, situaram-se Paulo Mota Pinto[16], Sara Larcher[17] e Paulo Duarte[18].

Na primeira e segunda edição acompanhámos a posição de Ferreira de Almeida. Continuaremos a defendê-la pese embora com algumas reservas, em virtude da entrada em vigor do DL 84/2021, de 18 de outubro, e pelas razões que adiante exporemos.

No que concerne à jurisprudência, o Acórdão de Uniformização de Jurisprudência nº 4/2014, de 20/3/2014 não uniformizou o conceito de consumidor[19].

Em algumas decisões judiciais, adotando-se uma noção ampla de consumidor, admitiu-se que este pudesse ser uma pessoa coletiva (por ex. empresas de pequena dimensão, associações, fundações e os condomínios), noutras, adotou-se uma noção restrita considerando o consumidor apenas como pessoa singular.

A Relação de Lisboa[20] sustentou, a propósito do (revogado) regime de compra e venda de bens de consumo que, excecionalmente, se poderia estender o âmbito de proteção das normas de consumo, a determinadas entidades que exercessem de forma profissional uma certa atividade eco-

[14] Cfr. Morais Carvalho, Jorge, *Manual de Direito do Consumo*, 6ª ed., Almedina, Coimbra, 2019, págs. 32 e ss.

[15] O autor, veio, naturalmente, a excluir as associações e as fundações após a entrada em vigor do DL 84/2021, de 18 de outubro. Cfr. Morais Carvalho, Jorge, *Compra e Venda e Fornecimento de Conteúdos e Serviços Digitais*, Almedina, Coimbra, 2022, pág. 20.

[16] Cfr. Mota Pinto, Paulo, "Conformidade e garantias na venda de bens de consumo. A Directiva 1999/44/CE e o direito português", *Estudos de Direito do Consumidor*, Coimbra, nº 2, 2000, pág. 214.

[17] Cfr. Larcher, Sara, "Contratos celebrados através da Internet: Garantias dos consumidores na compra e venda de bens de consumo", *Estudos do Instituto de Direito do Consumo*, Vol. II, Lisboa, 2005, págs. 157 e ss.

[18] Cfr. Duarte, Paulo, "O Conceito jurídico de consumidor segundo o art. 2º/1 da Lei de Defesa do Consumidor", *BFDUC*, nº 75, 1999, pág. 664.

[19] Cfr. Ac STJ de 20/3/2014. Processo 92/05.6TYVNG-M.P1.S1 e Ac. STJ de 5/7/2016. Processo 1129/11.5TBCVL-C.C1.S1.

[20] Cfr. Ac. Rel. Lisboa de 18/6/2013. Processo 2154/12.4TBALM-A.L1-7.

nómica, visando obtenção de benefícios. Tal, seria possível, desde que não se encontrasse em pé de igualdade com o outro contraente, não tivesse em vista dar um fim profissional aos bens ou serviços adquiridos, atuasse fora do âmbito da sua atividade, não dispondo, assim, de conhecimentos técnicos, pelo facto da utilização do bem adquirido se encontrar fora do domínio da sua especialidade, de modo a que se mostrasse em relação ao bem que adquiriu, numa situação de desconhecimento como um consumidor.

A propósito do mesmo (revogado) regime da venda de bens de consumo, a Relação de Lisboa[21] já se tinha anteriormente pronunciado num sentido distinto. Invocando a Diretiva nº 1994/44/CE, de 25 de maio, transposta para o direito interno pelo DL 67/2003, de 8 de abril (alterado e republicado pelo DL 84/2008, de 21 de maio), sustentou que seria considerado consumidor qualquer pessoa singular (como se estabelece na Diretiva e se deixa em aberto no direito interno) que atuasse fora do âmbito da sua atividade profissional, devendo excluir-se da categoria de consumidor as pessoas jurídicas (sociedades e pessoas coletivas), bem como as pessoas singulares que atuassem no âmbito da sua atividade profissional. Mais recentemente, o mesmo Tribunal teve um entendimento semelhante[22].

A Relação do Porto[23] e de Lisboa[24], a propósito da qualificação do condomínio (conjunto dos condóminos contitulares das partes comuns do edifício), referiu que juridicamente, apesar de não ter personalidade jurídica, nem ser uma pessoa coletiva (sendo apenas a esta equiparado em termos de Registo Nacional de Pessoas Coletivas) nem uma pessoa singular, é um conjunto de proprietários individuais, que são consumidores, pelo que o condomínio, poderá ser, eventualmente, englobado na categoria de consumidor, representando os interesses dos condóminos, desde que as frações que o integram tenham um destino maioritário não profissional.

A amplitude do conceito de consumidor, no que concerne ao elemento subjetivo, tem vindo a variar consoante os cambiantes factuais de cada caso, como se depreende dos acórdãos mencionados. Tem vindo a ser labor dos tribunais analisar os referidos cambiantes factuais, "construir" um conceito de consumidor e aplicá-lo ao caso concreto.

[21] Cfr. Ac. Rel. Lisboa de 31/5/2007. Processo 3862/2007-6.

[22] Cfr. Ac. Rel. Lisboa de 12/10/2017.Processo 6776-15.3T8ALM.L1-8.

[23] Cfr. Ac. Rel. Porto de 8/5/2014. Processo 298/11.9TBPFR.P1 e Ac. Rel. Porto de 26/6/2008. Processo 0831242.

[24] Cfr. Ac. Rel. Lisboa de 17/1/2017. Processo 826/07.4TCFUN.L1-1.

Parece-nos que a inclusão ou exclusão de pessoas coletivas na categoria de consumidor variará consoante a Lei que regule determinado instituto em concreto pois, se existem diplomas que definem consumidor como pessoa singular, não deixando margem para dúvidas, outros, como se disse, deixam o conceito relativamente aberto.

Defendemos, nas duas primeiras edições desta obra que uma pessoa coletiva poderia, excecionalmente, ser considerada consumidora desde que cumulativamente:

- A Lei que regulasse o instituto em questão não a excluísse do seu âmbito de aplicação;
- Se encontrasse numa posição de desvantagem relativamente ao outro contraente em termos de informação e conhecimento técnico, isto é, em situação de desconhecimento equivalente à de um consumidor pessoa singular;
- Atuasse fora do âmbito da sua atividade e não tivesse em vista dar um fim profissional aos bens ou serviços adquiridos pelo facto desses bens ou serviços se encontrarem fora do domínio da sua especialidade.

Dificilmente podemos continuar a defender cegamente a nossa posição anterior.

Com a entrada em vigor do DL 84/2021, de 18 de outubro, que passou a regular os direitos do consumidor na compra e venda de bens, conteúdos e serviços digitais que, por sua vez, revogou o DL 67/2003, de 8 de abril respeitante à venda de bens de consumo, o conceito de consumidor para efeitos de aplicação do regime é restringido. Passa, pois, e tão-somente, a regular relações entre consumidores em sentido restrito (pessoas singulares) e profissionais, excluindo-se, por sua vez, as pessoas coletivas que, em determinadas circunstâncias, podiam assumir a posição de consumidor, desde que se encontrassem numa posição de desvantagem relativamente ao outro contraente, em termos de informação e conhecimento técnico, é dizer, em situação de desconhecimento equivalente à de um consumidor pessoa singular e atuassem fora do âmbito da sua atividade e não tivessem em vista dar um fim profissional aos bens ou serviços adquiridos pelo facto desses bens ou serviços se encontrarem fora do domínio da sua especialidade[25].

[25] No mesmo sentido cfr. PASSINHAS, Sandra, "O Novo Regime da Compra e Venda de Bens de Consumo – Exegese do Novo Regime Legal", *Revista de Direito Comercial*, dezembro de 2021, págs. 1478 e 1479.

Se é certo que até à entrada em vigor do diploma referido os ecos legislativos respeitantes a uma noção ampla de consumidor (enquanto pessoas coletivas) ainda se podiam escutar, também é certo que atualmente se tornaram praticamente inaudíveis. Portanto, é residual, no nosso ordenamento jurídico, a consagração da noção ampla de consumidor, uma vez que tal noção se encontra na LDC, e que é derrogada pela maior parte dos regimes especiais, e numa tímida remissão para tal noção da LDC do artigo 3º, al. b) do DL 134/2009, de 2 de junho.

Pese embora as referências doutrinárias e jurisprudências a que recorremos para solidificar a nossa argumentação, no sentido do alargamento do conceito de consumidor, dificilmente tais posições se manterão, na medida em que, ao que nos parece, o legislador português passou a acompanhar o europeu, no que ao conceito de consumidor diz respeito.

Não obstante, enquanto subsistirem diplomas que consagrem a possibilidade de alargamento da noção de consumidor continuaremos a defender que o conceito pode variar dentro do mesmo ordenamento jurídico, podendo o elemento subjetivo de tal noção, do mesmo modo, variar. Caberá, em última análise, a quem alega a categoria de consumidor, o ónus da prova[26].

Quanto ao condomínio, como referimos, não sendo juridicamente pessoa coletiva, nem dotado de personalidade jurídica, será de admitir que possa ser consumidor, desde que a maior parte das frações seja destinadas a uso não profissional, na medida em que é constituído por um conjunto de proprietários individuais que, destinando a fração ao uso não profissional, são consumidores.

Parece-nos que a resolução desta controvérsia passará pela vontade do legislador em clarificar o elemento subjetivo da noção de consumidor pois, parece, mais ou menos claro, que o elemento subjetivo do conceito de consumidor generalizado no direito da União Europeia (UE) respeita exclusivamente a pessoas singulares[27].

Pode aceitar-se, por um lado, que se considerem consumidores apenas as pessoas singulares se se invocar o princípio do primado do direito da UE sobre o direito interno. Por outro lado, pode aceitar-se que a noção englobe pessoas coletivas, em determinadas situações, entendendo que

[26] Cfr. Ferreira de Almeida, Carlos, *Direito do Consumo*, Almedina, Coimbra, 2005, pág. 35.

[27] A título exemplificativo cfr. conceito de consumidor nas Diretivas nº 1994/44/CE de 25 de maio, nº 011/83/UE de 25 de outubro, nº 2005/29/CE de 11 de maio e nº 2008/48/CE de 23 de abril.

o legislador português pretendeu, relativamente a determinados institutos, alargar o âmbito de aplicação das normas de direito do consumo sem diminuir as garantias dos consumidores.

Enquanto o legislador não clarificar cabe, apenas, assumir uma posição que, em determinadas circunstâncias, pode não se revelar infalível[28].

2.2. Elemento Objetivo

O elemento objetivo, ou objeto da relação jurídica de consumo, traduz-se em bens, serviços ou direitos sendo, portanto, bastante amplo[29].

Assim, a relação de consumo tem como objeto bens, serviços ou direitos e como sujeitos, um profissional que os transmite ou presta, por um lado, e um consumidor que os adquire, por outro, envolvendo qualquer relação contratual entre os referidos sujeitos.

Por via da regra, o elemento objetivo é definido atendendo ao âmbito de aplicação do diploma que regula determinado instituto.

2.3. Elemento Teleológico

No que concerne ao terceiro elemento, o teleológico, "uso não profissional", a LDC em vigor alargou, em nossa opinião, o âmbito de aplicação das normas de consumo[30].

Enquanto que a revogada LDC de 1981 utilizava a expressão "uso privado", a atual estabelece que os bens, serviços ou direitos devem destinar-se a "uso não profissional". Ao passo que à luz da revogada LDC, seria consumidor apenas aquele que destinasse os bens, serviços ou direitos ao seu uso privado, pessoal ou doméstico, com a atual LDC o uso deixa de ser necessariamente privado, bastando que esse uso não esteja associado ao exercício de uma atividade de natureza profissional[31], isto é, que a finalidade a que se destinam os bens ou serviços seja alheia a uma atividade

[28] Em sentido semelhante cfr. FERREIRA DE ALMEIDA, Carlos, *Direito do Consumo*, Almedina, Coimbra, 2005, pág. 47.

[29] Cfr. FERREIRA DE ALMEIDA, Carlos, *Direito do Consumo*, Almedina, Coimbra, 2005, pág. 31 e MORAIS CARVALHO, Jorge, *Manual de Direito do Consumo*, 6ª ed., Almedina, Coimbra, 2019, pág. 29.

[30] Em sentido distinto cfr. MORAIS CARVALHO, Jorge, *Manual de Direito do Consumo*, 6ª ed., Almedina, Coimbra, 2019, pág. 30.

[31] Neste sentido cfr. MENEZES LEITÃO, Luís, "O Direito do Consumo: Autonomização e Configuração Dogmática", *EIDC*, vol. I. 2002, págs. 11 e ss e DUARTE, Paulo, "O Conceito jurídico de consumidor segundo o art. 2º/1 da Lei de Defesa do Consumidor", *BFDUC*, nº 75, 1999, pág. 674 e ss.

económica levada a cabo de forma continuada, regular e estável[32]. Senão veja-se, que aquele que destine o objeto do contrato ao estabelecimento de uma nova relação jurídica, desde que não o faça no âmbito de uma atividade profissional, pode beneficiar da proteção das normas de consumo. Exemplificando: O comprador de uma fração autónoma de um imóvel para arrendamento pode utilizar os instrumentos de proteção que lhe são conferidos pelas normas de consumo face à sociedade construtora na presença de um defeito na construção. Ou seja, contrariamente à revogada LDC de 1981, o objeto do contrato pode ser destinado não apenas ao uso pessoal ou do agregado familiar, mas pode ser transmitido ou onerado, se não for no âmbito de uma atividade profissional[33].

De referir que o elemento teleológico do conceito de consumidor exclui todas as pessoas que destinem o objeto do contrato ao uso profissional.

Cabe ainda fazer uma referência ao eventual uso misto do objeto do contrato isto é, caso seja destinado simultaneamente a uso profissional e não profissional. No caso, se o contrato for celebrado e o objeto se destinar a fins de natureza profissional e não profissional deve atender-se ao destino predominante no contexto contratual global. Se, predominantemente, o destino for não profissional deve assumir-se que se verifica o elemento o elemento teleológico da noção de consumidor[34].

2.4. Elemento Relacional

No que concerne ao elemento relacional da noção de consumidor, "pessoa que exerça com carácter profissional uma atividade económica que vise a obtenção de benefícios", impõe-se na relação de consumo que a contraparte do consumidor seja um profissional, isto é, uma pessoa física ou jurídica que exerça, com caráter tendencialmente regular, uma atividade económica e que tenha como fim a obtenção de um benefício[35].

Portanto, exclui-se da noção de consumidor, por carecer de elemento relacional, os particulares que celebrem contratos entre si, desde que nenhum seja profissional.

[32] Cfr. Ac. STJ de 13/7/2017. Processo 1594/14.9TJVNF.2.G1.S2 e Ac. Rel. Guimarães de 29/1/2015. Processo 4227/11.1TBGMR-E.G1.

[33] Cfr. Dias Pereira, Alexandre, *Comércio Electrónico na Sociedade da Informação: Da Segurança Técnica à Confiança Jurídica*, Almedina, Coimbra, 1999, pág. 87.

[34] A título de exemplo cfr. Artigo 49º do DL 84/2021, de 10 de outubro.

[35] Cfr. Ac. Rel. Coimbra de 3/11/2015. Processo 452/13.9TBCBR.C1.

Parte II

Quadro Jurídico Geral de Proteção do Consumidor

1. Quadro Jurídico Geral de Proteção do Consumidor

A proteção dos consumidores é garantida pela Constituição da República Portuguesa (CRP) através do artigo 60º, cujo desenvolvimento legislativo é levado a cabo por uma Lei-Quadro, a LDC, e um conjunto de diplomas avulsos, cuja maior parte resulta da transposição de Diretivas Comunitárias e que regulam institutos específicos. Portanto, o nível de proteção do consumidor muito deve à atividade dos órgãos com competência legislativa da UE e à jurisprudência do TJUE[36].

Quanto ao quadro jurídico geral de proteção dos consumidores, o artigo 60º da CRP estabelece que "os consumidores têm direito à qualidade dos bens e serviços consumidos, à formação e à informação, à protecção da saúde, da segurança e dos seus interesses económicos, bem como à reparação de danos".

Os artigos 3º e ss da LDC desenvolvem o preceito constitucional. Neste sentido, o artigo 3º da LDC começa por catalogar os direitos dos consumidores de forma genérica, e da seguinte forma:

- À qualidade dos bens e serviços;
- À proteção da saúde e da segurança física;
- À formação e à educação para o consumo;
- À informação para o consumo;
- À proteção dos interesses económicos;

[36] Cfr. Martins, Ana Maria, "O direito comunitário do consumo. Guia de estudo", *EIDC*, Vol. I, 2002, págs. 63 e ss.

- À prevenção e à reparação dos danos patrimoniais ou não patrimoniais que resultem da ofensa de interesses ou direitos individuais homogéneos, coletivos ou difusos;
- À proteção jurídica e a uma justiça acessível e pronta;
- À participação, por via representativa, na definição legal ou administrativa dos seus direitos e interesses.

1.1. Direito à Qualidade dos Bens e Serviços

Os artigos 3º, al. a) e 4º da LDC estabelecem o direito do consumidor à qualidade dos bens e serviços[37].

Desta forma, os bens e serviços destinados ao consumo devem ser aptos a satisfazer os fins a que se destinam e a produzir os efeitos que se lhes atribuem, segundo as normas legalmente estabelecidas[38], ou, na falta delas, de modo adequado às legítimas expectativas do consumidor.

No domínio da qualidade dos bens e serviços, assume particular relevância a noção de conformidade. Como explica Calvão da Silva, estabelecendo uma comparação entre os artigos 4º da LDC e 913º do Código Civil (CC), ambos os preceitos estabelecem uma conceção de conformidade. Para se aferir da conformidade dos bens e serviços, relevam: A qualidade assegurada; A ausência de vícios; A aptidão à satisfação de um fim ou produção do efeito esperado, atendendo às normas estabelecidas relativas ao tipo ou categoria dos bens ou serviços contratados; As legítimas expetativas do consumidor[39], enquanto consumidor médio colocado na posição de contraente real (artigo 236º do CC), na falta de tais normas estabelecidas. Portanto, de realçar que na falta de normas que regulem os padrões de

[37] Cfr. Calvão da Silva, João, *Compra e Venda de Coisas Defeituosas*, 5ª ed., Almedina, Coimbra, 2008, págs. 126 e ss; Morais Carvalho, Jorge, *Manual de Direito do Consumo*, 6ª ed., Almedina, Coimbra, 2019, págs. 276 e ss e Ferreira de Almeida, Carlos, *Direito do Consumo*, Almedina, Coimbra, 2005, págs. 155 e ss.

[38] A propósito das normas que têm como finalidade assegurar e garantir a qualidade, assumem especial ênfase as respeitantes ao Sistema Português de Qualidade. O artigo 4º, al. a) do DL 71/2012, de 21 de março, define o Sistema Português de Qualidade como "o conjunto integrado de entidades e organizações inter-relacionadas e interatuantes que, seguindo princípios, regras e procedimentos aceites internacionalmente, congrega esforços para a dinamização da qualidade em Portugal e assegura a coordenação dos três subsistemas – da normalização, da qualificação e da metrologia –, com vista ao desenvolvimento sustentado do País e ao aumento da qualidade de vida da sociedade em geral".

[39] Cfr. Calvão da Silva, João, *Compra e Venda de Coisas Defeituosas*, 5ª ed., Almedina, Coimbra, 2008, pág. 127 e 128.

qualidade, essa qualidade afere-se em função da adequação funcional às legítimas expetativas do consumidor[40].

O revogado DL 67/2003, de 8 de abril que havia procedido à transposição para o Direito interno da Diretiva nº 1999/44/CE, do Parlamento Europeu e do Conselho, de 25 de maio, respeitante à venda de bens de consumo, no seu artigo 2º, havia adotado uma noção de conformidade reunindo num só grupo as situações mais comuns de vício, falta de qualidade, diferença de identidade, isto é, entrega de um bem distinto do acordado[41] e diferença de quantidade[42].

Com a entrada em vigor do DL 84/2021, de 18 de outubro que, por sua vez, procedeu à transposição das Diretivas (UE) 2019/771 e (UE) 2019/770 e revogou o DL 67/2003, de 8 de abril, estabelece-se um novo regime relativo à compra e venda de bens (e fornecimento de conteúdos e serviços digitais).

No que respeita aos requisitos de conformidade, o DL 84/2021, de 18 de outubro inova, na medida em que procede, quanto a bens móveis e conteúdos e serviços digitais, a uma separação entre requisitos de conformidade subjetivos (resultantes diretamente da relação entre consumidor e profissional) e objetivos (que apenas indiretamente fazem parte do contrato, uma vez que estão relacionados, principalmente, com a legítima expectativa do consumidor) sem relevantes alterações relativamente aos que estabelecia o revogado diploma[43].

De forma sumária, uma vez que abordaremos de modo aprofundado, em sede própria, esta temática, quanto aos requisitos subjetivos de con-

[40] Cfr. Engrácia Antunes, José, *Direito do Consumo*, Almedina, Coimbra, 2019, pág. 84.

[41] A noção de conformidade acolhida pelo DL 67/2003, de 8 de abril (bem como a do atual DL 84/2021, de 18 de outubro que revogou o DL 67/2003, de 8 de abril) dispensava, ao contrário do que ainda acontece com o regime da Venda de Coisas Defeituosas do CC, o recurso ao regime do erro para invocar a desconformidade relativa à diferença de identidade (caso o consumidor pretenda anular o contrato). Basicamente o erro é reduzido à falta de conformidade com o referido diploma. Cfr. Ac. Rel. Coimbra de 25/6/2013. Processo 92/11.7T2SVV.C1 e Ac. Rel. Coimbra de 15/5/2012. Processo 70/11.6TBTCS.C1.

[42] Neste sentido cfr. Morais Carvalho, Jorge, *Manual de Direito do Consumo*, 6ª ed., Almedina, Coimbra, 2019, pág. 277 e Ferreira de Almeida, Carlos, *Direito do Consumo*, Almedina, Coimbra, 2005, págs. 161.

[43] Cfr. Morais Carvalho, Jorge, "Venda de Bens de Consumo e Fornecimento de Conteúdos e Serviços Digitais – As Diretivas 2019/771 e 2019/770 e o seu Impacto no Direito Português", *RED*, nº 3, 2019, pág. 75.

formidade dos bens móveis, o artigo 6º do DL 84/2021, de 18 de outubro faz corresponder a mencionada conformidade com:

- A correspondência à descrição, ao tipo, à quantidade e à qualidade e deter a funcionalidade, a compatibilidade, a interoperabilidade e as demais características previstas no contrato de compra e venda;
- A adequação a qualquer finalidade específica a que o consumidor os destine, de acordo com o previamente acordado entre as partes;
- A entrega conjunta com todos os acessórios e instruções, inclusivamente de instalação, tal como estipulado no contrato de compra e venda;
- O fornecimento com todas as atualizações, tal como estipulado no contrato de compra e venda.

No que concerne aos requisitos objetivos de conformidade dos bens móveis o artigo 7º do DL 84/2021, de 18 de outubro acrescenta que os bens devem:

- Ser adequados ao uso a que os bens da mesma natureza se destinam;
- Corresponder à descrição e possuir as qualidades da amostra ou modelo que o profissional tenha apresentado ao consumidor antes da celebração do contrato, sempre que aplicável;
- Ser entregues juntamente com os acessórios, incluindo a embalagem, instruções de instalação ou outras instruções que o consumidor possa razoavelmente esperar receber, sempre que aplicável;
- Corresponder à quantidade e possuir as qualidades e outras características, inclusive no que respeita à durabilidade, funcionalidade, compatibilidade e segurança, habituais e expectáveis nos bens do mesmo tipo considerando, designadamente, a sua natureza e qualquer declaração pública feita pelo profissional, ou em nome deste, ou por outras pessoas em fases anteriores da cadeia de negócio, incluindo o produtor, nomeadamente na publicidade ou na rotulagem.

Quanto aos requisitos de conformidade dos bens imóveis, o artigo 22º, nº 1 do DL 84/2021, de 18 de outubro faz recair sobre o profissional o dever genérico de entregar ao consumidor os bens imóveis que sejam conformes com o contrato de compra e venda e que apresentem características de qualidade, de segurança, de habitabilidade, de proteção ambiental e de funcionalidade de modo a assegurar a aptidão dos mesmos ao uso a que se destinam durante o período de vida útil técnica e economicamente razoável. Por sua vez, o nº 2, estabelece um elenco de presunções de não conformidade sempre que os bens imóveis:

- Não sejam conformes com a descrição que deles é feita pelo profissional ou não possuam as qualidades do bem que o profissional tenha apresentado ao consumidor como amostra ou modelo;
- Não sejam adequados ao uso específico para o qual o consumidor os destine, desde que o profissional tenha sido informado de tal uso aquando da celebração do contrato e o tenha aceite;
- Não sejam adequados às utilizações habitualmente dadas aos bens do mesmo tipo;
- Não apresentarem as qualidades e o desempenho habituais nos bens do mesmo tipo e que o consumidor pode razoavelmente esperar, atendendo à natureza do bem e, eventualmente, às declarações públicas sobre as suas características concretas feitas pelo profissional, pelo produtor ou pelo seu representante, nomeadamente na publicidade.

Por fim, no que diz respeito aos requisitos de conformidade de conteúdos e serviços digitais, o DL 84/2021, de 18 de outubro adota uma sistematização semelhante à da dos bens móveis, fazendo a divisão entre subjetivos (artigo 28º) e objetivos (artigo 29º). Quanto aos primeiros, serão conformes com o contrato os conteúdos ou serviços digitais que:

- Correspondam à descrição, à quantidade e à qualidade e detenham a funcionalidade, a compatibilidade, a interoperabilidade e as demais características previstas no contrato;
- Sejam adequados a qualquer finalidade específica a que o consumidor os destine e que tenha sido comunicada ao profissional, o mais tardar no momento da celebração do contrato, e relativamente à qual o profissional tenha manifestado concordância;
- Sejam fornecidos juntamente com todos os acessórios e instruções, inclusivamente de instalação, e apoio ao cliente, tal como estipulado no contrato;
- Sejam atualizados, de acordo com o estipulado no contrato.

No que toca aos segundos, objetivos, serão conformes com o contrato os conteúdos ou serviços digitais que:

- Sejam adequados ao uso a que os conteúdos ou serviços digitais do mesmo tipo se destinam;
- Correspondam à quantidade e possuam as qualidades e as características de desempenho, inclusive no que respeita à funcionalidade, compatibilidade, acessibilidade, continuidade e segurança, habituais e expectáveis em conteúdos ou serviços digitais do mesmo tipo, considerando, designadamente, a sua natureza e qualquer declaração pública feita pelo profissional, ou em seu nome, ou por outras pessoas em fases anteriores da cadeia de negócio, incluindo o produtor, nomeadamente na publicidade ou na rotulagem;
- Sejam fornecidos com os acessórios e as instruções que o consumidor possa razoavelmente esperar receber em função dos conteúdos ou serviços digitais adquiridos;
- Sejam conformes às versões de teste ou pré-visualizações disponibilizadas pelo profissional antes da celebração do contrato.

O artigo 7º da Lei 23/96, de 26 de julho – Lei dos Serviços Públicos Essenciais (LSPE), estabelece, a propósito da temática em análise, que a qualidade da prestação de serviços públicos essenciais se deve aferir, não só em função de elevados padrões de qualidade, mas em função da satisfação do utente/consumidor, especialmente, quando a fixação dos preços seja variável e dependente de tais padrões. Portanto, haverá falta de conformidade do serviço prestado com o contrato, não só se os padrões de qualidade não forem elevados[44], mas se a prestação do serviço não for adequada às legítimas expetativas (grau de satisfação) do utente/consumidor, enquanto utente/consumidor médio colocado na posição de contraente real (artigo 236º do CC). Sabendo da liberalização da prestação de serviços públicos essenciais, que deixaram de ser prestados, principalmente,

[44] A Lei exige elevado padrão e não apenas o padrão mediano *de bonus pater familiae* (artigo 487º, nº 2 do CC), uma vez que apenas se pode "alcançar um mercado de bens públicos essenciais justo, equilibrando as relações entre os utentes e os prestadores de serviços e ao mesmo tempo um mercado competitivo, impondo aos prestadores de serviços elevados padrões de qualidade conferindo aos utentes confiança e vontade de contratar". Cfr. Ac. STJ de 16/6/2016. Processo 2188/14.4TBVNG.P1.S1.

pelo Estado e passaram a sê-lo, maioritariamente, por empresas privadas, o artigo 7º pretende, pois, evitar que a concorrência seja prejudicial ao utente/consumidor, na medida em que veda que determinada empresa concorrente, para conseguir vantagem, possa baixar o elevado padrão de qualidade[45].

De igual forma, serão defeituosos e, naturalmente, desconformes com o contrato, os bens ou serviços que não sejam aptos a tutelar a saúde e segurança física dos consumidores (artigo 4º DL 383/89, de 6 de novembro)[46]. Os bens ou serviços inseguros nunca serão aptos a satisfazer os fins a que se destinam ou adequados às legítimas expetativas dos consumidores, e, consequentemente, nunca serão conformes com o contrato.

1.2. Direito à Proteção da Saúde e Segurança Física

O artigo 5º da LDC estabelece a proibição do "fornecimento de bens ou a prestação de serviços que, em condições de uso normal ou previsível, incluindo a duração, impliquem riscos incompatíveis com a sua utilização, não aceitáveis de acordo com um nível elevado de proteção da saúde e da segurança física das pessoas".

O artigo referido vai muito além do direito à qualidade dos bens e serviços, porque sendo certo que bens ou serviços inseguros nunca serão aptos a satisfazer os fins a que se destinam ou adequados às legítimas expetativas dos consumidores, também é certo que o Direito à Proteção da Saúde e Segurança Física tem o propósito de proteção do consumidor, não apenas contra a falta de qualidade, mas garantir interesses superiores aos patrimoniais, tais como a segurança, saúde ou integridade física[47].

1.2.1. Segurança Geral dos Produtos e Responsabilidade Objetiva do Produtor

O artigo 5º da LDC, bem como os DL 69/2005, de 17 de março[48] e 383/89, de 6 de novembro[49], que dizem respeito, respetivamente, às garantias de segurança dos produtos e serviços colocados no mercado e à responsabi-

[45] Cfr. Ac. Rel. Porto de 26/1/2006. Processo 0537124.

[46] Cfr. Ac. STJ de 2/6/2016. Processo 2213/10.8TVLSB.L1.S1.

[47] Num sentido semelhante cfr. ENGRÁCIA ANTUNES, José, *Direito do Consumo*, Almedina, Coimbra, 2019, pág. 86.

[48] Que transpôs para a ordem jurídica interna a Diretiva nº 2001/95/CE de 3 de dezembro.

[49] Que transpôs para a ordem jurídica interna a Diretiva nº 85/374/CEE de 25 de julho.

lidade objetiva do produtor[50] decorrente de produtos defeituosos, contribuem para a concretização da obrigação geral de segurança.

Os dois DL referidos estão estreitamente ligados, uma vez que, por um lado, a responsabilidade civil desempenha uma função preventiva quanto à comercialização de produtos ou prestação de serviços inseguros e, por outro, em ambos os diplomas, a noção de defeito reside na falta de segurança e não apenas na falta de qualidade[51].

Se é verdade que um bem pode não ser apto a satisfazer o fim a que se destina, sendo desconforme na aceção da qualidade, mas apresentar a segurança adequada, também é verdade que pode não ser apto a satisfazer o fim a que se destina e, simultaneamente, não apresentar a referida segurança. Portanto, o direito à qualidade é mais restrito que o direito à segurança, pois o primeiro acautela interesses de natureza patrimonial e o segundo a integridade física. Veja-se, como exemplo do primeiro caso, o automóvel que não anda e, do segundo, o automóvel que não trava.

O artigo 4º, nº 1 do DL 69/2005 estabelece, genericamente, a obrigação geral de segurança, estipulando que só podem ser comercializados produtos seguros, considerando-se produto seguro, nos termos do artigo 3º, al. b), qualquer bem que em condições normais de utilização não apresente qualquer risco ou apresente apenas riscos reduzidos compatíveis com a sua utilização e considerados conciliáveis com um elevado nível de proteção da saúde e segurança dos consumidores.

Da mesma forma, o artigo 4º, nº 1 do DL 383/89 estatui que um produto é defeituoso quando não oferece a segurança com que legitimamente se

[50] Em conformidade com o artigo 2º do DL 383/89, que adota uma noção ampla de produtor, este será o fabricante do produto acabado, de uma parte componente ou de matéria-prima, e ainda quem se apresente como tal pela aposição no produto do seu nome, marca ou outro sinal distintivo; Aquele que, na UE e no exercício da sua atividade comercial, importe do exterior da mesma produtos para venda, aluguer, locação financeira ou outra qualquer forma de distribuição; Qualquer fornecedor de produto cujo produtor comunitário ou importador não esteja identificado, salvo se, notificado por escrito, comunicar ao lesado no prazo de três meses, igualmente por escrito, a identidade de um ou outro, ou a de algum fornecedor precedente. De realçar que a noção de produtor prevista no artigo 3º, al. e) inclui outros profissionais da cadeia de comercialização, na medida em que as respetivas atividades possam afetar as características de segurança do produto colocado no mercado. Portanto, o DL 383/89 não responsabiliza o distribuidor.

[51] Cfr. Calvão da Silva, João, *Compra e Venda de Coisas Defeituosas*, 5ª ed. Almedina, Coimbra, 2008, págs. 197.

pode contar, tendo em atenção todas as circunstâncias, designadamente a sua apresentação, a utilização que dele razoavelmente possa ser feita e o momento da sua entrada em circulação.

A Lei não exige que o bem ofereça uma segurança absoluta, mas a segurança com que legitimamente se pode contar, uma vez que são comercializados produtos que apresentam riscos. No entanto, tais riscos deverão ser compatíveis com a utilização e considerados conciliáveis com um elevado nível de proteção da saúde e segurança dos consumidores[52].

Apesar de se presumir[53] como seguro um produto que esteja em conformidade com as normas legais ou regulamentares de segurança (artigo 4º, nº 2), a última *ratio* para se aferir da conformidade dos produtos com a obrigação de segurança, e na falta de tais normas ou regulamentos, é o nível de segurança razoavelmente esperado pelo público a que os produtos se destinam (artigo 4º, nº 3, al. f) do DL 69/2005 e artigo 4º, nº 1 do DL 383/89)[54].

A obrigação geral de segurança recai, de acordo com o artigo 5º, fundamentalmente, sobre o produtor, na aceção do artigo 3º, al. e) do DL 69/2005. Sobre o produtor, recaem ainda um conjunto de obrigações adicionais[55] contemplado no artigo 6º do DL 69/2009, que se traduz, nomeadamente:

- Prestar informações que permitam ao consumidor avaliar os riscos inerentes a um produto durante a sua vida útil normal ou razoavelmente previsível e precaver-se contra esses mesmos riscos;
- Acompanhar e monitorizar o produto e desencadear ações que se revelarem adequadas, incluindo a retirada do mercado, o aviso aos consumidores em termos adequados e eficazes ou a recolha do produto junto destes;

[52] Cfr. Ac. Rel. Coimbra de 18/9/2018. Processo 2411/10.4TBVIS.C1 e Ac. STJ de 25/9/2018. Processo 495/14.5TJVNF.G1.S1.

[53] Presunção *Juris Tantum*, cabendo ao lesado a prova da falta de segurança do produto de modo a ilidir tal presunção (artigo 350º, nº 2 do CC).

[54] Cfr. Calvão da Silva, João, *Compra e Venda de Coisas Defeituosas*, 5ª ed., Almedina, Coimbra, 2008, págs. 198 e 199.

[55] Cfr. Calvão da Silva, João, *Compra e Venda de Coisas Defeituosas*, 5ª ed., Almedina, Coimbra, 2008, págs. 189 e ss.

- Informar as entidades competentes das medidas que, por sua iniciativa, decida tomar quando coloque no mercado produtos que apresentem riscos para o consumidor;
- Analisar e manter atualizado um registo das reclamações que lhe são apresentadas.

A obrigação de segurança vincula ainda os distribuidores à máxima diligência (artigo 7º), devendo, estes, designadamente:

- Abster-se de fornecer produtos quanto aos quais saiba ou deva saber, com base nas informações de que dispõe e enquanto profissional, que não satisfazem essa obrigação;
- Participar no controlo da segurança dos produtos colocados no mercado, através da transmissão de informações sobre os riscos dos produtos às entidades competentes;
- Manter durante o período de vida útil do produto a documentação necessária para rastrear a origem dos produtos fornecendo-a quando solicitado pelas entidades competentes;
- Desencadear as ações que se revelem adequadas para a eliminação dos riscos, nomeadamente a retirada do produto do mercado e a recolha junto dos consumidores;
- Colaborar, de forma eficaz, em quaisquer ações desenvolvidas tendentes a evitar os riscos.

De sublinhar as obrigações especiais de comunicação e cooperação dos produtores e distribuidores com as entidades competentes, que os vincula a comunicar à Direção-Geral do Consumidor (DGC) e Comissão de Segurança de Serviços e Bens de Consumo (artigo 13º) que um produto que colocou no mercado apresenta riscos para o consumidor incompatíveis com a obrigação geral de segurança (artigo 8º).

Como explica Calvão da Silva, a obrigação de segurança não se trata de uma simples obrigação relativa e exclusivamente de natureza contratual[56]. A consagração de um princípio de responsabilidade civil objetiva do produtor pelos danos causados pelos produtos que comercializa, reforça o nível de proteção do consumidor que possa vir a ser vítima da falta de

[56] Cfr. Calvão da Silva, João, *Compra e Venda de Coisas Defeituosas*, 5ª ed. Almedina, Coimbra, 2008, pág. 188.

segurança. Desta forma, o artigo 12º, nº 2 da LDC e o artigo 1º do DL 383/89 estabelecem a responsabilidade objetiva do produtor que, não pressupondo uma relação de natureza contratual entre este e o consumidor, o responsabiliza, independentemente de culpa, pelos danos causados pelos produtos que coloque em circulação[57].

A consagração deste princípio, para além do reforço da proteção do consumidor, tem uma função claramente preventiva, na medida em que obriga o produtor (fonte do risco), ao máximo controlo e investimento em medidas de segurança por forma a minimizar os riscos de comercialização de bens que se possam revelar inseguros e, consequentemente, causar danos ao consumidor[58].

O lesado, provando a existência do defeito, do dano e do nexo de causalidade defeito/dano[59], tem direito a ser indemnizado nos termos do artigo 8º do DL 383/89. O produtor pode, todavia, afastar a responsabilidade (artigo 5º), ilidindo a presunção de imputabilidade do defeito, se provar[60]:

- Que não pôs o produto em circulação;
- Que, tendo em conta as circunstâncias, se pode razoavelmente admitir a inexistência do defeito no momento da entrada do produto em circulação;
- Que não fabricou o produto para venda ou qualquer outra forma de distribuição com um objetivo económico, nem o produziu ou distribuiu no âmbito da sua atividade profissional;
- Que o defeito é devido à conformidade do produto com normas imperativas estabelecidas pelas autoridades públicas;

[57] Cfr. Morais Carvalho, Jorge, *Manual de Direito do Consumo*, 6ª ed., Almedina, Coimbra, 2019, pág. 351 e Dias Simões, Fernando, *Marca do Distribuidor e Responsabilidade por Produtos*, Almedina, Coimbra, 2009, pág. 87.

[58] Cfr. Calvão da Silva, João, *Compra e Venda de Coisas Defeituosas*, 5ª ed. Almedina, Coimbra, 2008, págs. 185 e ss.

[59] Cfr. Ferreira de Almeida, Carlos, *Direito do Consumo*, Almedina, Coimbra, 2005, pág. 171.

[60] Cfr. Ac. STJ de 9/9/2010. Processo 63/10.0YFLSB; Ac. STJ de 2/6/2016. Processo 2213/10.8TVLSB.L1.S1 e Ac. STJ de 15/9/2016, Processo 207/09.5TBVLP.G1.S1.

- Que o estado dos conhecimentos científicos e técnicos, no momento em que pôs o produto em circulação, não permitia detetar a existência do defeito[61];
- Que, no caso de parte componente, o defeito é imputável à conceção do produto em que foi incorporada ou às instruções dadas pelo fabricante do mesmo.

De realçar que a culpa do lesado (artigo 570º, nº 2 do CC), independentemente do seu grau, não exclui obrigatoriamente o dever de indemnizar. Neste sentido, o artigo 7º admite a concorrência entre a responsabilidade objetiva do produtor e a culpa do lesado afastando-se do disposto no nº 2 do artigo 570º do CC que seria mais favorável ao produtor que prevê a extinção automática do dever de indemnizar se a responsabilidade se basear numa simples presunção de culpa[62].

Quanto à ressarcibilidade dos danos provocados por produtos defeituosos[63], o já mencionado artigo 8º, estabelece o seguinte:

> "São ressarcíveis os danos resultantes de morte ou lesão pessoal e os danos em coisa diversa do produto defeituoso, desde que seja normalmente destinada ao uso ou consumo privado e o lesado lhe tenha dado principalmente este destino".

[61] No nosso ordenamento jurídico, o produtor não é responsável pelos riscos de desenvolvimento, isto é, se a falta de segurança existir, mas o estado da técnica não permitia aferir o risco no momento da comercialização, a responsabilidade do produtor é excluída. Cfr. Ferreira de Almeida, Carlos, *Direito do Consumo*, Almedina, Coimbra, 2005, págs. 211 e ss; Paiva Coelho, Vera, "Responsabilidade do produtor por produtos defeituosos – "Teste de resistência" ao DL nº 383/89, de 6 de novembro, à luz da jurisprudência recente, 25 anos volvidos sobre a sua entrada em vigor", RED, nº 2, 2017, págs. 39 e ss e Ac. Rel. Porto de 27/03/2003. Processo 0330634.

[62] Cfr. Ac. STJ de 15/9/2016. Processo 207/09.5TBVLP.G1.S1.

[63] Cfr. Ferreira de Almeida, Carlos, *Direito do Consumo*, Almedina, Coimbra, 2005, pág. 171; Calvão da Silva, João, *Compra e Venda de Coisas Defeituosas*, 5ª ed. Almedina, Coimbra, 2008, págs. 215 e ss e Morais Carvalho, Jorge, *Manual de Direito do Consumo*, 6ª ed., Almedina, Coimbra, 2019, pág. 352.

Quanto à primeira parte do artigo, estabelece-se a ressarcibilidade de todos os danos em caso de morte ou lesão da integridade pessoal, sejam danos patrimoniais ou não patrimoniais[64].

No que concerne à segunda parte, o diploma limita a ressarcibilidade dos danos em coisa diversa do produto defeituoso[65]. São, apenas, indemnizáveis os danos provocados em bens de consumo, isto é, destinados a uso não profissional[66]. Contrariamente, o bem defeituoso não tem, obrigatoriamente, de ser um bem de consumo[67].

Então e se o dano for causado em coisa diversa e esta não for um bem de consumo?

Parece-nos que a responsabilidade objetiva do produtor não se estende a este âmbito. O lesado terá, neste caso, de tentar provar a culpa do produtor recorrendo ao regime da responsabilidade por factos ilícitos (artigos 483º e 487º do CC)[68].

Há ainda uma limitação a realçar no que concerne à indemnização pelos danos em coisas diversas da defeituosa. O artigo 9º do DL 383/89, estabelece que só são indemnizáveis os danos em coisas na medida em que excedam 500 €.

A título de exemplo, imagine-se uma motorizada que explode na garagem provocando um morto e um ferido, danos numa bicicleta de criança avaliada em 600 € e num veículo da empresa de um vizinho avaliado em 10.000 €.

Atendendo ao regime da responsabilidade objetiva do produtor, quais os danos indemnizáveis?

Os danos pessoais são indemnizáveis na íntegra e sem qualquer limite (artigo 8º, 1ª parte). Os danos na bicicleta são ressarcíveis na medida em que excedam 500 €, neste caso a indemnização seria de 100 € (artigo 8º, 2ª parte e 9º). Por fim, os danos no veículo do vizinho não seriam indemnizáveis ao abrigo do regime, uma vez que o bem era de uso profissional (artigo 8º, 2ª parte).

64 Independentemente do uso dado ao produto. Cfr. Ac. STJ de 15/9/2016. Processo 207/09.5TBVLP.G1.S1.

65 No que concerne ao produto defeituoso, tratando-se de um bem de consumo, o consumidor gozará dos direitos conferidos pelo DL 84/2021, de 18 de outubro.

66 Cfr. Ac. Rel. Coimbra de 27/4/2004. Processo 431/04.

67 Cfr. MORAIS CARVALHO, Jorge, *Manual de Direito do Consumo*, 6ª ed., Almedina, Coimbra, 2019, pág. 352.

68 Cfr. CALVÃO DA SILVA, João, *Responsabilidade Civil do Produtor*, Almedina, Coimbra, 1990, pág. 702.

Quanto aos danos não ressarcíveis o lesado teria de provar a culpa do produtor recorrendo ao regime da responsabilidade por factos ilícitos (artigos 483º e 487º do CC).

1.2.2. *RAPEX*

Como medida de reforço da saúde e segurança dos consumidores e, com o intuito de efetivar a obrigação geral de segurança, foi criado o *RAPEX* (Rapid Alert System for All Dangerous Consumer Products)[69]. O artigo 3º, al. i) do DL 69/2005 define *RAPEX* como um sistema de troca rápida de informação entre os Estados Membros da UE e os países da Associação Europeia do Comércio Livre (*EFTA – European Free Trade Association*), ou seja, a Noruega, o Liechtenstein e a Islândia, com o objetivo de promover uma intervenção rápida relativa a produtos não alimentares que apresentem um risco grave para a segurança dos consumidores, tal como definido no artigo 3º, al. d).

O funcionamento deste mecanismo é estabelecido nos artigos 16º e ss do diploma, sendo que, em Portugal, o ponto de contacto relativo à troca de informações com a Comissão Europeia é a DGC que nessa qualidade, e em conformidade com o artigo 16º, deve:

- Notificar a Comissão Europeia sobre as medidas que sejam adotadas pelas autoridades controladoras de mercado, por produtores e distribuidores, nomeadamente as descritas no artigo 17º, nº 1, als. a) e c) e informar sobre as medidas que tenham ou venham a ser tomadas na sequência de uma notificação enviada pela Comissão (artigo 16º, als. a) e c));
- Receber as notificações enviadas pela Comissão e transmiti-las às autoridades controladoras de mercado de forma que estas atuem de forma adequada (artigos 16º, al. b), 20º e 21º);
- Receber dos produtores e distribuidores informações relativas à adoção de medidas a que se refere o artigo 8º do diploma (artigo 16º, al. d)) sempre que estes tenham ou devam ter conhecimento

[69] Cfr. Barbosa Miranda, Mafalda, "Obrigação Geral de Segurança e Responsabilidade Civil", *Estudos de Direito do Consumidor,* nº 14, 2018, págs. 300 e ss e González Vaqué, Luis, "La sentencia "Malagutti-Vezinhet": quién es responsable de la información facilitada por el sistema comunitario de alerta en el ámbito de la seguridad de los produtos?", *Revista de Derecho Comunitario Europeo,* nº 19, 2004, págs. 917 e ss.

de que o produto colocado no mercado apresenta riscos para o consumidor;

- Prestar informações adicionais à Comissão relativas aos formulários de notificação referidos no artigo 19º, nº 3 (artigo 16º, al. e)).

O artigo 17º reforça o previsto no artigo 16º, als. a) e c), referindo que devem, em concreto, ser notificadas à Comissão todas as medidas, que impondo ou não uma ação urgente, sejam levadas a cabo pelas autoridades controladoras de mercado ou por produtores e distribuidores, relativamente aos produtos que apresentem risco grave para saúde e segurança dos consumidores. De igual forma, a DGC deve fornecer as informações relevantes em matéria de riscos graves de que as autoridades controladoras de mercado tenham conhecimento antes da tomada de quaisquer medidas e as medidas que sejam tomadas relativamente a produtos que não apresentem riscos graves, em particular aquelas medidas que tenham o objetivo de restringir a colocação no mercado, impor a sua retirada ou a recolha junto dos consumidores.

A adoção de quaisquer medidas relativas a produtos que apresentem riscos para a saúde e segurança dos consumidores deve ser imediatamente comunicada, pelas autoridades controladoras de mercado, produtores ou distribuidores à DGC (artigo 18º) que, por sua vez, deverá analisar as informações recebidas e avaliar o nível de risco, decidindo sobre a eventual necessidade de uma ação urgente. A avaliação do nível de risco deve pautar-se pelas diretrizes fixadas pela UE ou com outros métodos considerados apropriados, tendo em conta um elevado nível de proteção da saúde e segurança dos consumidores (artigo 18º, nº 2). Se da avaliação mencionada resultar a classificação do risco de determinado produto como grave, a notificação à Comissão deve acontecer no prazo máximo de 10 dias a contar da data da adoção da medida (artigo 19º, nº 1). De realçar que o prazo será de apenas 3 dias quando é exigida ação urgente (artigo 19º, nº 5). Caso da avaliação de um produto não resulte a classificação do seu risco como grave, mas se pretendam adotar medidas, o prazo de notificação é de 15 dias a contar da adoção da medida (artigo 19º, nº 2), devendo explicitar-se de forma objetiva as razões que justificam a tomada da medida relativamente ao produto que não apresenta o risco grave (artigo 19º, nº 6).

Por outro lado, quando é a DGC a receber notificações da Comissão quanto ao risco inerente a um produto (artigo 16º, al. b)), segundo o artigo

20º as mesmas são transmitidas às respetivas entidades controladoras de mercado que deverão, em conformidade com o artigo 21º, analisar, em primeiro lugar, as informações em causa, em segundo, verificar se o produto se encontra no mercado e qual a sua localização e, em terceiro, tomar as medidas adequadas com vista a prevenir os riscos. As medidas tomadas deverão ser, sempre que possível, previamente comunicadas à DGC e, obrigatoriamente comunicadas após a sua adoção. A DGC, por sua vez, no prazo de 45 dias informa a Comissão Europeia sobre as medidas que tenham sido ou venham a ser adotadas. O prazo é reduzido a 20 dias quando a notificação recebida exija uma ação urgente e a 15 dias quando o produto notificado for fabricado em Portugal (artigo 22º).

A Comissão Europeia disponibiliza as notificações relativas a produtos inseguros numa base de Dados para efeitos de informação e consulta pública[70].

De realçar que o sistema *RAPEX* diz respeito a produtos não alimentares tal como resulta do proémio do artigo 16º.

1.2.3. *RASFF*

No domínio da segurança de produtos alimentares, o sistema paralelo ao RAPEX é o *RASFF*[71] – *Rapid Alert System for Food and Feed*. O *RASFF* é um sistema através do qual os Estados Membros da UE, os países da EFTA e a Comissão Europeia trocam informação sobre géneros alimentícios e alimentos para animais que possam representar riscos para a saúde dos consumidores. Implementado em 1979[72], o *RASFF*, é atualmente consagrado no artigo 50º do Regulamento (CE) nº 178/2002, de 28 de janeiro.

[70] https://ec.europa.eu/consumers/consumers_safety/safety_products/rapex/alerts/?event=main.listNotifications&lng=en

[71] Cfr. Zhang, Ying; Wells, Elizabeth; Chen, Jake, "Analyzing Food Safety Alerts in European Union Rapid Alerts Systems for Food and Feed", *Ensuring Safe Foods and Medical Products Through Stronger Regulatory Systems Abroad*, Institute of Medicine, The National Academies Press, Washington, 2012, págs. 329 e ss; Directorate-General for Health and Consumers (European Comission), *The Rapid Alert System for Food and Feed for the European Union*, European Communities, Belgium, 2009.

[72] O sistema surge na sequência da deteção de mercúrio em laranjas contaminadas na Alemanha Ocidental e Holanda, com proveniência de Israel. À data, resultou de um mero acordo político, sem sustento legal, entre alguns Estados Membros da Comunidade Económica Europeia, não tendo a complexidade dos dias de hoje, pois, apenas se dava especial enfoque aos riscos imediatos. Cfr. Parisi, Salvatore; Barone, Caterina; Sharma, Ramesh, *Chemistry*

No âmbito do *RASFF*, sempre que um membro da rede dispuser de informações relacionadas com a existência de um risco grave, direto ou indireto, para a saúde humana, ligado a um género alimentício ou a um alimento para animais, essas informações serão imediatamente comunicadas à Comissão Europeia através do sistema de alerta rápido. A Comissão transmitirá imediatamente essas informações aos membros da rede.

Os Estados Membros, por sua vez, notificarão imediatamente a Comissão Europeia, através do sistema de alerta rápido:

- Sobre qualquer medida que adotem com vista a restringir a colocação no mercado ou a impor a retirada do mercado, ou a recolha, de géneros alimentícios ou de alimentos para animais, a fim de proteger a saúde humana, e que exija uma ação rápida;
- Sobre qualquer recomendação ou acordo com operadores profissionais que vise, numa base voluntária ou obrigatória, prevenir, limitar ou impor condições específicas à colocação no mercado ou eventual utilização de géneros alimentícios ou de alimentos para animais devido a um risco grave para a saúde humana que exija uma ação rápida;
- Da rejeição, relacionada com um risco direto ou indireto para a saúde humana, de qualquer lote, contentor ou carga de géneros alimentícios ou de alimentos para animais por parte de uma autoridade competente num posto fronteiriço da UE.

A notificação deverá ser acompanhada de uma fundamentação circunstanciada das medidas tomadas pelas autoridades competentes do Estado Membro em que a notificação foi emitida, devendo ser atempadamente seguida de informações complementares, designadamente quando as medidas em que a notificação se baseia foram alteradas ou revogadas.

A Comissão Europeia transmitirá imediatamente aos membros da rede a notificação e as informações complementares recebidas nos termos dos primeiro e segundo parágrafos.

Sempre que um género alimentício ou um alimento para animais que tenha sido objeto de uma notificação através do sistema de alerta rápido

and Food Safety in EU – The Rapid Alert Systemfor Food and Feed (RASFF), Springer, Palermo, 2016, págs. 12 e ss.

tiver sido expedido para um país terceiro, a Comissão Europeia comunicará a este último as informações adequadas.

Os Estados Membros informarão imediatamente a Comissão Europeia das ações implementadas ou das medidas tomadas após a receção das notificações e informações complementares transmitidas através do sistema de alerta rápido. A Comissão, por sua vez, transmitirá imediatamente essa informação aos membros da rede.

O ponto de contacto em Portugal do *RASFF* é a Direção-Geral de Alimentação e Veterinária.

A Comissão Europeia disponibiliza as notificações relativas a produtos sinalizados como inseguros no âmbito do RASFF numa base de Dados para efeitos de informação e consulta pública[73].

1.3. Direito à Formação e Educação para o Consumo

Os artigos 3º, al. c) e 6º da LDC estabelecem o direito à formação e educação para o consumo. Segundo os preceitos, incumbe ao Estado a adoção de uma política educativa para os consumidores, através da inserção nos programas e nas atividades escolares, bem como nas ações de educação permanente, de matérias relacionadas com o consumo e os direitos dos consumidores. Prevê-se, ainda que os programas de carácter educativo difundidos no serviço público de rádio e de televisão devam integrar espaços destinados à educação e à formação do consumidor.

O que se pode dizer, no que concerne ao desenvolvimento deste direito dos consumidores, é que, volvidos mais de 25 anos da entrada em vigor da LDC, ainda há um longo caminho a percorrer. No plano institucional, muito pouco foi feito no que concerne à efetivação do direito à formação e educação para o consumo. De relevar as propostas apresentadas pela Associação Portuguesa de Direito do Consumo (APDC)[74], a saber:

- Concretização do Programa Geral plasmado no artigo 6º da LDC – Lei de Defesa do Consumidor;
- Definição nacional de um programa de Formação de Formadores;

[73] https://webgate.ec.europa.eu/rasff-window/portal/?event=notificationsList&StartRow=1.

[74] Disponível em http://www.netconsumo.com/2012/04/educacao-e-formacao-para-o-consumo.html.

- Constituição de uma Escola Nacional de Defesa do Consumidor, à semelhança do que ocorreu no Brasil por iniciativa do Ministério da Justiça;
- Adequação dos programas dos diferentes ramos e graus de ensino – de modo transversal – às exigências do figurino da educação para o consumo;
- Definição de Programas de Formação para o Consumo para Consumidores Seniores e para Instituições de Formação de Adultos;
- Definição de Programas de Formação para o Consumo dirigidos a Empresários;
- Definição de Programas de Formação para a Higiene e Segurança Alimentar;
- Inserção do Direito do Consumo nos curricula do ensino superior e nos dos últimos anos do ensino secundário;
- Inserção do Direito do Consumo no *curriculum* do Centro de Estudos Judiciários.

Durante o ano de 2018 foi elaborado pelo Ministério da Educação[75] um *Referencial de Educação* do Consumidor (REC)[76] com o intuito de dar resposta à necessidade de existência de um documento orientador que facilite a abordagem da Educação do Consumidor. O REC está organizado por níveis de educação (pré-escolar, ensino básico e ensino secundário), apresentando uma proposta específica, para um dos níveis de educação. Destina-se a docentes de todos os níveis de educação, e pode ser utilizado no seu todo ou parcialmente, de forma flexível, em diversificados contextos, sequencialmente ou não, constituindo-se como um guia para a implementação da educação para o consumo no meio escolar.

O REC apresenta ainda oito temas e respetivos objetivos de aprendizagem e conteúdos a serem trabalhados:

- O Consumo: Enquadramento e Evolução;
- Os Direitos e Deveres do Consumidor;
- O Consumo de Bens e Serviços;
- A Segurança de Produtos e Serviços e a Saúde dos Consumidores;
- Marketing e Publicidade;

[75] Em concreto por via de parceria entre a Direção-Geral da Educação, a Direção-Geral do Consumidor e a DECO.

[76] Cfr. AAVV, *Referencial de Educação do Consumidor*, Ministério da Educação, 2018.

- As Famílias, a Gestão Financeira e o Consumo;
- O Consumo Sustentável;
- O Consumo no Mundo Digital.

Veremos, nos próximos anos, como se levará a cabo a implementação do REC. Na verdade, as expetativas não são muito elevadas, uma vez que, em teoria, não passa disso mesmo, um referencial sem qualquer valor vinculativo.

1.4. Direito à Informação

O direito à informação pode considerar-se um dos direitos mais emblemáticos[77] no domínio do Direito do Consumo e transversal à maioria dos contratos de consumo[78].

Como este ramo de Direito tem como fim primordial, a correção do desequilíbrio tendencial na relação de consumo, principalmente, pelo facto da falta de informação e de conhecimentos técnicos do consumidor, impõe-se que, no domínio de dita relação, e em prol da máxima transparência negocial, a parte mais débil disponha deste direito subjetivo oponível ao profissional[79].

No nosso ordenamento jurídico, a revogada LDC de 1981 consagrava, inclusivamente antes da sua consagração constitucional, o direito à informação, que só no ano seguinte passou a constar do texto constitucional[80].

Desde a entrada em vigor da LDC de 1996, o direito à informação, para além de se estender a uma multiplicidade de regimes jurídicos que regulam institutos específicos[81], encontra-se previsto artigos 3º, al. d), 7º

[77] Os primeiros programas europeus de tutela dos direitos dos consumidores já consagravam o Direito à Informação – "Carta de Proteção do Consumidor" – 1973 e "1º Programa Comunitário de Proteção e Informação dos Consumidores" – 1975.

[78] Cfr. NEVES REBELO, Fernanda, "O Direito do Consumidor na Contratação à Distância", *Liber Amicorum Mário Frota – A Causa dos Direitos dos Consumidores,* Almedina, Coimbra, 2012, pág. 125.

[79] Cfr. ENGRÁCIA ANTUNES, José, *Direito do Consumo,* Almedina, Coimbra, 2019, págs. 89 e 90.

[80] Cfr. FERREIRA DE ALMEIDA, Carlos, *Direito do Consumo,* Almedina, Coimbra, 2005, pág. 115.

[81] Veja-se a título de exemplo o artigo 4º do DL 24/2014, de 14 de fevereiro; artigos 5º e 6º dos DL 446/85, de 25 de outubro; artigo 6º do DL 133/2009, de 2 de junho, 47º e 47º-A da Lei 5/2004, de 10 de fevereiro – Lei das Comunicações Eletrónicas (LCE) ou artigo 4º da LSPE.

e 8º subdividindo-se no direito à informação em geral e no direito à informação em particular.

O direito à informação em geral encontra previsão nos artigos 7º e 8º, nº 2 da LDC. Pode afirmar-se que não constitui um direito subjetivo pois, consiste numa espécie de direito transindividual, isto é, insuscetível de apropriação individual[82], ou numa "vantagem difusa"[83] do consumidor, na medida em que se impõem deveres genéricos de natureza informativa e formativa ao Estado e outros entes públicos (artigo 7º, nºs 1 e 2) que visam tutelar interesses difusos dos consumidores indeterminados e respeitam a todos e a cada um.

Por outro lado, o dever de informação em geral, recai, igualmente, sobre os profissionais, no domínio da publicidade e fora do âmbito da relação contratual ou pré-contratual, em concreto, produtor, fabricante, importador, distribuidor, embalador e armazenista, de forma que cada elo do ciclo produção-consumo possa encontrar-se habilitado a cumprir a sua obrigação de informar o elo imediato até ao consumidor, destinatário final da informação (artigos 7º, nºs 4 e 5 e 8º, nº 2).

Como explica Ferreira de Almeida[84], o direito à informação em geral, constitui um direito coletivo[85] a ser exercido por associações de consumidores ou em sede de ação popular[86] (artigo 52º, nº 3, al. a) da CRP).

No que diz respeito ao direito à informação em particular dos consumidores, como direito subjetivo e de natureza, fundamentalmente, pré-contratual, tem consagração genérica no artigo 8º da LDC.

O artigo 8º, nº 1 obriga o fornecedor de bens ou prestador de serviços, tanto na fase de negociação como na fase de celebração do contrato, a informar o consumidor de forma clara, objetiva e adequada, a não ser que essa informação resulte de forma clara e evidente do contexto, nomeadamente sobre as características principais, dos bens ou serviços; Identidade do fornecedor de bens ou prestador de serviços; Preço total dos bens ou serviços e/ou modo de cálculo do preço, nos casos em que, devido à natu-

[82] Cfr. Ac. Rel. Lisboa de 17/6/2010. Processo 1486/08.0TVLSB.L1-8.

[83] Cfr. Ferreira de Almeida, Carlos, *Direito do Consumo*, Almedina, Coimbra, 2005, pág. 116.

[84] Cfr. Ferreira de Almeida, Carlos, *Direito do Consumo*, Almedina, Coimbra, 2005, pág. 117.

[85] Discordamos que se trate de um direito coletivo por defendermos que se trata de um direito difuso.

[86] Cfr. Lei 83/95, de 31 de agosto.

reza do bem ou serviço, o preço não puder ser calculado antes da celebração do contrato; A indicação de que podem ser exigíveis encargos suplementares; Modalidades de pagamento, de entrega ou de execução e o prazo de entrega; Sistema de tratamento de reclamações e quando for o caso, sobre os centros de arbitragem de conflitos de consumo de que o profissional seja aderente, e sobre a existência de arbitragem necessária; Período de vigência do contrato, ou, se o contrato for de duração indeterminada ou de renovação automática, as condições para a sua denúncia ou não renovação, bem como as respetivas consequências, incluindo, se for o caso, o regime de contrapartidas previstas para a cessação antecipada dos contratos que estabeleçam períodos contratuais mínimos; A existência de garantia de conformidade dos bens, dos conteúdos e serviços digitais, com a indicação do respetivo prazo, e, quando for o caso, a existência de serviços pós-venda e de garantias comerciais, com descrição das suas condições; A funcionalidade dos bens com elementos digitais, conteúdos e serviços digitais, nomeadamente o seu modo de utilização e a existência ou inexistência de restrições técnicas, incluindo as medidas de proteção técnica, quando for o caso; Qualquer compatibilidade e interoperabilidade relevante dos bens com elementos digitais, conteúdos e serviços digitais, quando for o caso, com equipamentos e programas informáticos de que o fornecedor ou prestador tenha ou possa razoavelmente ter conhecimento, nomeadamente quanto ao sistema operativo, a versão necessária e as características do equipamento; Consequências do não pagamento do preço do bem ou serviço.

Aos elementos descritos, acresce o dever de informar os riscos para a saúde e segurança dos consumidores que possam resultar da normal utilização de bens ou serviços perigosos (artigo 8º, nº 3).

No que concerne ao modo de transmissão da informação, para além de ser prestada em língua portuguesa (artigo 7º, nº 3), o artigo 8º distingue duas modalidades consoante o objeto sobre o qual impende a informação: Se respeitar a aspetos do bem ou serviço, o profissional tem o dever de informar de forma clara, objetiva e adequada (nº 1). Se incidir sobre os riscos para a saúde e segurança dos consumidores que possam resultar da normal utilização dos bens ou serviços perigosos, a informação deve ser realizada de forma clara, completa e adequada (nº 3)[87].

[87] Cfr. Neves Rebelo, Fernanda, "O Direito do Consumidor na Contratação à Distância", *Liber Amicorum Mário Frota – A Causa dos Direitos dos Consumidores*, Almedina, Coimbra,

No exercício do direito à informação, o consumidor deve ter acesso a uma informação completa, clara e leal de forma a que possa formar uma vontade negocial livre e consciente. Portanto cabe ao profissional informar, segundo os ditames da boa-fé, de forma completa, o consumidor, não sendo exigível que seja este a tomar as iniciativas necessárias ao seu esclarecimento. Assim, o consumidor fica dispensado do ónus de tomar as iniciativas necessárias ao seu esclarecimento[88].

No que concerne à violação do dever de informação, o nº 5 do artigo 8º estabelece que o profissional que viole o dever de informar responde pelos danos que causar ao consumidor. São solidariamente responsáveis os demais intervenientes na cadeia da produção à distribuição que hajam igualmente violado o dever de informação. Como o momento para a prestação de informação é, fundamentalmente, a fase de negociação ou a de celebração do contrato, o artigo 8º, nº 5 é um corolário da responsabilidade pré-contratual (artigo 227º do CC)[89].

Segundo Eva Moreira da Silva, "o cumprimento do dever de informar há de consubstanciar-se numa "obrigação positiva" (...) o credor tem de provar a existência da obrigação e ao devedor cabe provar o cumprimento ou a sua impossibilidade por factos que lhe não sejam imputáveis"[90]. Neste sentido, o consumidor que pretenda prevalecer-se da violação do dever de informação, deverá provar, em primeiro lugar, a existência do dever de informação que recai sobre o profissional e, em segundo, o dano, cabendo ao profissional o ónus da prova da prestação da informação ou que o incumprimento do dever de informar não resultou de culpa sua (artigo 799º do CC)[91].

O incumprimento do dever de informação para além de gerar responsabilidade pré-contratual nos termos descritos, atribui a faculdade ao consumidor de resolver o contrato no prazo de 7 dias úteis, a contar do momento da receção do bem ou da data de celebração do contrato de prestação de serviços (artigo 8º, nº 4).

2012, pág. 126 e Engrácia Antunes, José, *Direito do Consumo*, Almedina, Coimbra, 2019, pág. 92.

[88] Cfr. Ac. Rel. Lisboa de 20/9/2011. Processo 374701/09.2YIPRT.L1-7 e Ac. STJ de 18/11/1999. Processo 99B869.

[89] Neste sentido cfr. Ac. Rel. Coimbra de 27/5/2015. Processo 512/13.6TBCBR.C1.

[90] Cfr. Moreira da Silva, Eva, *Da Responsabilidade Pré-Contratual Por Violação dos Deveres de Informação*, Almedina, Coimbra, 2006, pág. 204.

[91] Cfr. Ac. STJ de 23/10/2008. Processo 08B2943 e Ac. STJ de 27/9/2012. Processo 3729/04.0TVLSB.L1.S1.

1.5. Direito à Proteção dos Interesses Económicos

Com consagração nos artigos 3º, al. e) e 9º da LDC, o direito à proteção dos interesses económicos[92], é tido como o mais relevante no que à tutela do consumidor diz respeito[93], pois tem o propósito de promover a igualdade nas relações de consumo, na medida em que determina, que a formação e vigência dos contratos, se subordinem aos deveres da lealdade e de boa-fé.

No que concerne à formação dos contratos de consumo, o legislador, com vista à prevenção de abusos que resultem de contratos pré-elaborados, impõe, para além da redação clara e precisa, em caracteres facilmente legíveis, das cláusulas contratuais gerais (CCG), incluindo as inseridas em contratos singulares (artigo 9º, nº 2, al. a) da LDC), a sua comunicação e clarificação[94], proibindo a inclusão de CCG em contratos singulares que deem aso a um significativo desequilíbrio na relação jurídica de consumo (artigo 9º, nº 2, al. b) da LDC).

Ainda no que respeita à formação dos contratos de consumo, pode dizer-se que o regime jurídico das práticas comerciais desleais[95], constitui um corolário do direito à proteção dos interesses económicos dos consumidores[96], pois proíbe práticas contrárias à diligência profissional que distorçam, ou sejam suscetíveis de distorcer, o comportamento económico do consumidor seu destinatário (tendo-se como referência o consumidor médio) ou que o afete relativamente a certo bem ou serviço.

Por sua vez, os nºs 4 e 6 do artigo 9º da LDC, proíbem, respetivamente, as vendas ou prestações de serviço forçadas ou não solicitadas e as vendas ou prestação de serviço associadas[97]. Quanto à proibição das vendas ou prestações de serviço forçadas ou não solicitadas, por constituírem práticas desleais e agressivas, o legislador estabelece que os consumidores não ficam obrigados ao pagamento de bens ou serviços que não tenha prévia e expressamente encomendado ou solicitado, eximindo-os do encargo da

[92] Frota, Mário, "Os Serviços de Interesse Geral e o Princípio Fundamental da Protecção dos Interesses Económicos do Consumidor", *MaiaJurídica*, Ano V, nº 2, 2007, págs. 39 e ss.

[93] Cfr. Engrácia Antunes, José, *Direito do Consumo*, Almedina, Coimbra, 2019, pág. 95.

[94] Cfr. Artigos 5º e 6º do DL 446/85, de 25 de outubro.

[95] Cfr. DL 57/2008, de 26 de março.

[96] Cfr. Couto, Rute, "Consumidor-Cidadão: O Estado e os Direitos dos Consumidores", *Revista Luso-Brasileira de Direito do Consumo*, Vol. VI, nº 21, 2016, pág. 26.

[97] Cfr. Engrácia Antunes, José, *Direito do Consumo*, Almedina, Coimbra, 2019, pág. 96.

sua devolução ou compensação e da responsabilidade pelo risco de perecimento ou deterioração do bem. Por outro lado, a proibição das vendas e prestações de serviço associadas traduz-se no dever que recai sobre o profissional de não subordinar a venda de um bem ou a prestação de um serviço à aquisição ou prestação de outro.

Quanto à vigência dos contratos propriamente ditos, a proteção dos interesses económicos do consumidor traduz-se no direito à assistência pós-venda pelo período de duração média normal dos produtos fornecidos (artigo 9º, nº 5 da LDC), por um lado, e, por outro, no reconhecimento do direito de arrependimento ou de livre resolução (artigo 9º, nº 8 da LDC) nos contratos celebrados à distância e fora do estabelecimento comercial.

Com vista a assegurar os interesses económicos do consumidor, a LDC faz ainda recair sobre o Governo, o dever de adotar medidas adequadas a assegurar o equilíbrio das relações jurídicas que tenham por objeto bens e serviços essenciais[98] (água, energia elétrica, gás, telecomunicações e transportes públicos) e o de adotar medidas tendentes a prevenir a lesão dos interesses dos consumidores no domínio dos métodos de venda que prejudiquem a avaliação consciente das cláusulas apostas em contratos singulares e a formação livre, esclarecida e ponderada da decisão de se vincularem (artigo 9º, nºs 9 e 10).

Ainda a respeito desta temática, o DL 109-G/2021, de 10 de dezembro veio impor a proibição ao profissional de adotar quaisquer técnicas através das quais vise reduzir deliberadamente a duração de vida útil de um bem de consumo a fim de estimular ou aumentar a substituição de bens (artigo 9º, nº 7). Trata-se, pois, de uma solução de louvar, uma vez que vedando-se ao profissional a possibilidade de deliberadamente reduzir a vida útil de bens do consumo, com o propósito de aumentar o volume de negócios, promove-se os interesses económicos dos consumidores. na medida em que tal proibição evita que estes tenham de adquirir outros bens equivalentes num espaço de tempo mais curto.

1.6. Direito à Prevenção e à Reparação dos Danos Patrimoniais ou Não Patrimoniais

O artigo 3º, al. f) da LDC consagra o direito à prevenção e à reparação dos danos patrimoniais ou não patrimoniais.

[98] Cfr. LSPE.

O tratamento legislativo é alargado por via dos artigos 10º a 13º do referido diploma, estabelecendo-se, por sua vez, um conjunto de mecanismos preventivos e de reparação de danos.

No que diz respeito aos primeiros, preventivos/repressivos[99], assume papel preponderante a ação inibitória[100], com consagração genérica no artigo 52º da CRP, nos artigos 10º e 11º da LDC, 26º e ss do DL 446/85, de 25 de outubro e na Lei 25/2004, de 8 de julho.

A ação inibitória trata-se de uma ação de condenação em prestação de facto negativo[101] que visa prevenir, corrigir ou fazer cessar práticas lesivas dos direitos do consumidor, obrigando-se o autor das referidas práticas à sua abstenção, nomeadamente as que atentem contra a saúde e segurança física dos consumidores; se traduzam no uso de cláusulas gerais proibidas; consistam em práticas comerciais expressamente proibidas por lei[102] (artigo 10º, nº 1 da LDC). Tem como finalidade uma fiscalização abstrata[103] das práticas lesivas, uma vez que o respetivo escopo não se esgota na esfera jurídica de uma determinada pessoa, singular ou coletiva, mas tutela, de igual modo, o interesse da generalidade de consumidores – interesses difusos[104-105]. O que

[99] De referir que a ação inibitória tem, igualmente, uma função repressiva quando a violação dos interesses dos consumidores já se perpetrou.

[100] Cfr. Engrácia Antunes, José, *Direito do Consumo,* Almedina, Coimbra, 2019, págs. 98 e ss; de Sá, Almeno, *Cláusulas Contratuais Gerais e Directiva Sobre Cláusulas Abusivas,* Almedina, Coimbra, 2005, págs. 78 e ss; Ferreira dos Santos, "Cláusulas Abusivas e Ação Inibitória: Aspetos Processuais Mais Marcantes", *Revista Luso-Brasileira de Direito do Consumo,* Vol. II, nº 1, 2012, págs. 127 e ss; Batista, Fátima, "A Ação Inibitória Nacional e Europeia", *Direito do Consumo,* CEJ, Lisboa, 2016, págs. 167 e ss.

[101] Cfr. Ac. Rel. Porto de 16/5/2017. Processo 3230/16.0T8MAI.P1.

[102] Veja-se a título de exemplo o regime jurídico das práticas comerciais desleais – DL 57/2008, de 26 de março (artigo 16º).

[103] Cfr. de Sá, Almeno, *Cláusulas Contratuais Gerais e Directiva Sobre Cláusulas Abusivas,* Almedina, Coimbra, 2005, pág. 78.

[104] Cfr. Ac. STJ de 16/10/2018. Processo 3082/05.5TJLSB.S1.

[105] Os interesses difusos que dizem respeito a um grupo indeterminável de indivíduos e afetam a todos e a cada um, são insuscetíveis de apropriação individual. São exemplos desta categoria de interesses os inerentes à qualidade de vida, ao ambiente e aos direitos dos consumidores. Os interesses coletivos podem ser definidos como sendo interesses transindividuais, isto é, pertencem a um grupo, classe ou categoria indeterminada, mas determinável de sujeitos, ligados entre si pela mesma relação jurídica básica. São interesses de uma categoria, grupo ou classe de pessoas. Os interesses individuais homogéneos consistem na refração dos interesses difusos e dos interesses coletivos na esfera de cada um dos seus titulares. Os

se pretende acautelar é o risco de propagação de práticas lesivas dos interesses dos consumidores em geral. Assume, pois, particular importância a publicidade das sentenças[106] a expensas do infrator (artigo 11º, nº 3 da LDC), que cumpre um propósito informativo dos consumidores[107].

A ação inibitória está isenta de custas, segue a forma de processo sumário e tem o valor equivalente ao da alçada da Relação mais 0.01(euro) (artigo 11º, nº 1 da LDC).

A sentença inibitória especifica o âmbito da abstenção ou correção, designadamente através da referência concreta do seu teor e a indicação do tipo de situações a que se reporta (artigo 11º, nº 2 da LDC) e pode ser acompanhada de pecuniária compulsória, prevista no artigo 829º-A do CC, sem prejuízo da indemnização a que houver lugar (artigo 10º, nº 2 da LDC).

De referir que as práticas lesivas dos interesses dos consumidores que se pretendam prevenir, corrigir ou fazer cessar podem ser nacionais (artigo 10º, nº 1 da LDC) ou intracomunitárias (artigo 3º da Lei 25/2004, de 8 de julho). No segundo caso, a prática lesiva que se pretende fazer cessar, tendo origem em Portugal, afeta interesses de consumidores localizados noutro Estado membro da UE. A correspondente ação inibitória pode ser diretamente intentada por entidade deste Estado da UE que conste da lista atualizada das entidades competentes, elaborada pela Comissão Europeia e publicada no Jornal Oficial da UE[108]. O exercício transnacional do direito de ação inibitória referido pelas entidades portuguesas, está dependente de inscrição em lista disponível na DGC artigo 4º, nº 2 e 5º da Lei 25/2004, de 8 de julho).

No que diz respeito à legitimidade processual ativa, da conjugação dos artigos 26º do DL 446/85, de 25 de outubro e do artigo 13º da LDC, podem interpor ação inibitória:

- As associações de defesa do consumidor;

interesses individuais homogéneos podem, assim, ser definidos como os interesses de cada um dos titulares de um interesse difuso ou de interesse coletivo. Cfr. Ac. STJ de 8/9/2016. Processo 7617/15.7T8PRT.S1 e Ac. STJ de 3/3/2016. Processo 3704/12.1TTLSB.L1.S1.

[106] Cfr. PAZ, Margarida, "A publicitação das sentenças inibitórias de cláusulas contratuais gerais nulas como corolário do princípio da proteção do consumidor", *Revista do CEJ*, nº 1, 2013, págs. 33 e ss.

[107] Cfr. Ac. Rel. Porto de 16/5/2017. Processo 3230/16.0T8MAI.P1.

[108] A entidades competentes estão obrigadas a apresentar, em anexo à petição inicial, cópia do Jornal Oficial da UE contendo a publicação mais recente da lista onde se encontram inscritas (artigo 3º, nº 2 da Lei 25/2004, de 8 de julho).

- As associações profissionais ou de interesse económico;
- O Ministério Público[109], oficiosamente, por indicação do Provedor de Justiça ou quando entenda fundamentada a solicitação de algum interessado;
- Os consumidores lesados, os consumidores ainda que não diretamente lesados;
- A DGC.

Almeno de Sá sustenta que a atribuição de legitimidade ativa aos consumidores individualmente considerados tem um alcance prático duvidoso pois, tratando-se, principalmente, da tutela de interesses difusos, e atendendo à existência de um conjunto considerável de entidades com legitimidade, não parece adequado considerar o consumidor uma "espécie de curador" desses interesses difusos[110].

Ainda de referir que o legislador previu outros mecanismos sempre que a prática lesiva dos interesses do consumidor se traduza no uso de CCG proibidas, nomeadamente, através de procedimento cautelar não especificado e da possibilidade de terceiro invocar a declaração incidental de nulidade contida na decisão inibitória, em seu benefício[111] (artigos 11º, nº 4 da LDC e 31º e 32º do DL 446/85, de 25 de outubro)[112].

No que concerne aos mecanismos de reparação dos danos, o artigo 12º, nº 1 da LDC consagra um princípio de responsabilidade civil contratual considerando que o consumidor tem direito à indemnização pelos danos patrimoniais e não patrimoniais sofridos resultantes do fornecimento de bens ou prestações de serviços defeituosos. Tratando-se de responsabilidade civil contratual, a culpa presume-se, em conformidade com o artigo

[109] Cfr. ALVES, João, "O Ministério Público e a proteção dos consumidores: presente e futuro", *Revista Portuguesa de Direito do Consumo*, nº 50, 2007, págs. 13 e ss.

[110] Cfr. DE SÁ, Almeno, *Cláusulas Contratuais Gerais e Directiva Sobre Cláusulas Abusivas*, Almedina, Coimbra, 2005, pág. 80.

[111] Segundo o artigo 32º, nº 2 a sentença que julgue procedente ação inibitória e que incidentalmente tenha apreciado a nulidade de CCG, pode ser invocada por terceiro que não tenha sido demandante, em relação a contratos já celebrados ou a celebrar que incluam CCG proibidas ou equiparadas. Cfr. Ac. Rel. Lisboa de 8/7/2010. Processo 1593/08.0TJLSB.L1-7.

[112] Cfr. ENGRÁCIA ANTUNES, José, *Direito do Consumo*, Almedina, Coimbra, 2019, pág. 99.

799º do CC, tendo o consumidor que provar o defeito, dano e o nexo de causalidade entre ambos[113].

Por outro lado, o artigo 12º, nº 2, estabelece um princípio de responsabilidade objetiva do produtor, já abordado em sede própria, que não pressupondo uma relação de natureza contratual entre este e o consumidor, o responsabiliza, independentemente de culpa, pelos danos causados pelos produtos que coloque em circulação. A consagração deste princípio, para além da função reparadora, assume, igualmente, uma função preventiva, na medida em que obriga o produtor (fonte do risco), ao máximo controlo e investimento em medidas de segurança por forma a minimizar os riscos de comercialização de bens que se possam revelar inseguros e, consequentemente, causar danos ao consumidor. O lesado, provando a existência do defeito, do dano e do nexo de causalidade defeito/dano, tem direito a ser indemnizado nos termos do artigo 8º do DL 383/89, de 6 de novembro.

1.7. Direito à Proteção Jurídica e a uma Justiça Acessível e Pronta[114]

Em termos amplos, a Tutela Jurisdicional Efetiva tem consagração no artigo 20º da CRP, apresentando algumas particularidades no domínio do Direito do Consumo. Neste sentido, os artigos 3º, al. g) e 14º da LDC estabelecem o direito à proteção jurídica e a uma justiça acessível e pronta dos consumidores. A sua execução, neste domínio, é levada a cabo, por um lado, através de mecanismos judiciais e, por outro, por mecanismos não judiciais (mecanismos de resolução alternativa de litígios (MRAL)) e mistos[115] (Julgados de Paz).

Quanto aos primeiros, de sublinhar a atribuição de legitimidade processual ativa ao Ministério Público (artigos 13º, al. c) e 20º, al. c) da LDC e

[113] Cfr. Ac. Rel. Porto de 14/12/2017. Processo 3293/16.8T8MTS.P1; Ac. STJ de 13/12/2007. Processo 07A4160; Ac. Rel. Coimbra de 1/3/2016. Processo 1684/08.7TBCBR.C1.

[114] Cfr. Engrácia Antunes, José, *Direito do Consumo*, Almedina, Coimbra, 2019, págs. 102 e ss; Frota, Mário, "A Tutela Jurisdicional dos Direitos dos Consumidores", *Revista Portuguesa de Direito do Consumo*, nº 8, 1996, págs. 51 e ss e Couto, Rute, "Consumidor-Cidadão: O Estado e os Direitos dos Consumidores", *Revista Luso-Brasileira de Direito do Consumo*, Vol. VI, nº 21, 2016, págs. 2 e ss.

[115] Consideramos os Julgados de Paz como mecanismos de tutela mistos porque apesar de serem tribunais judiciais têm regras de organização próprias e o funcionamento assemelha-se ao dos MRAL, em particular à mediação.

26º, nº 1, al. c) do DL 446/85, de 25 de outubro) e à DGC (artigos 13º, al. c) e 21º, nº 2, al. c) da LDC), para a interposição de ações inibitórias por um lado, e, por outro, às associações de consumidores (artigos 13º, al. b) e 18º, nº 1, al. l) da LDC e 26º, nº 1, al. a) do DL 446/85, de 25 de outubro) e aos consumidores, inclusive os que não sejam diretamente lesados (artigo 13º, al. b) da LDC), em sede de ação inibitória/ação popular (artigo 52º, nº 3, al. a) da CRP e Lei 83/85, de 31 de agosto) com vista à prevenção ou reparação de danos patrimoniais ou não patrimoniais que resultem da ofensa de interesses ou direitos individuais homogéneos, coletivos ou difusos[116-117] (artigo 3º, al. f) da LDC)[118].

No que concerne aos MRAL[119], o artigo 14º, nº 1 da LDC faz recair sobre os órgãos e departamentos da Administração Pública o dever de promover a criação e apoiar centros de arbitragem com o objetivo de dirimir os conflitos de consumo que é realizado, em concreto, pelo Gabinete de Resolução Alternativa de Litígios (GRAL), integrado na Direção-Geral de Política de Justiça (DGPJ) e pela DGC.

Os MRAL são a mediação, conciliação e arbitragem. Têm em comum o facto de terem natureza voluntária, célere e com reduzidos para os consumidores.

Quanto à mediação, regulada pela Lei 29/2013, de 19 de abril (Lei da Mediação (LM)), é um procedimento realizado por entidades públicas ou privadas, através do qual duas ou mais partes em litígio procuram voluntariamente alcançar um acordo com assistência de um mediador de con-

[116] De realçar que as ações populares podem ser não só reparatórias, mas também preventivas ou inibitórias, consoante o caso concreto. Neste sentido cfr. Ac. Rel. Lisboa de 20/6/2013. Processo 720/13.0TVLSB-A.L1-6.

[117] A ação popular não é admissível quando o demandado possa invocar diferentes defesas contra os vários representados ou demandantes pois, deve estar em causa a violação ou iminente violação do mesmo interesse difuso. Neste sentido cfr. Ac. STJ de 8/9/2016. Processo 7617/15.7T8PRT.S1.

[118] Cfr. Engrácia Antunes, José, *Direito do Consumo,* Almedina, Coimbra, 2019, págs. 104 e ss.

[119] Cfr. Morais Carvalho, Jorge; Pinto-Ferreira, João Pedro; Campos Carvalho, Joana, *Manual de Resolução Alternativa de Litígios de Consumo,* Almedina, Coimbra, 2017; França Gouveia, Mariana, *Curso de Resolução Alternativa de Litígios,* 3ª ed., Almedina, Coimbra, 2014; Engrácia Antunes, José, *Direito do Consumo,* Almedina, Coimbra, 2019, págs. 106 e ss e Couto, Rute, "Consumidor-Cidadão: O Estado e os Direitos dos Consumidores", *Revista Luso-Brasileira de Direito do Consumo,* Vol. VI, nº 21, 2016, págs. 20 e ss.

flitos, imparcial e independente, desprovido de poderes de imposição aos mediados, que os auxilia na tentativa de construção de um acordo final sobre o objeto do litígio (artigo 2º da LM).

Na conciliação, o conciliador (árbitro ou juiz de paz) procura que as partes alcancem um acordo. O conciliador assume uma posição mais ativa que a do mediador, tendo um papel mais interventivo na condução do processo e podendo propor soluções para o conflito.

Relativamente à arbitragem[120], as partes em litígio, por acordo (convenção arbitral) ou por imposição legal (arbitragem necessária), confiam a terceiro(s) (árbitro(s)) a decisão sobre o litígio, ficando vinculadas à sentença arbitral. O processo de arbitragem é regulado pela Lei 63/2011, de 14 de dezembro (Lei da Arbitragem Voluntária (LAV)).

O artigo 15º da LSPE dispõe que os litígios de consumo no âmbito dos serviços públicos essenciais estão sujeitos a arbitragem necessária quando, por opção expressa dos utentes que sejam pessoas singulares, sejam submetidos à apreciação do tribunal arbitral dos centros de arbitragem de conflitos de consumo legalmente autorizados. Vincula-se, portanto, o prestador de serviços à decisão do tribunal arbitral, se tal for a opção tomada pelo utente pessoa singular. O legislador, consciente do exponencial crescimento dos litígios de consumo, estabeleceu, na senda da LSPE, durante o ano de 2019[121], que todos os litígios de consumo de reduzido valor económico, passem a estar sujeitos a arbitragem necessária ou mediação quando, por opção expressa dos consumidores, sejam submetidos à apreciação de tribunal arbitral adstrito aos centros de arbitragem de conflitos de consumo legalmente autorizados (artigo 14º, nº 2 da LDC). Consideram-se, por sua vez, litígios de consumo de reduzido valor económico aqueles cujo valor não exceda a alçada dos tribunais de 1ª instância (artigo 14º, nº 3 da LDC), devendo o consumidor ser notificado, no início do processo, de que pode fazer-se representar por advogado ou solicitador, sendo que, caso não tenha meios económicos para tal, pode solicitar apoio judiciário, nos termos da lei que regula o acesso ao direito e aos tribunais (artigo 14º, nº 4 da LDC). O consumidor fica dispensado do pagamento prévio de taxa de justiça, que será apurada a final (artigo 14º,

[120] O artigo 209º, nº 2 da CRP prevê expressamente a possibilidade de existência de tribunais arbitrais.

[121] Por via da Lei 63/2019, de 14 de dezembro que procedeu à quinta alteração à LDC.

nº 5 da LDC). Assim, estende-se o mecanismo da arbitragem necessária a todos os litígios de consumo, consagrando-se uma solução semelhante à já anteriormente preconizada, relativamente aos litígios resultantes da prestação de serviços públicos essenciais, não se instituindo, no entanto, qualquer limite de valor nestes últimos.

De realçar o papel preponderante da Lei 144/2015, de 8 de setembro[122] na criação da *Rede de Arbitragem de Consumo*[123] (artigo 4º), que tem por objetivo assegurar a coordenação, a utilização de sistemas comuns e a harmonização dos procedimentos seguidos nas atividades de informação, mediação, conciliação e arbitragem de litígios de consumo, pelos centros de arbitragem de conflitos de consumo que agrega. A Lei atribui à DGC a competência para organizar a inscrição e a divulgação da lista de entidades de RAL (artigo 15º). O funcionamento da rede é coordenado e supervisionado pela DGC e pela DGPJ (artigo 4º, nº 4).

Quanto aos Julgados de Paz[124] (Lei 78/2001, de 13 de julho), são tribunais com características especiais, no que concerne à organização e funcionamento e cuja atuação é vocacionada nos termos da lei para permitir, por um lado, a participação cívica dos interessados e, por outro, estimular a justa composição dos litígios (artigo 2º, nº 1). Têm competência[125] em

[122] Cfr. Pinto-Ferreira, João Pedro, "A Resolução Alternativa de Litígios de Consumo no Contexto da Lei 144/2015, *Estudos de Direito do Consumo em Homenagem a Manuel Cabeçadas Ataíde Ferreira*, DECO, Lisboa, págs. 310 e ss.

[123] Atualmente em Portugal existem 10 Centros de Arbitragem de Consumo: sete de competência genérica e territorial (Lisboa, Porto, Coimbra, Braga e Viana do Castelo, Guimarães, Algarve e Madeira), um de âmbito nacional e competência supletiva (Centro Nacional de Informação e Arbitragem de Conflitos de Consumo (CNIACC)) e dois de competência específica, um no setor automóvel e outro no setor dos seguros. Para além do tribunal arbitral, os centros disponibilizam serviços de informação, serviços de mediação e um tribunal arbitral.

[124] Cfr. Cardona Ferreira, Jaime, *Julgados de Paz*, 3ª ed., Coimbra Editora, Coimbra, 2014; Galhardo Coelho, João, *Julgados de Paz e Mediação de Conflitos*, Âncora Editora, 2003 e Chumbinho, João, *Julgados de Paz na Prática Processual Civil*, Quid Juris, 2007.

[125] A Lei relativa à organização, competência e funcionamento dos Julgados de Paz não contempla qualquer normativo que consagre inequivocamente a competência exclusiva/obrigatória ou alternativa/optativa dos julgados de paz. Tem sido posição jurisprudencial e doutrinária dominantes a de considerar que a mesma é exclusiva ou obrigatória com o argumento de que a norma transitória da Lei estabelece que as ações pendentes à data da criação e instalação dos Julgados de Paz seguem os seus termos nos tribunais onde foram propostas (artigo 67º), norma que resultaria inútil, caso se perfilhasse o entendimento de que a competência é optativa. Portanto, as ações devem ser instauradas nos Julgados de Paz (se este for competente

razão do território (concelhios ou de agrupamento de concelhos – artigo 4º), do valor (litígios cujo valor não exceda 15 000 euros – artigo 8º) e da matéria (causas de natureza cível, elencadas no artigo 9º, entre as quais ações relativas a incumprimento contratual ou responsabilidade civil, que abrangem uma parte substancial dos conflitos de consumo) e são orientados pelos princípios de simplicidade, adequação, informalidade, oralidade e absoluta economia processual (artigo 2º, nº 2), não havendo lugar ao pagamento de custas (artigo 5º, nº 1).

1.8. Direito à Participação por Via Representativa

Cabe, por fim, fazer uma breve referência ao direito à participação dos consumidores por via representativa (artigos 3º, al. h) e 15º da LDC). O Direito à Participação é assegurado pelas associações de consumidores[126-127], que para tal gozam de um conjunto de atribuições previstas no artigo 18º da LDC, a saber:

- Estatuto de parceiro social em matérias que digam respeito à política de consumidores;

em razão de matéria, território e valor), uma vez que a parte não tem a faculdade de escolher entre a instauração no Julgado de Paz ou Tribunal Judicial. Cfr. Ac. Rel. Lisboa de 18/1/2007. Processo 7529/2006-6; Ac. Rel. Lisboa de 14/12/2006. Processo 10145/2006-6; GALHARDO COELHO, João, *Julgados de Paz e Mediação de Conflitos*, Âncora Editora, 2003, pág. 27 e RAMOS PEREIRA, Joel Timóteo, *Julgados de Paz – Organização, Trâmites e Formulários*, Quid Juris, 2005, pág. 56. Em sentido inverso cfr. Ac. Rel. Lisboa de 18/5/2006. Processo 3996-06.

[126] Nos termos do artigo 17º da LDC, as associações de consumidores são pessoas coletivas de tipo associativo, dotadas de personalidade jurídica, sem fins lucrativos tendo como objetivo principal a proteção dos direitos e dos interesses dos consumidores em geral e dos seus associados em particular. Podem ser de âmbito nacional, regional ou local, consoante a área a que circunscrevem a sua ação e tenham, pelo menos, 3000, 500 ou 100 associados. As associações de consumidores podem ser ainda de interesse genérico ou de interesse específico: São de interesse genérico as associações de consumidores cujo fim estatutário seja a tutela dos direitos dos consumidores em geral e cujos órgãos sejam livremente eleitos pelo voto universal e secreto de todos os seus associados.
São de interesse específico todas as demais associações de bens e serviços determinados.

[127] Cfr. REGO, Raquel, "O Impacto da Profissionalização nas Associações de Consumidores – O Caso da DECO", *Revista Críticas de Ciências Sociais*, nº 90, 2010, págs. 113 e ss e FREIRE, João; SILVA, Carlos Dias, *Consumidores em movimento*, CIES-ISCTE, Lisboa, 1996.

- Direito a representar os consumidores em processo de consulta e audição públicas a realizar no decurso da tomada de decisões suscetíveis de afetar os direitos e interesses daqueles;
- Direito a solicitar, junto das autoridades administrativas ou judiciais competentes, a apreensão e retirada de bens do mercado ou a interdição de serviços lesivos dos direitos e interesses dos consumidores;
- Direito a corrigir e a responder ao conteúdo de mensagens publicitárias relativas a bens e serviços postos no mercado, bem como a requerer, junto das autoridades competentes, que seja retirada do mercado publicidade enganosa ou abusiva;
- Direito a consultar os processos e demais elementos existentes nas repartições e serviços públicos da administração central, regional ou local que contenham dados sobre as características de bens e serviços de consumo e de divulgar as informações necessárias à tutela dos interesses dos consumidores;
- Direito a serem esclarecidas sobre a formação dos preços de bens e serviços, sempre que o solicitem; Direito de participar nos processos de regulação de preços de fornecimento de bens e de prestações de serviços essenciais, nomeadamente nos domínios da água, energia, gás, transportes e telecomunicações, e a solicitar os esclarecimentos sobre as tarifas praticadas e a qualidade dos serviços, por forma a poderem pronunciar-se sobre elas;
- Direito a solicitar aos laboratórios oficiais a realização de análises sobre a composição ou sobre o estado de conservação e demais características dos bens destinados ao consumo público e de tornarem públicos os correspondentes resultados, devendo o serviço ser prestado segundo tarifa que não ultrapasse o preço de custo;
- Direito à ação popular;
- Direito a receber apoio do Estado, através da administração central, regional e local, para a prossecução dos seus fins, nomeadamente no exercício da sua atividade no domínio da formação, informação e representação dos consumidores.

1.9. Livro de Reclamações

Atendendo à necessidade de tornar mais célere a resolução de conflitos de consumo, de permitir identificar comportamentos em violação dos direitos do consumidor e de promover a igualdade material dos intervenientes (artigo 9º da LDC), foi criado o livro de reclamações por via do DL 156/2005, de 15 de setembro[128]. Na realidade, um determinado conflito de consumo, em concreto, não será resolvido, efetivamente, por via da reclamação. No entanto, tal reclamação terá um efeito preventivo, na medida em que concorre para a eventual diminuição do risco de ocorrência de situações semelhantes futuras[129].

Este instrumento de tutela dos direitos do consumidor (e do utente), no âmbito do fornecimento de bens e de prestação de serviços, permite apresentar queixa no local onde o conflito ocorreu[130] (através do livro de reclamações em formato físico), podendo, igualmente, exercer-se tal direito de queixa por via eletrónica (através do livro de reclamações em formato eletrónico[131]).

O DL 156/2005, de 15 de setembro estabelece, não só a obrigatoriedade de existência e disponibilização imediata, quando solicitado, do livro de reclamações (artigos 1º, nº 2, 3º, nº 1, al. a) e 3º, nº 1, al. b)), mas também o dever de afixar no estabelecimento a informação de que possui um livro de reclamações, identificando a entidade competente para apreciar a reclamação (artigo 3º, nº 1, al. c)). Tal obrigatoriedade não exclui a possibilidade dos fornecedores de bens e prestadores de serviços disponibilizarem, simultaneamente, no seu *site* instrumentos destinados à resolução de problemas dos consumidores ou utentes, desde que assegurem uma clara distinção entre aqueles e o livro de reclamações (artigo 1º, nº 3).

O artigo 2º, nº 1 faz recair a obrigação de disponibilização do formato físico do livro de reclamações sobre todos os fornecedores de bens e pres-

[128] Cfr. Ac. Rel. Porto de 23/6/2010. Processo 277/09.6TPPRT.P1.

[129] "O princípio base que sustenta a exigência do livro de reclamações, praticamente em todas as entidades públicas e privadas que prestam serviços ao consumidor, vai muito além da mera possibilidade de em concreto ser dado ao utente/cliente a possibilidade de ver o seu caso resolvido. De facto, está subjacente em toda a evolução legislativa a garantia de uma boa prestação de serviços ao consumidor em geral, nomeadamente na possibilidade de fiscalização efectiva do modo como se prestam os serviços". Cfr. Ac. Rel. Coimbra de 10/3/2010. Processo 918/09.5TBCR.C1.

[130] Cfr. Ac. Rel. Lisboa de 23/1/2017. Processo 142/16.0YUSTR.L1-9.

[131] Instituído por via do DL 74/2017, de 21 de junho.

tadores de serviços (identificados no anexo ao DL 156/2005, de 15 de setembro[132]), em particular aos que:

- Sejam titulares de um estabelecimento com carácter fixo ou permanente onde exerçam de forma exclusiva ou principalmente, de modo habitual e profissional a sua atividade; e,
- Tenham contacto com o público, designadamente através de serviços de atendimento ao público destinado à oferta de produtos ou de serviços[133].

Sendo os requisitos cumulativos, a não verificação de um deles exonera o fornecedor de bens ou prestador de serviços da obrigação de possuir e disponibilizar o livro de reclamações[134].

São abrangidos, igualmente, pela obrigação de disponibilização do formato eletrónico do livro de reclamações todos os fornecedores de bens e prestadores de serviços, que desenvolvam a atividade em estabelecimento que cumpra os requisitos referidos anteriormente ou através de meios digitais[135].

[132] De realçar que a obrigação de disponibilização do formato físico do livro de reclamações recai sobre os fornecedores de bens e prestadores de serviços que cumpram os requisitos do artigo 2º, nº 1, mesmo os que não identificados no anexo ao DL, tal resulta do exposto no artigo 5º, nº 1, als. b) e c).

[133] Veja-se a este propósito a posição do Tribunal da Relação do Porto: "O encerramento do estabelecimento antes do limite máximo do horário de funcionamento não é proibido, pelo que a sociedade não tinha a obrigação legal de manter o estabelecimento aberto durante todo o período autorizado e por isso não violou os seus deveres ao encerrá-lo antecipadamente e ao afixar essa informação em local visível. Com efeito, os potenciais clientes não tinham o direito de exigir entrar no estabelecimento, pese embora a sua expectativa legítima de que pudesse estar aberto, assim como não lhe assiste a obrigação de apresentar o livro de reclamações a uma potencial cliente, dado que um potencial cliente que não entra no estabelecimento não chega a ser cliente do mesmo. Deste modo, pressupondo a obrigação de disponibilizar o livro de reclamações que o estabelecimento se encontre aberto e em funcionamento, não foi praticada a contraordenação pela qual foi condenada a sociedade". Cfr. Ac. Rel. Porto de 26/10/2016. Processo 2756/15.7T8VFR.P1.

[134] Imagine-se, a título de exemplo, que um prestador de serviços ou um fornecedor de bens prossegue a sua atividade, de forma temporária, numa feira ou exposição, não está, pois, obrigado a dispor de livro de reclamações.

[135] De realçar que a implementação do formato eletrónico do livro de reclamações, por via do DL 74/2017, de 21 de junho, foi faseada. Tendo o diploma entrado em vigor no dia 1 de julho de

No que concerne ao âmbito de exclusão, o DL 156/2005, de 15 de setembro (artigo 2º, nº 3) não se aplica aos serviços e organismos da Administração Pública a que se referem os artigos 35º-A e 38º do DL nº 135/99, de 22 de abril por disporem de mecanismos específicos para efetivar as respetivas reclamações (livro amarelo e plataforma digital própria instituída pela AMA, I.P.[136]).

O diploma abre, no entanto, uma exceção ao disposto no nº 3 do artigo 2º relativa aos serviços e organismos da Administração Pública encarregues da prestação dos serviços de abastecimento público de água, de saneamento de águas residuais e de gestão de resíduos urbanos que estão sujeitos às obrigações impostas pelo DL.

1.9.1. Formato Físico

No que concerne ao formato físico do livro de reclamações, para além das obrigações já referidas, que recaem sobre o fornecedor de bens e prestador de serviços (artigo 3º, nº 1), nomeadamente, a de possuir o livro nos estabelecimentos a que respeita a atividade, de o facultar imediata e gratuitamente ao consumidor[137] ou utente e de afixar no estabelecimento a informação de que possui um livro de reclamações, identificando a entidade competente para apreciar a reclamação, o profissional deve, igualmente, manter um arquivo dos livros de reclamações encerrados por um período mínimo de três anos e proceder ao envio dos originais das folhas de reclamação e documentos a que se refere o artigo 5º, nº 2.

Em empresa com estabelecimentos geograficamente dispersos, os profissionais, não podem justificar a inexistência do livro de reclamações em algum deles, invocando o facto deste se encontrar disponível noutro(s) estabelecimento(s) ou pelo facto de disponibilizarem o formato eletrónico (artigo 3º, nº 2), assim como, não podem, igualmente, impor qualquer meio alternativo de formalização da reclamação antes de ter disponibilizado o livro de reclamações, nem fazer depender a apresentação do livro à identificação do consumidor ou utente (artigo 3º, nº 3).

2017, obrigou no imediato, os prestadores de serviços públicos essenciais à adoção do referido formato do livro (artigo 9º, nº 2). Quanto aos demais fornecedores de bens e prestadores de serviços a segunda fase de implementação do livro de reclamações eletrónico decorreu entre 1 de julho de 2018 e 1 de julho de 2019 (artigo 9º, nº 3).

[136] Agência para a Modernização Administrativa.

[137] Cfr. Ac. Rel. Lisboa de 26/10/2010. Processo 402/10.4TAPDL.L1-5.

Se o livro de reclamações, quando solicitado, não for imediatamente disponibilizado, o consumidor ou utente pode solicitar a presença da autoridade policial a fim de remover a recusa ou de que essa autoridade tome nota da ocorrência e a faça chegar à entidade com competência de fiscalização (artigo 3º, nº 4).

Quanto à formulação da reclamação (artigo 4º), o consumidor ou utente deve formalizá-la[138] mediante o preenchimento da folha respetiva, com respeito pelas regras de preenchimento constantes das instruções, devendo, para o efeito:

- Preencher de forma correta e completa todos os campos relativos à sua identificação e endereço;
- Preencher de forma correta a identificação e o local do fornecedor de bens ou prestador do serviço[139];
- Descrever de forma clara e completa os factos que motivam a reclamação, respeitando o espaço que se destina à respetiva descrição;
- Apor a data da reclamação.

Parece-nos que seja de admitir que a reclamação não tenha, obrigatoriamente, de ser formalizada pelo consumidor ou utente envolvido diretamente no conflito. Sobre o profissional recai o dever de apresentar o livro de reclamações imediatamente, não podendo condicionar tal apresentação à necessidade de identificação do consumidor ou utente, ou aos motivos subjacentes à reclamação (artigo 3º, nº 3). Por outro lado, o objeto do livro de reclamações é o de reforçar o respeito pelos direitos dos consumidores e utentes, o de fiscalizar como os serviços são prestados ou os bens fornecidos e o de identificar comportamentos em violação dos direitos do consumidor ou utente. Portanto, a intenção do legislador vai muito além da mera possibilidade de se ver um caso concreto resolvido.

[138] Os consumidores ou utentes que estejam impossibilitados de preencher a folha de reclamação por razões de analfabetismo ou incapacidade física, o fornecedor de bens, o prestador dos serviços ou qualquer responsável pelo atendimento deve, no momento da apresentação da reclamação e a pedido do consumidor ou utente, efetuar o respetivo preenchimento nos termos descritos oralmente por este.

[139] O fornecedor de bens ou o prestador de serviços deve fornecer todos os elementos necessários ao correto preenchimento dos campos relativos à sua identificação, devendo ainda confirmar que o consumidor ou utente os preencheu corretamente.

Neste sentido, a apresentação do livro de reclamações não dependerá, em circunstância alguma, de considerações sobre os motivos das reclamações ou com a legitimidade de quem as apresenta[140].

Uma vez preenchida a folha de reclamações, sobre o profissional recai, nos temos do artigo 5º, nº 1, o dever de a enviar no prazo de 15 dias úteis:

- À entidade de controlo de mercado competente ou à entidade reguladora do setor identificada no artigo 11º;
- À entidade de controlo de mercado competente ou à entidade reguladora do setor, tratando-se de fornecedor de bens ou de prestador de serviços não identificado no anexo ao DL;
- À entidade que, nos termos da lei, emite a respetiva acreditação, na ausência de entidade reguladora do setor ou de entidade de controlo de mercado competente, tratando-se de fornecedor de bens ou de prestador de serviços não identificado no anexo ao DL e sujeito a processo de acreditação;
- À Autoridade de Segurança Alimentar e Económica (ASAE), caso não exista entidade competente nos termos das alíneas anteriores.

Sobre o profissional recai, ainda, a obrigação de entrega do duplicado da reclamação ao consumidor ou utente devendo, por sua vez, conservar em seu poder o triplicado, que faz parte integrante do livro de reclamações (artigo 5º, nº 4). Se o consumidor ou utente se recusar a receber o duplicado da reclamação, o fornecedor do bem ou prestador de serviço deve arquivar o duplicado, com a menção da recusa (artigo 5º, nº 5).

A Lei confere, ainda, a possibilidade ao consumidor ou utente de remeter o duplicado da folha de reclamação à entidade de controlo de mercado competente ou à entidade reguladora do setor, de acordo com as instruções constantes da mesma (artigo 5º, nº 6).

Por via da regra, os fornecedores de bens ou prestadores de serviços não têm o dever de responder ao consumidor ou utente na sequência de reclamação efetuada no livro em formato físico. A Lei abre, todavia, uma exceção no artigo 3º, nº 5 quanto a prestadores de serviços públicos essenciais, como tal considerados LSPE (artigo 1º, nº 4), relativamente aos quais

[140] Neste sentido cfr. Ac. Rel. Guimarães de 3/4/2017.Processo 3960/16.1T8BRG.G1; Ac. Rel. Évora de 7/4/2015. Processo 1080/13.4TBALR e Ac. Rel. Coimbra de 10/3/2010. Processo 918/09.5TBCR.C1.

se impõe o ónus de responder ao consumidor ou utente no prazo máximo de 15 dias úteis a contar da data da reclamação lavrada no livro de reclamações.

1.9.2. Formato Eletrónico

O formato eletrónico do livro de reclamações foi introduzido por via do DL 74/2017, de 21 de junho. A sua implementação decorreu em duas fases. Na primeira, o diploma obrigou os prestadores de serviços públicos essenciais à adoção do formato eletrónico desde 1 de julho de 2017, momento da entrada em vigor do DL (artigo 9º, nºs 1 e 2). Quanto aos restantes fornecedores de bens e prestadores de serviços, a segunda fase de implementação do livro de reclamações eletrónico, decorreu entre 1 de julho de 2018 e 1 de julho de 2019 (artigo 9º, nº 3).

O artigo 5º-B do DL 156/2005, de 15 de setembro obriga os fornecedores de bens e prestadores de serviços a divulgar nos respetivos *sites*, em local visível e de forma destacada, o acesso à Plataforma Digital[141]. Se não dispuserem de *site* devem ser titulares de endereço de correio eletrónico para efeitos de receção das reclamações submetidas através da Plataforma.

Contrariamente, às reclamações efetuadas pelos consumidores e utentes no livro de reclamações em formato físico, relativamente às quais, por via da regra, os profissionais não têm o dever de resposta ao reclamante, os fornecedor de bens ou prestador de serviços devem responder ao consumidor ou utente no prazo máximo de 15 dias úteis a contar da data da reclamação efetuada via livro de reclamações eletrónico, para o endereço de correio eletrónico indicado no formulário, informando-o, quando aplicável, sobre as medidas adotadas na sequência da mesma.

De realçar que a existência e disponibilização do formato eletrónico do livro de reclamações não afasta a obrigatoriedade de disponibilização, em simultâneo, do formato físico do livro de reclamações.

Uma vez formalizada a reclamação em formato físico ou eletrónico cabe à entidade controladora de mercado ou reguladora do setor, em conformidade com o artigo 6º:

- Receber tais reclamações, acompanhadas da resposta já enviada ao consumidor ou utente, quando aplicável, e demais elementos adi-

[141] Disponível em https://www.livroreclamacoes.pt/inicio.

cionais que lhe sejam enviados pelo fornecedor de bens ou pelo prestador de serviços, designadamente os respetivos esclarecimentos e informação sobre os seguimentos que tenham sido dados às reclamações;
- Solicitar a prestação de esclarecimentos sobre a situação objeto de reclamação, incluindo informação sobre o seguimento que tenha sido dado à mesma, quando considere necessário;
- Analisar as reclamações, a documentação apresentada pelo fornecedor de bens ou prestador de serviços e instaurar o procedimento adequado se os factos resultantes da reclamação indiciarem a prática de contraordenação;
- Tomar as medidas que entenda adequadas, de acordo com as atribuições que lhe estão conferidas por lei;
- Informar, se entender necessário, o reclamante sobre o procedimento ou sobre as medidas que tenham sido ou que venham a ser adotadas na sequência da reclamação formulada.
- Informar, por escrito, e após concluídas todas as diligências necessárias à reposição legal da situação, o reclamante sobre o procedimento ou as medidas que tenham sido ou venham a ser adotadas na sequência da reclamação formulada e, quando se trate de litígio de consumo não resolvido pelo fornecedor de bens ou prestador de serviços, informar, ainda, o consumidor ou utente sobre a possibilidade de recurso aos meios alternativos de resolução de litígios.

De realçar o dever de colaboração que recai sobre os fornecedores de bens e prestadores de serviços sempre que a entidade de controlo de mercado competente ou entidade reguladora do setor a requeira, nomeadamente, garantindo o acesso direto às informações e apresentando os documentos ou registos solicitados (artigo 6º, nº 6).

Capítulo II

Contratos de Consumo

Parte I
Aspetos Gerais

Nesta primeira parte relativa à contratação de consumo, analisaremos alguns aspetos específicos e complementares às regras gerais do CC, nomeadamente quanto à forma, formação, conteúdos, cumprimento/incumprimento e extinção dos contratos de consumo.

Começamos pela noção de contrato de consumo.

1. Noção

Contrato de consumo será aquele celebrado entre um consumidor e um profissional e que tenha como objeto o fornecimento de bens, a prestação serviços ou a transmissão de direitos, para uso não profissional[142].

2. Forma e Formação

2.1. Forma

No que concerne à forma e, atendendo ao facto de que a espinha dorsal do Direito do Consumo é o Direito Civil, o princípio do consensualismo é transversal aos contratos de consumo. Portanto, o artigo 219º do CC, estabelece a inexigibilidade da observância de forma especial da declaração negocial exceto nas situações em que a Lei o exija.

O formalismo exigido em muitos dos contratos de consumo, como exceção à liberdade de forma, tem sido visto com um meio de proteção

[142] Cfr. Morais Carvalho, Jorge, *Manual de Direito do Consumo*, 6ª ed., Almedina, Coimbra, 2019, pág. 67 e Ferreira de Almeida, Carlos, *Direito do Consumo*, Almedina, Coimbra, 2005, págs. 84 e ss e Engrácia Antunes, José, *Direito do Consumo*, Almedina, Coimbra, 2019, págs. 111 e 112.

dos consumidores por um lado, e, por outro, como característica da contratação de consumo[143]. No domínio deste ramo de Direito, vários são os diplomas que sujeitam a forma especial determinados contratos de consumo, a saber:

- Contratos celebrados fora do estabelecimento comercial (artigo 9º do DL 24/2014, de 14 de fevereiro);
- Contratos à distância (artigo 5º, nº 7 do DL 24/2014, de 14 de fevereiro);
- Contratos de crédito ao consumo (artigo 12º, nº 1 do DL 133/2009, de 2 de junho);
- Contratos de prestação de serviços de comunicações eletrónicas (artigo 48º, nºs 1 e 3 da LCE);
- Constituição de direito real de habitação periódica (artigo 6º, nº 1 DL 275/93, de 5 de agosto);

2.2. Formação

À formação dos contratos de consumo está subjacente o princípio da autonomia privada (artigo 405º do CC) mediante o qual as partes podem livremente fixar o conteúdo dos contratos, dentro dos limites da Lei[144].

Por via da regra, a formação dos contratos de consumo resulta do encontro de duas declarações de vontade contrapostas[145]: proposta e aceitação. A proposta que deve ser completa (devendo incluir as cláusulas relativamente às quais se julgue necessária a existência de acordo – princípio da

[143] Cfr. Ferreira de Almeida, Carlos, *Direito do Consumo*, Almedina, Coimbra, 2005, pág. 86.

[144] Cfr. Morais Carvalho, Jorge, *Os Limites à Liberdade Contratual*, Almedina, Coimbra, 2017.

[145] No domínio do Direito do Consumo, o modelo clássico de formação dos contratos de consumo conhece algumas exceções. Veja-se, por via da contratação em massa nas sociedades atuais, que a tradicional proposta e consequente aceitação não resultam de uma prévia negociação, mas antes da adesão a cláusulas constantes de formulários pré-elaborados em que não se verifica uma individualização da proposta e aceitação. Por outro lado, outros processos negociais também se afastam da tradicional contratação "cara a cara", fruto da utilização de técnicas de comunicação à distância (sem presença física dos contraentes), meios eletrónicos (declarações de vontade negocial transmitidas por via eletrónica) ou automáticos (a declaração de vontade do profissional transmitida por uma máquina). Em sentido semelhante cfr. Engrácia Antunes, José, *Direito do Consumo*, Almedina, Coimbra, 2019, pág. 121.

completude - artigo 232º do CC) e precisa (não ficando dúvidas acerca dos elementos do contrato celebrado), firme (ou seja, reveladora de uma vontade séria e definitiva de contratar) e formalmente adequada (dotada de forma suficiente ao contrato que se visa celebrar)[146]. A aceitação traduz-se na declaração dirigida ao autor da proposta manifestando concordância quanto a todos os aspetos contratualmente relevantes, resultando a celebração do contrato[147].

Em prol da transparência negocial[148], e com a finalidade de minimizar o desequilibro da relação de consumo, em função da falta de informação do consumidor, na fase de formação dos contratos de consumo, a Lei exige ao profissional o cumprimento duma panóplia de deveres pré-contratuais de informação, extensíveis à maior parte dos contratos[149], cuja inobservância acarreta consequências distintas que serão analisadas em sede própria. Tais informações, genericamente consagradas no nº 1 do artigo 8º da LDC, são determinantes para a formação da vontade negocial do consumidor atendendo ao facto de serem um complemento da declaração negocial do profissional[150].

Um dos elementos principais dos contratos de consumo é o preço (artigo 8º, nº 1, als. c), d) e e) da LDC). O dever principal do consumidor na maior parte dos contratos de consumo traduz-se no pagamento do preço como contrapartida do bem fornecido, do serviço prestado ou do direito transmitido. Neste sentido, existem regras específicas no que concerne à indicação dos preços, por um lado, e, por outro, quanto às práticas comerciais com redução de preço.

146 Cfr. Ac. STJ de 27/10/2011. Processo 2279/07.8TBOVR.C1.S1 e Ac. STJ de 14/7/2010. Processo 3684/05.0TVLSB.L1.S1.

147 Cfr. Morais Carvalho, Jorge, *Manual de Direito do Consumo*, 6ª ed., Almedina, Coimbra, 2019, pág. 84.

148 Cfr. Engrácia Antunes, José, *Direito do Consumo*, Almedina, Coimbra, 2019, pág. 113.

149 Para além de genericamente consagrado no artigo 8º da LDC, o direito à informação pré-contratual pode ser encontrado nos artigos 4º do DL 24/2014, de 14 de fevereiro, 6º do DL 133/2009, de 2 de junho, 5º e 6º do DL 446/85, de 25 de outubro, 4º da LSPE, 48º, nºs 1 e 2 da LCE, entre outros diplomas.

150 Cfr. Morais Carvalho, Jorge, *Manual de Direito do Consumo*, 6ª ed., Almedina, Coimbra, 2017, pág. 87.

2.2.1. Indicação dos Preços

A obrigação de indicação dos preços[151] resulta do DL 138/90[152], de 26 de abril conjugado com o artigo 8º, nº 1, als. c) e d) da LDC. É imperativo que a proposta contratual contenha todos os elementos necessários para avaliar, comparar preços[153], escolher e decidir com mais informação e conhecimento no momento da celebração do contrato, assegurando-se, igualmente, uma maior transparência no funcionamento do mercado. Portanto, o profissional deve indicar o preço total dos bens ou serviços, incluindo os montantes das taxas e impostos, os encargos suplementares de transporte e as despesas de entrega e postais, quando for o caso, bem como o modo de cálculo do preço, nos casos em que, devido à natureza do bem ou serviço, o preço não puder ser calculado antes da celebração do contrato (artigos 8º, nº 1, al. c), d) e e) da LDC e 1º do DL 138/90, de 26 de abril).

Cabe realçar que o DL 109-G/2021, de 10 de dezembro, reforçando os direitos dos consumidores no que concerne à indicação dos preços, alterando o DL 138/90, de 26 de abril, veio estabelecer que qualquer informação relativa a uma prática comercial com redução de preço, independentemente do meio de comunicação, deve indicar o preço mais baixo anteriormente praticado, na aceção do artigo 2º, al. f), de acordo com o disposto no DL nº 70/2007, de 26 de março (artigo 1º, nº 2 do DL 138/90, de 26 de abril).

Para além da sanção contraordenacional[154] (artigo 11º do DL 138/90, de 26 de abril), o profissional que não cumpra o dever de informar o preço,

[151] Cfr. Engrácia Antunes, José, *Direito do Consumo,* Almedina, Coimbra, 2019, págs. 143 e ss e Morais Carvalho, Jorge, *Manual de Direito do Consumo,* 6ª ed., Almedina, Coimbra, 2019, págs. 91 e ss.

[152] Alterado e republicado pelo DL 162/99, de 13 de maio.

[153] É nosso entendimento que nos contratos de consumo o preço é essencial para a completude da proposta negocial. Na multiplicidade dos regimes que regulam os referidos contratos, impõe-se ao profissional um dever pré-contratual de informação, sendo que um dos elementos informativos é, de forma transversal, o preço. No entanto, não deve aceitar-se que o profissional invoque a omissão da indicação do preço com o intuito de afastar a qualificação da sua declaração como proposta negocial, até porque existem critérios supletivos previstos na Lei para a determinação do preço (artigo 883º do CC). Se se aceitasse a possibilidade do profissional invocar a omissão do preço, de forma a qualificar a sua declaração como convite a contratar, permitia-se que afastasse as consequências da violação do dever de informação pré-contratual relativa ao preço. No sentido de o preço concorrer para a completude da proposta negocial crf. Ac. STJ de 4/10/2001. Processo 02A714.

[154] Cfr. Ac. Rel. Porto de 12/3/2014. Processo 231/13.3TPPRT.P1 e Ac. Rel. Porto de 26/10/2017. Processo 3191/16.5T9AVR.P1.

responderá pelos danos que causar ao consumidor, sendo solidariamente responsáveis os demais intervenientes na cadeia da produção à distribuição, que hajam igualmente violado o dever (artigo 8º, nº 5 da LDC) sendo, por sua vez, atribuída ao consumidor a faculdade de resolver o contrato a contar da data de receção do bem ou da data de celebração do contrato de prestação de serviços (artigo 8º, nº 4 da LDC). A omissão de indicação do preço constitui, igualmente, uma prática comercial desleal, em concreto, uma omissão enganosa[155], nos termos dos artigos 9º, nº 1 e 10º, al. c) do DL 57/2008, de 26 de março se conduzir ou for susceptível de conduzir o consumidor a tomar uma decisão de transação que não teria tomado de outro modo.

A indicação dos preços deve ser feita em dígitos de modo visível, inequívoco, fácil e perfeitamente legível. O modo de indicação são os letreiros, etiquetas ou listas (artigo 5º, nº 1 do DL 138/90, de 26 de abril). De realçar que só podem ser utilizadas listas quando a natureza dos bens ou serviços torne materialmente impossível o uso de letreiros e etiquetas ou, apenas, como meio complementar de marcação de preços (artigo 5º, nº 3 do DL 138/90, de 26 de abril).

Quanto à eventual existência de um lapso na indicação do preço, tal lapso apenas relevará se se tratar de erro de cálculo ou de escrita, "sob pena de se desvirtuar o regime", admitindo-se, no caso, a retificação (artigo 249º do CC)[156].

2.2.2. Práticas Comerciais com Redução de Preço

A matéria relativa às práticas comerciais com redução de preço[157], cujo propósito seja o de escoar existências, aumentar o volume de vendas ou promover o lançamento de um produto não comercializado anteriormente, é regulada pelo DL 70/2007, de 26 de março.

As modalidades das práticas comerciais com o objetivo mencionado são taxativamente elencadas no artigo 3º, nº 1: Saldos, promoções e liquidação.

[155] Cfr. Passinhas, Sandra, "A Propósito das Práticas Comerciais Desleais: Contributo para uma Tutela Positiva do Consumidor", *Estudos de Direito do Consumidor*, nº 13, Centro de Direito do Consumo, Coimbra, 2017, págs. 176 e ss.

[156] Cfr. Morais Carvalho, Jorge, *Manual de Direito do Consumo*, 6ª ed., Almedina, Coimbra, 2017, pág. 93.

[157] Cfr. Machado Dray, Guilherme, "Venda com Redução de Preços", *Estudos do Instituto de Direito do Consumo*, Vol. I, 200, págs. 233 e ss e Morais Carvalho, Jorge, "Reduções de Preços e Vendas Abaixo do Custo", *Themis*, Ano X, nº 19, 2010, págs. 115 e ss.

Os saldos, traduzem-se na venda de produtos praticada a um preço inferior ao preço mais baixo anteriormente praticado no mesmo estabelecimento comercial, com o objetivo de promover o escoamento acelerado das existências. De referir que antes da entrada em vigor das alterações introduzidas pelo DL 10/2015, de 16 de janeiro, a venda em saldos só podia realizar-se nos períodos compreendidos entre 28 de dezembro e 28 de fevereiro e entre 15 de julho e 15 de setembro. Com a redação dada ao artigo 10º pelo DL 10/2015, de 16 de janeiro, de 26 de março, passou a conferir-se uma maior margem de manobra ao profissional, na medida em que apenas se estabeleceu um limite temporal de 4 meses à realização de prática comercial com redução do preço na modalidade de saldos. Atualmente, com a entrada em vigor do DL 109/2019, de 14 de agosto, o artigo 10º do DL 70/2007, de 26 de março, passou a estabelecer que a venda em saldos se possa realizar em qualquer período do ano, desde que não ultrapasse, no seu conjunto, a duração de 124 dias por ano. Cabe ao profissional, sem ultrapassar o limite referido, definir o período de realização da prática. O DL veda, expressamente, ao profissional a venda em saldos de produtos, intencionalmente, adquiridos para esse efeito, presumindo-se, que tenham sido adquiridos com esse intuito os bens recebidos durante o mês anterior ao início dos saldos (artigo 10º, nº 2).

No que concerne às promoções, estas correspondem à venda promovida com vista a potenciar a venda de determinados produtos ou o lançamento de um produto não comercializado anteriormente pelo agente económico no mesmo estabelecimento comercial, bem como o desenvolvimento da atividade comercial, a um preço inferior ao preço mais baixo anteriormente praticado ou com condições mais vantajosas do que as utilizadas nos períodos de vendas sem redução de preço, praticadas no mesmo estabelecimento comercial ou tratando-se de um produto não comercializado anteriormente pelo agente económico, a um preço inferior ao preço a praticar após o período de redução ou com condições mais vantajosas do que as utilizadas após este período. Em conformidade com o artigo 11º, nº 1 esta prática com redução de preço pode ocorrer, sem limitação temporal, em qualquer momento que o profissional considere oportuno. Com a entrada em vigor do DL 109/2019, de 14 de agosto é eliminada a restrição de não se poder realizar venda em promoção em simultâneo com venda em saldos.

A liquidação consiste na venda de produtos com um carácter excecional que se destine ao escoamento acelerado com redução de preço da totalidade ou de parte das existências do estabelecimento, resultante da ocorrência de motivos que determinem a interrupção da venda ou da atividade no estabelecimento. A prática com redução de preço na modalidade de liquidação, para além de dever ter lugar no estabelecimento onde os bens ou serviços são habitualmente comercializados (artigo 13º, nº 3), só pode ocorrer numa das seguintes situações (artigo 12º)[158]:

- Venda efetuada em cumprimento de uma decisão judicial;
- Cessação total ou parcial da atividade comercial;
- Mudança de ramo;
- Trespasse ou cessão de exploração do estabelecimento comercial;
- Realização de obras que inviabilizem a prática comercial no estabelecimento durante o período de execução das mesmas;
- Danos provocados, no todo ou em parte, nas existências por motivo de força maior.

Uma das novidades introduzidas pelo DL 109/2019, de 14 de agosto consistiu na clarificação das expressões "preço mais baixo anteriormente praticado" e de "percentagem de redução" com o intuito de promover a transparência e evitar as reduções fictícias de preço nas vendas em promoção e em saldo. Assim, o artigo 3º, nº 2, al. a) passou a determinar que se entende por preço mais baixo anteriormente praticado, o preço mais baixo a que o produto foi vendido, fora de eventuais períodos de saldo ou de promoção, nos 90 dias anteriores ao dia em que é posto à venda em saldo ou em promoção. Por sua vez, por percentagem de redução, a percentagem de redução relativamente ao preço mais baixo anteriormente praticado ou, tratando-se de um produto não comercializado anteriormente pelo agente económico naquele estabelecimento, relativamente ao preço a praticar após o período de redução (artigo 3º, nº 2, al. b)). Por sua vez, o DL 109-G/2021, de 10 de dezembro alterando novamente o artigo 3º, nº 2, al. a), fixou o prazo de referência relativamente ao qual se deve considerar o preço mais baixo a que o produto foi vendido em 30 dias consecutivos, anteriores à aplicação da redução do preço.

Dos nºs 3 e 4 do artigo 3º resulta, tal como se disse, que o elenco das modalidades das práticas comerciais com redução de preço é taxativo,

[158] A alegação de que o profissional está prestes a cessar a atividade ou a mudar de instalações quando tal não corresponde à verdade constitui uma prática comercial desleal em especial (ação enganosa) (artigo 8º, al. s) do DL 57/2008, de 26 de março), que para além da sanção contraordenacional respetiva, pode gerar responsabilidade civil (artigo 15º) e anulação do contrato (artigo 14º).

vedando-se ao profissional a possibilidade de utilização de expressões similares para anunciar vendas com redução de preços[159].

Na venda com redução de preço deve ser indicada de modo inequívoco, a modalidade de venda, o tipo de produtos, o preço mais baixo anteriormente praticado, bem como a data de início e o período de duração, sendo proibido vender com redução de preço produtos adquiridos após a data de início da venda com redução, mesmo que o seu preço venha a ser igual ao praticado durante o período de redução (artigo 4º, nºs 1 e 2).

De forma a que o consumidor possa ter conhecimento do preço praticado antes da redução, tal redução de preço anunciada deve ser real, por referência ao preço mais baixo anteriormente praticado para o mesmo produto ou, quando se trate de um produto não comercializado anteriormente pelo agente económico, por referência ao preço a praticar após o período de redução (artigo 5º, nº 1). Recai sobre o profissional o ónus da prova documental do preço mais baixo anteriormente praticado e, no caso de serem utilizadas condições mais vantajosas do que as utilizadas nos períodos de vendas sem redução de preço, o ónus da prova de que a vantagem é real e concretizável.

O DL 109-G/2021, de 10 de dezembro, aditando o artigo 5º-A ao DL 70/2007, de 26 de março, complementando o artigo 5º, estabeleceu determinados critérios relativos à comparação ao preço de referência (mais baixo anteriormente praticado para o mesmo produto), nas práticas comerciais com redução de preço. Assim, a comparação ao preço de referência, para além de ser clara, deve:

- Utilizar a mesma unidade de medida, não sendo admitido que o preço a praticar na venda com redução de preço seja expresso numa unidade de medida menor do que a unidade com a qual é comparada; e,
- Comprar produtos na mesma condição, proibindo-se a comparação de bens vendidos em embalagem com o valor unitário de cada produto que as integra.

No caso de produtos introduzidos pela primeira vez no mercado, sempre que seja anunciado o preço a praticar após o fim do período de venda com redução de preço, o operador económico deve demonstrar que esse preço é efetivamente praticado por um período razoável nos três meses seguidos à promoção.

[159] Como por ex. descontos, baixas ou reduções.

No que concerne à indicação dos preços com redução, para além da remissão para o DL 138/90, de 26 de abril, o artigo 6º do DL 70/2007, de 26 de março estabelece alguns requisitos adicionais, a saber:

- Exibição de letreiros, etiquetas ou lista de forma bem visível, o novo preço e o preço mais baixo anteriormente praticado, sem prejuízo da indicação adicional e facultativa da percentagem de redução;
- Tratando-se de um conjunto de produtos perfeitamente identificados, pode ser indicada, em substituição do novo preço, a percentagem de redução uniformemente aplicada ou um preço único para o conjunto referido, mantendo nos produtos que o compõem o seu preço inicial;
- Tratando-se do lançamento de um produto não comercializado anteriormente pelo profissional, o dever de constar o preço promocional e o preço efetivo a praticar findo o período promocional;
- O dever de constar especificamente, no caso de venda de produtos com condições promocionais, o preço mais baixo anteriormente praticado e o preço promocional, o respetivo período de duração e, caso existam, os encargos inerentes às mesmas, à luz do disposto no Decreto-Lei nº 133/2009, de 2 de junho.

Uma vez esgotado o produto comercializado com redução do preço, o profissional deverá anunciar o esgotamento e dar por concluída a prática com redução ao de preço (artigo 7º).

A violação das regras relativas às práticas comerciais com redução de preço acarreta sanção contraordenacional, conforme previsto no artigo 16º. Acresce que as reduções fictícias de preço, em violação do disposto nos artigos 3º, nº 2, al. a) e b) e 5º, são suscetíveis de constituir prática comercial desleal sob a forma de ação enganosa (artigo 7º, nº 1, al. d) do DL 57/2008, de 26 de março).

2.2.3. Publicidade

2.2.3.1. Noção e Funções

A formação dos contratos de consumo é, muitas vezes, precedida de uma mensagem publicitária[160]. O primeiro contacto do consumidor com um bem ou serviço opera, geralmente, por esta via[161].

[160] Cfr. Engrácia Antunes, José, *Direito do Consumo,* Almedina, Coimbra, 2019, pág. 115.

[161] Cfr. Couto, Rute, "A Relevância Contratual da Publicidade", *A. P. Monteiro (Coord.) Estudos selecionados do Instituto Jurídico Portucalense – Temas de Direito dos Contratos,* Vol. II, Rei dos Livros, Lisboa, pág. 63.

O artigo 3º do Código da Publicidade[162] (CPub) define publicidade como uma modalidade de comunicação efetuada por entidades de natureza pública ou privada, no âmbito de uma atividade económica, com o objetivo de promover, com vista à sua comercialização ou alienação, quaisquer bens ou serviços, por um lado, e, por outro, promover ideias, princípios, iniciativas ou instituições, excluindo-se a propaganda política[163-164]. Por sua vez, o conjunto de operações relacionadas com a difusão da mensagem publicitária junto dos destinatários[165] traduz-se na atividade publicitária, que assume um espetro mais amplo que a publicidade propriamente dita (artigo 4º do CPub). Portanto, a publicidade é um ato de comunicação e a atividade publicitária uma prática organizada e sequencial desse ato de comunicação[166].

Fundamentalmente, atribui-se à publicidade uma dupla função: informativa e promocional[167]. Informativa, na medida em que é através da mensagem publicitária que o consumidor toma conhecimento das características de um bem ou serviço, características, estas, que assumem um papel preponderante na formação de uma vontade negocial consciente[168]; Promocional dado o seu manifesto intuito persuasivo, sugestivo e de incentivo à aquisição do bem ou serviço sobrepondo-se, claramente, esta última função à primeira, pois a vontade de contratar assenta, primordialmente, nas sensações provocadas pela publicidade e não tanto nas características dos bens e serviços[169].

162 DL 330/90, de 23 de outubro.

163 Sobre a delimitação entre publicidade e propaganda cfr. Ac. Rel. Lisboa de 12/5/2016. Processo 4594-05.6TVLSB.L1-6.

164 Ana Amorim, referindo-se ao artigo 1º do CPub, defende, em posição que acompanhamos, que, não sendo relevante o suporte utilizado para a difusão da mensagem publicitária, cabe no conceito de publicidade a apresentação dos produtos feita nas próprias embalagens ou rotulagem. Cfr. Amorim, Ana, *Manual de Direito da Publicidade,* Petrony, 2018, pág. 35. Em sentido contrário cfr. Moreira Chaves, Rui, *Código da Publicidade – Anotado,* 2ª ed., Almedina, Coimbra, pág. 15.

165 Pessoa singular ou coletiva a quem a mensagem publicitária se dirige ou que por ela, de qualquer forma, seja atingida (artigo 5º, nº 1, al. d) do CPub).

166 Cfr. Loureiro, João, "Regime Jurídico da Publicidade e da Actividade Publicitária", *António Silva Gomes (Coord.) Textos de Gestão,* Texto Editora, Lisboa, 1991, pág. 112.

167 Morais de Carvalho, Maria Miguel, "O conceito de publicidade enganosa", *Nos 20 anos do Código das Sociedades Comerciais,* vol. III, Coimbra Editora, Coimbra, 2007, págs. 679 e ss.

168 Cfr. Vieira de Andrade, José Carlos, "Os Direitos dos Consumidores como Direitos fundamentais na Constituição Portuguesa de 1976", *Estudos de Direito do Consumidor,* nº 5, FDUC, Centro de Direito do Consumo, 2003, págs. 156 e 157.

169 Cfr. Couto, Rute, "Publicidade: Dimensão do Consumidor à Informação", *Revista Luso-Brasileira de Direito de Consumo,* Vol. III, nº 9, 2013, pág. 57.

O artigo 7º, nº 5 da LDC estabelece que as informações contidas nas mensagens publicitárias se integram no conteúdo dos contratos que se venham a celebrar após a sua emissão, tendo-se por não escritas as cláusulas contratuais em contrário[170]. Deve, pois, considerar-se que a publicidade se traduz num convite a contratar não devendo qualificar-se como uma proposta contratual, uma vez que não reúne os requisitos ou elementos da proposta necessários a que o contrato fique concluído através da simples aceitação por parte do destinatário[171].

2.2.3.2. Princípios Gerais

Os artigos 60º, nº 2 da CRP e 7º, nº 4 da LDC, conjugados com os artigos 6º e ss do CPub, estabelecem os princípios gerais que regem a publicidade e que, por sua vez, limitam a liberdade publicitária[172]: princípio da licitude, identificabilidade, veracidade e do respeito pelos direitos dos consumidores[173].

O princípio da licitude[174], com previsão no artigo 7º do CPub, proíbe que a publicidade, pela sua forma, objeto ou fim, ofenda valores, princípios e instituições fundamentais constitucionalmente consagrados. O legislador, concretizou (de forma não taxativa) o âmbito da proibição, no nº 2 do referido artigo, estabelecendo que a publicidade não pode:

- Socorrer-se, depreciativamente, de instituições, símbolos nacionais ou religiosos ou personagens históricas;

[170] Cfr. Couto, Rute, "A Relevância Contratual da Publicidade", *A. P. Monteiro (Coord.) Estudos selecionados do Instituto Jurídico Portucalense – Temas de Direito dos Contratos*, Vol. II, Rei dos Livros, Lisboa, págs. 68 e ss.

[171] Cfr. Ferreira de Almeida, Carlos, *Direito do Consumo*, Almedina, Coimbra, 2005, pág. 143; Trigo dos Reis, Nuno, "A Eficácia Negocial da Mensagem Publicitária", *Temas de Direito Comercial*, Almedina, Coimbra, pág. 215; Morais Carvalho, Jorge, *Manual de Direito do Consumo*, 6ª ed., Almedina, Coimbra, 2017, pág. 77 e Couto, Rute, "A Relevância Contratual da Publicidade", *A. P. Monteiro (Coord.) Estudos selecionados do Instituto Jurídico Portucalense – Temas de Direito dos Contratos*, Vol. II, Rei dos Livros, Lisboa, pág. 65.

[172] Cfr. Calvão da Silva, João, "A Publicidade na Formação do Contrato", *FDUL – Comemorações dos 35 anos do Código Civil, e dos 25 anos da Reforma de 1977*, Vol. II, Coimbra Editora, Coimbra, 2004, pág. 690.

[173] Cfr. Morais de Carvalho, Maria Miguel, "O conceito de publicidade enganosa", *Nos 20 anos do Código das Sociedades Comerciais*, Vol. III, Coimbra Editora, Coimbra, 2007, págs. 678 e ss e Calvão da Silva, João, "A Publicidade na Formação do Contrato", *FDUL – Comemorações dos 35 anos do Código Civil, 2 dos 25 anos da Reforma de 1977*, Coimbra Editora, Coimbra, 2004, pág. 691 e ss.

[174] Cfr. Amorim, Ana, *Manual de Direito da Publicidade*, Petrony, 2018, págs. 55 e ss.

- Estimular ou fazer apelo à violência, bem como a qualquer atividade ilegal ou criminosa;
- Atentar contra a dignidade da pessoa humana;
- Contenha qualquer discriminação em relação à raça, língua, território de origem, religião ou sexo;
- Utilizar, sem autorização da própria, a imagem ou as palavras de alguma pessoa;
- Utilizar linguagem obscena;
- Encorajar comportamentos prejudiciais à proteção do ambiente;
- Ter como objeto ideias de conteúdo sindical, político ou religioso.

A publicidade será, ainda, ilícita se a língua utilizada na mensagem não for a portuguesa. O CPub abre, no entanto, duas exceções à imposição da utilização da língua portuguesa na mensagem publicitária (artigo 7º, nºs 3 e 4), sempre que a publicidade tiver estrangeiros por destinatários exclusivos ou principais ou se o uso de palavras ou de expressões em línguas de outros países sejam necessárias à obtenção do efeito visado na conceção da mensagem.

No que concerne ao princípio da identificabilidade (artigos 8º e 9º do CPub), este determina, por um lado, que a publicidade deva ser inequivocamente identificada, qualquer que seja o meio de difusão utilizado de molde a salvaguardar o seu reconhecimento pelo destinatário e, por outro, proíbe a oculta e dissimulada, isto é, que se traduza, nomeadamente, no uso de imagens subliminares[175] ou outros meios dissimuladores que explorem a possibilidade de transmitir a mensagem sem que os destinatários se apercebam da natureza publicitária da mesma. O legislador atribui, ainda, um especial relevo à publicidade efetuada na rádio e na televisão estabelecendo que deve ser claramente separada da restante programação, através da introdução de um separador, constituído por um sinal acústico, no início e no fim do espaço publicitário.

O princípio da veracidade[176] (artigos 10º e 11º do CPub) determina que as informações contidas na mensagem publicitária devam ser verdadeiras

[175] Considera-se publicidade subliminar aquela que, mediante o recurso a qualquer técnica, possa provocar no destinatário perceções sensoriais de que ele não chegue a tomar consciência.

[176] Cfr. Morais de Carvalho, Maria Miguel, "O conceito de publicidade enganosa", *Nos 20 anos do Código das Sociedades Comerciais*, Vol. III, Coimbra Editora, Coimbra, 2007, págs. 702 e ss; e Couto, Rute, "A Relevância Contratual da Publicidade", *Revista Luso-Brasileira de Direito de Consumo*, Vol. III, nº 9, 2013, págs. 73 e ss; Tenreiro, Mário, "O Regime Comunitário da

e não deformar os factos, exatas e comprováveis, proibindo a publicidade enganosa. Por outras palavras, impondo-se um dever geral de respeito pela verdade da mensagem publicitária, proíbe-se que esta possa ser suscetível de induzir o destinatário em erro. A violação do princípio da veracidade da mensagem publicitária é aferida à luz do Regime das Práticas Comerciais Desleais[177], por remissão do artigo 11º, nº 1 do CPub para o DL 57/2008, de 26 de março, em particular em função dos artigos 7º, 8º e 9º. Dos artigos referidos podemos dividir a publicidade enganosa em três modalidades:

- A que contenha informações falsas (artigo 7º);
- A que embora contenha informações corretas, induza ou seja suscetível de induzir em erro o consumidor[178] (artigo 7º);
- Por omissão, ocultação ou falta de clareza de informação (artigo 9º); e,
- Que, em qualquer das situações, seja suscetível de conduzir o consumidor a tomar uma decisão de transação que este não teria tomado de outro modo (artigos 7º e 9º).

Portanto, a publicidade será enganosa se for suscetível de influenciar o comportamento do destinatário levando-o, por sua vez, a emitir uma declaração negocial viciada em virtude de falsas informações ou omissão de tais informações, informações corretas, mas que induzam ou sejam suscetíveis de induzir em erro[179].

Publicidade Enganosa, Comunicação e defesa do consumidor", *Atas do Congresso Internacional organizado pelo Instituto Jurídico da Comunicação*, FDUC, Coimbra, 1996, págs. 199 a 228; Amorim, Ana, *Manual de Direito da Publicidade*, Petrony, 2018, págs. 71 e ss e Nogueira Serens, Manuel, "A Proibição da Publicidade Enganosa: Defesa dos Consumidores ou Protecção de alguns Concorrentes?", *Boletim de Ciências Económicas*, Vol. 37, 1994, págs. 63 e ss.

[177] Cfr. Menezes Leitão, Luís, "As Práticas Comerciais Desleais nas Relações de Consumo", *ROA*, ano 71, abril/junho 2011, págs. 423 e ss.

[178] Veja-se por ex. a que contém asteriscos que remetem para outros dados.

[179] De realçar que o exagero publicitário, que se traduza em afirmações exageradas, não devem ser interpretadas literalmente pelos destinatários, não devendo ser interpretado como suscetível de induzir o consumidor em erro. Cfr. Morais de Carvalho, Maria Miguel, "O conceito de publicidade enganosa", *Nos 20 anos do Código das Sociedades Comerciais*, Vol. III, Coimbra Editora, Coimbra, 2007, págs. 700 e ss.

Como explica Maria Miguel Morais de Carvalho, o consumidor não tem de ser efetivamente enganado pela prática publicitária enganosa. Para que esta se considere enquanto tal, é suficiente que seja suscetível de induzir o destinatário em erro[180].

Para além da sanção contraordenacional[181], o autor da prática publicitária enganosa responderá pelos danos causados ao consumidor (artigo 15º do DL 57/2008, de 26 de março). O consumidor que, em virtude da influência da prática enganosa tenha celebrado o contrato, pode, ainda, exigir a redução adequada do preço ou resolver o contrato, podendo exercer qualquer um dos direitos exceto se tal se manifestar impossível ou constituir abuso de direito, em conformidade com o artigo 14º do referido diploma[182-183].

Quanto ao princípio do respeito pelos direitos dos consumidores, o artigo 12º do CPub, proíbe qualquer publicidade que atente contra os direitos dos consumidores em geral. Assume, a este nível, especial relevância pela sua autonomização, a proibição de mensagens publicitárias que encorajem comportamentos prejudiciais à saúde e segurança do consumidor, nomeadamente por deficiente informação acerca da perigosidade do produto ou da especial suscetibilidade da verificação de acidentes em resultado da utilização que lhe é própria (artigo 13º do CPub).

Ainda uma referência final respeitante às restrições ao conteúdo e objeto da mensagem publicitária. Neste sentido, os artigos 14º e ss do CPub (quanto ao conteúdo), limitam a publicidade dirigida a menores, com vista a tutelar a sua vulnerabilidade psicológica, credulidade, inex-

[180] Cfr. Morais de Carvalho, Maria Miguel, "O conceito de publicidade enganosa", *Nos 20 anos do Código das Sociedades Comerciais*, Vol. III, Coimbra Editora, Coimbra, 2007, pág. 688. Em sentido semelhante cfr. Menezes Leitão, Adelaide, "A Concorrência Desleal e o Direito da Publicidade – um Estudo sobre o Ilícito Publicitário", *Concorrência Desleal*, Almedina, Coimbra, 1997, pág. 147.

[181] Tratando-se de uma prática comercial desleal em matéria de publicidade, a autoridade administrativa competente para instaurar os processos de contraordenação e aplicar medidas cautelares é a DGC (artigos 19º, nº 3 e 21º, nº 5 do DL 57/2008, de 26 de março.

[182] A propósito de práticas publicitárias enganosas e respetivas consequências para o autor cfr. Ac. Rel. Lisboa de 8/11/2017. Processo 1199/16.0Y5LSB-3.

[183] A solução resulta da entrada em vigor do DL 109-G/2021, de 10 de dezembro. Antes da entrada em vigor do referido diploma consagrava-se, nas mesmas circunstâncias a anulabilidade dos contratos celebrados sob influência de prática comercial desleal.

periência, integridade e segurança (artigo 14º); A publicidade testemunhal, impondo-se, por via da regra, o depoimento personalizado e genuíno (artigo 15º); A publicidade comparativa, que se traduz na identificação de um concorrente ou dos seus bens ou serviços e cuja limitação se prende com a tutela da concorrência (artigo 16º); Quanto às restrições ao objeto restringe-se a publicidade a bebidas alcoólicas de forma a não encorajar consumos excessivos (artigo 17º); A publicidade de tratamentos e medicamentos sujeitos a receita médica (artigo 19º); A publicidade em estabelecimentos de ensino ou destinadas a menores, nomeadamente, respeitante a bebidas alcoólicas, tabaco ou a qualquer tipo de material pornográfico (artigo 20º); A publicidade de jogos de fortuna ou azar, impondo-se que deva ser feita de forma socialmente responsável (artigo 21º); A referente a cursos, devendo indicar a sua natureza e duração (artigo 22º); A veículos automóveis, com o intuito de evitar sugestões de utilização que possam pôr em risco a segurança pessoal do utente ou de terceiros ou que contenha situações ou sugestões de utilização do veículo perturbadoras do meio ambiente; (artigo 22º-A).

De realçar que a Lei 30/2019, de 23 de abril alargou o leque de restrições à publicidade dirigida a menores de 16 anos, nomeadamente, no respeitante a géneros alimentícios e bebidas que contenham elevado valor energético, teor de sal, açúcar, ácidos gordos saturados e ácidos gordos transformados. Neste sentido, o referido diploma aditou ao CPub os artigos 20º-A e 20º-B mediante os quais se proíbe a publicidade:

- A géneros alimentícios e bebidas de elevado valor energético, teor de sal, açúcar, ácidos gordos saturados e ácidos gordos transformados em estabelecimentos de ensino pré-escolar, básico e secundário, em parques infantis públicos e abertos ao público, num raio circundante de 100 metros dos acessos dos locais referidos (com exceção dos elementos publicitários afixados em estabelecimentos comerciais, nomeadamente através da colocação de marcas em mobiliário de esplanadas, em toldos ou em letreiros integrados no estabelecimento) e em atividades desportivas, culturais e recreativas organizadas por estabelecimentos de ensino pré-escolar, básico e secundário.
- Em serviços de programas televisivos e serviços de comunicação audiovisual a pedido e na rádio nos 30 minutos anteriores e posteriores a programas infantis, e a programas televisivos que tenham um mínimo de 25% de audiência inferior a 16 anos, bem como na inserção

de publicidade nas respetivas interrupções, em publicidade realizada nas salas de cinema, nos filmes com classificação etária para menores de 16 anos, em publicações destinadas a menores de 16 anos, na internet, através de sítios páginas ou redes sociais, bem como em aplicações móveis destinadas a dispositivos que utilizem a internet, quando os seus conteúdos tenham como destinatários os menores de 16 anos.

2.2.3.3. Formas Especiais de Publicidade

A Lei estabelece algumas modalidades especiais de publicidade, a saber:

- Publicidade domiciliária por telefone e por telecópia (Lei 6/99, de 27 de janeiro);
- Publicidade nos meios de comunicação social.

2.2.3.3.1. Publicidade Domiciliária, por Telefone e por Telecópia

A publicidade domiciliária, por telefone e por telecópia[184] é alvo de regulação especial por via da Lei 6/99, de 27 de janeiro. O diploma abrange a publicidade por via postal, distribuição direta, telefone e telecópia, excluindo a publicidade por via de correio eletrónico[185] (artigo 1º, nºs 1 e 2).

Exige-se, por um lado, que a publicidade não endereçada entregue no domicílio do destinatário, deva ser identificável exteriormente de forma clara e inequívoca, e como tal, conter os elementos adequados a uma fácil identificação do anunciante e do bem ou serviço publicitado e proíbe-se, por outro, a publicidade não endereçada sempre que a oposição do destinatário seja reconhecível no ato de entrega[186] (artigos 2º e 3º).

O artigo 4º veda, por sua vez, o envio de publicidade endereçada por via postal ou por distribuição direta sempre que o destinatário o manifeste expressamente (artigo 4º, nº 2 Lei 6/99, de 27 de janeiro e e artigo 21º do Regulamento Geral de Proteção de Dados). As entidades que promovam a publicidade domiciliária endereçada devem manter, por si ou por

[184] Cfr. GALHARDO COELHO, João, *Publicidade Domiciliária – O Marketing Direito – Regime Legal Anotado*, Almedina, Coimbra, 1999 e MOTA PINTO, Paulo, "Notas sobre a Lei nº 6/99, de 27 de Janeiro: publicidade domiciliária, por telefone e por telecópia", *Estudos de Direito do Consumidor*, nº 1, Coimbra, 1999, págs. 117 e ss.

[185] Regulada pela da Lei 41/2004, de 18 de agosto.

[186] Nomeadamente através da afixação, por forma visível, no local destinado à receção de correspondência, de dístico apropriado contendo mensagem clara e inequívoca nesse sentido.

organismos que as representem, uma lista das pessoas que manifestem o desejo de não receber essa publicidade, lista essa que deverá ser atualizada trimestralmente.

Quanto à publicidade por telefone, os destinatários que não a pretendam receber, podem inscrever o número de telefone de que são titulares numa lista própria, mantida pelas entidades que a promovam, ou por organismos que as representem (artigo 5º, nº 3).

Ainda no âmbito das proibições, o artigo 5º, nº 1 (e o artigo 13º-A, nº 1 da Lei 41/2004, de 18 de agosto) veda a publicidade por telefone[187], com utilização de sistemas automáticos com mensagens vocais pré-gravadas, e a publicidade por telecópia, salvo quando o destinatário a autorize antes do estabelecimento da comunicação, ou, sendo dirigida a uma pessoa coletiva, que esta não se tenha oposto expressamente (artigo 13º-A, nº 2 da Lei 41/2004, de 18 de agosto). Às entidades autoras da publicidade por esta via, cabe manter, por si ou por organismos que as representem, uma lista atualizada de pessoas singulares que manifestaram expressamente e de forma gratuita o consentimento para a receção deste tipo de comunicações (artigo 5º, nºs 2 e 3 da Lei 6/99, de 27 de janeiro), bem como das pessoas coletivas que manifestem expressamente opor-se à receção de publicidade não solicitada (artigo 13º-B da Lei 41/2004, de 18 de agosto). Compete, neste último caso, à DGC manter atualizada uma lista de âmbito nacional de pessoas coletivas que manifestem expressamente opor-se à receção de publicidade não solicitada[188-189].

Por sua vez, compete à Associação Portuguesa de Marketing Direto a gestão da lista de pessoas singulares que se oponham à receção de publicidade não endereçada e por telefone, através de operador. O destinatário deve, para o efeito, preencher o formulário disponível no sítio eletrónico da Associação.

Constitui, por sua vez, prática comercial desleal, sob a forma de prática comercial desleal agressiva, solicitações persistentes e não solicitadas, por telefone, fax, correio eletrónico ou qualquer outro meio de comunicação à distância (artigo 12º, al. c) do DL 57/2008, de 26 de março).

[187] Bem como por correio eletrónico, incluindo SMS (serviços de mensagens curtas), EMS (serviços de mensagens melhoradas) MMS (serviços de mensagem multimédia) e outros tipos de aplicações similares.

[188] Através do preenchimento do formulário disponível em: https://www.consumidor.gov.pt/formularios/lista-de-pessoas-coletivas-para-nao-rececao-de-comunicacao-nao-solicitadas-marketing-direto.aspx

[189] Disponível em: https://www.amd.pt/

2.2.3.3.2. Publicidade nos Meios de Comunicação Social

Quanto à publicidade nos meios de comunicação social[190], há a considerar uma panóplia de especificidades previstas na Lei da Televisão e dos Serviços Audiovisuais a Pedido[191] (LTSAP), na Lei da Rádio (LR)[192] e na Lei da Imprensa (LI)[193].

No que concerne à publicidade televisiva e à televenda[194] (artigo 40º da LTSAP), tanto no período compreendido entre as 6 e as 18 horas, como no período compreendido entre as 18 e as 24 horas, não pode exceder 10% ou 20% consoante se trate, respetivamente, de serviços de programas televisivos de acesso condicionado ou de serviços de programas televisivos de acesso não condicionado livre ou não condicionado com assinatura. afere-se, portanto, que os limites impostos não se aplicam entre as 24 e as 6 horas. Dos limites mencionados ficam excluídos (artigo 40º, nº 2):

- Os blocos de televenda;
- As mensagens do operador televisivo relacionadas com os seus próprios programas e com produtos acessórios deles diretamente derivados, ou com programas e serviços de comunicação social audiovisual de outras entidades pertencentes ao mesmo grupo;
- Os anúncios dos serviços públicos ou fins de interesse público e apelos de teor caritativo transmitidos graciosamente;
- Os anúncios de patrocínio;
- A colocação de produto e ajuda à produção;
- Os quadros neutros entre o conteúdo editorial e os spots de publicidade televisiva ou de televenda, e entre os vários spots.

Não deixa de ser curiosa a opção do legislador ao estabelecer restrições relativas ao tempo de emissão destinado à publicidade televisiva e à

[190] Cfr. MONTEIRO CARDOSO, António; ARONS DE CARVALHO, Alberto; FIGUEIREDO, João Pedro, *Direito da Comunicação Social*, Texto Editora, 2012, págs. 118 e ss e 423 e ss; CONDESSO, Fernando dos Reis, *Direito da Comunicação Social – Lições*, Almedina, Coimbra, 2007, págs. 409 e ss e BRITO CORREIA, Luís, *Direito da Comunicação Social – Direito de Autor e da Publicidade*, Vol. II, Almedina, Coimbra, págs. 193 e ss.

[191] Lei 27/2007, de 30 de julho.

[192] Lei 54/2010, de 24 de dezembro.

[193] Lei 2/99, de 13 de janeiro.

[194] A comunicação comercial audiovisual que consiste na difusão de ofertas diretas ao público com vista ao fornecimento de bens ou serviços mediante pagamento (artigo 2º, nº 1, al. v)).

televenda, no nº 1 do artigo 40º, e no nº 2, do referido artigo, acrescentar que as restrições não se aplicam aos blocos de televenda. Resulta, pois, imperceptível se as televendas devem, ou não, obedecer ao disposto no nº 1 ou, se, contrariamente, se enquadram na exceção ao referido artigo. Parece-nos que, apenas enquadrará a exceção, se constituir um "bloco" de duração superior a 15 minutos (artigo 40º, nº 3).

A publicidade televisiva e a televenda devem ser identificáveis e separadas da restante programação, nomeadamente, entre programas e nas suas interrupções, pela inserção de separadores óticos e acústicos no início e no fim de cada interrupção, devendo o separador inicial conter, de forma percetível para os destinatários, e consoante os casos, a menção "Publicidade" ou "Televenda" (artigo 40º-A da LTSAP e artigo 8º, nºs 2 e 3 do CPub). Nos termos do artigo 40º-B, a publicidade televisiva e a televenda devem ser inseridas, entre os referidos programas e nas suas interrupções, com recurso ao uso da totalidade ou parte do ecrã, não podendo atentar contra a integridade dos programas, devendo ter em conta as suas interrupções naturais, a sua duração e natureza, de forma a não lesar os direitos de quaisquer titulares. Ainda de realçar que a inserção da publicidade televisiva ou da televenda não pode implicar o aumento do nível do volume sonoro aplicado à restante programação.

As especificidades da publicidade na rádio encontram-se previstas no artigo 40º da LR. Neste sentido, a inserção de publicidade não pode afetar a integridade dos programas, devendo ter em conta as suas pausas próprias, duração e natureza.

No que concerne ao tempo reservado à difusão da publicidade na rádio, este não deve exceder, diariamente, mais de 20% do tempo total da emissão dos serviços de programas licenciados.

Por fim, o artigo 28º da LI, estabelece que toda a publicidade redigida ou a publicidade gráfica[195], que como tal não seja imediatamente identificável, deve ser identificada através da palavra 'Publicidade' ou das letras 'PUB', em caixa alta, no início do anúncio, contendo ainda, quando tal não for evidente, o nome do anunciante.

[195] Considera-se publicidade redigida e publicidade gráfica todo o texto ou imagem cuja inserção tenha sido paga, ainda que sem cumprimento da tabela de publicidade do respetivo periódico.

2.2.4. Práticas Comerciais Desleais

O artigo 9º, nº 1 da LDC subordina a formação e a vigência dos contratos de consumo aos deveres de lealdade e boa-fé. Neste sentido, o DL 57/2008, de 26 de março[196], com o propósito de assegurar um alto padrão de lealdade nas relações de consumo, estabelece o regime aplicável às práticas comerciais desleais[197] das empresas nas relações com os consumidores, ocorridas antes, durante ou após uma transação comercial[198].

Antes da transposição da Diretiva nº 2005/29/CE, de 11 de maio, a proibição das práticas desleais assentava, tão-somente, no regime da concorrência desleal. Em virtude de dito regime tutelar, quase exclusivamente, empresários contra atos concorrenciais desleais, os interesses dos consumidores, não eram satisfatoriamente acautelados[199]. Após a transposição, por via do DL 57/2008, de 26 de março, passou a assegurar-se, não apenas, a concorrência entre os empresários profissionais, mas também, os interesses dos consumidores, promovendo-se duas realidades: a proteção do mercado, por um lado, e os direitos dos consumidores, por outro[200].

Analisemos, então, o regime aplicável às práticas comerciais desleais.

[196] Resulta da transposição para o ordenamento jurídico interno da Diretiva nº 2005/29/CE, de 11 de maio, relativa às práticas comerciais desleais das empresas nas relações de consumo.

[197] A propósito do regime das práticas comerciais desleais cfr. Passinhas, Sandra, "A Propósito das Práticas Comerciais Desleais: Contributo para uma Tutela Positiva do Consumidor", *Estudos de Direito do Consumidor*, nº 13, Centro de Direito do Consumo, Coimbra, 2017, págs. 176 e ss; Menezes Leitão, Luís, "As Práticas Comerciais Desleais nas Relações de Consumo", *ROA*, ano 71, abril/junho 2011, págs. 423 e ss; Soveral Martins, Alexandre, "A Transposição da Diretiva sobre Práticas Comerciais Desleais", *Estudos em Homenagem ao Professor Doutor Carlos Ferreira de Almeida*, Vol. I, Almedina, Coimbra, 2011, págs. 569 e ss; Morais Carvalho, Jorge, *Manual de Direito do Consumo*, 6ª ed., Almedina, Coimbra, 2019, págs. 134 e ss e Engrácia Antunes, José, *Direito do Consumo*, Almedina, Coimbra, 2019, págs. 133 e ss.

[198] Parece-nos que será de considerar uma limitação ao objeto do diploma (artigo 1º), na medida em que não parece fazer sentido considerar-se as práticas comercias pós-contratuais, uma vez que, tendo a decisão sido tomada, a mesma já não poderá ser distorcida.

[199] Cfr. Menezes Leitão, Luís, "As Práticas Comerciais Desleais nas Relações de Consumo", *ROA*, ano 71, abril/junho 2011, págs. 423 e 424.

[200] Cristas, Assunção, "Concorrência desleal e protecção do consumidor: A propósito da Directiva 2005/29/CE", *Homenagem da Faculdade de Direito de Lisboa ao Professor Doutor Inocêncio Galvão Telles, 90 anos*, Almedina, Coimbra, 2007, pág. 141.

2.2.4.1. Práticas Comerciais Desleais em Geral – Noção

Acompanhando a sistematização do DL 57/2008, de 26 de março, proíbe-se a adoção de práticas comerciais desleais, por via do artigo 4º, e prossegue-se com uma definição abrangente[201] e generalista de tais práticas (o artigo 5º, nº 1): Considera-se, desta forma, desleal, qualquer prática comercial desconforme à diligência profissional, que distorça ou seja suscetível de distorcer de maneira substancial o comportamento económico do consumidor seu destinatário ou que o afete relativamente a certo bem ou serviço.

Decompondo a definição prevista no artigo 5º, nº 1, podem autonomizar-se elementos que permitem aferir da deslealdade de uma prática[202], a saber:

- Em primeiro lugar, a adoção de uma prática comercial, na aceção do artigo 3º, al. d), como qualquer ação, omissão, conduta ou afirmação de um profissional, incluindo a publicidade e a promoção comercial, em relação direta com a promoção, a venda ou o fornecimento de um bem ou serviço ao consumidor;
- Em segundo, que tal prática seja, por um lado, desconforme à diligência profissional, entendida, como padrão de competência especializada e de cuidado que se pode razoavelmente esperar de um profissional nas suas relações com os consumidores, avaliado de acordo com a prática honesta de mercado e ou com o princípio geral de boa-fé no âmbito da atividade profissional (artigo 3º, al. h));
- E, por outro, que distorça ou seja suscetível de distorcer o comportamento económico do consumidor, na medida em que prejudique a sua aptidão para tomar uma decisão esclarecida, conduzindo-o, por sua vez, a tomar uma decisão de transação que, provavelmente, não teria tomado (artigo 3º, al. e)).

[201] Abrangente na medida em que "permite incluir toda e qualquer conduta do profissional praticada nos preliminares ou na formação de negócios de consumo e com estes relacionados." Cfr. MENEZES LEITÃO, Luís, "As Práticas Comerciais Desleais nas Relações de Consumo", *ROA*, ano 71, abril/junho 2011, pág. 425.

[202] Cfr. MORAIS CARVALHO, Jorge, *Manual de Direito do Consumo*, 6ª ed., Almedina, Coimbra, 2019, pág. 135 e MENEZES LEITÃO, Luís, "As Práticas Comerciais Desleais nas Relações de Consumo", *ROA*, ano 71, abril/junho 2011, pág. 425.

Portanto, será desleal a prática comercial que assente numa conduta adotada pelo profissional, nos preliminares, na formação do contrato ou na sua vigência contrária aos padrões éticos e pelos quais esse profissional deve pautar a sua atividade, suscetível de distorcer substancialmente o comportamento do consumidor[203], afetando, consequentemente, a sua liberdade contratual[204] pelo facto de o levar a tomar uma decisão negocial que não teria tomado.

Importantes, para aferir se determinada prática comercial é conforme à diligência profissional, são os códigos de conduta aprovados em determinadas atividades profissionais, em conformidade com o artigo 17º e ss, podendo, tais códigos de conduta, assegurar uma proteção superior à do diploma (artigo 17º, nº 1), não podendo, no entanto, derrogar as disposições do DL (artigo 18º)[205].

De realçar que o DL, no artigo 5º, nº 2, estabelece que a suscetibilidade de distorcer o comportamento do consumidor se deve aferir por referência ao consumidor médio colocado na posição de contratante real, ou ao membro médio de um grupo, quando a prática comercial for destinada a um determinado grupo de consumidores (artigo 236º do CC).

2.2.4.2. Práticas Comerciais Desleais em Especial – Tipologia

O legislador, para além da conceptualização genérica das práticas comerciais desleais, estabelece um conjunto de modalidades especiais dessas práticas nos artigos 6º e ss. A tipificação das práticas desleais mais comum, não exclui que, qualquer outra, mesmo que não enunciada no catálogo, e que cumpra os elementos do artigo 5º, nº 1, seja considerada desleal. Portanto, o referido catálogo é meramente enunciativo[206].

[203] O diploma adota uma noção restrita de consumidor enquanto pessoa singular (artigo 3º, al. a)).

[204] Cfr. ENGRÁCIA ANTUNES, José, *Direito do Consumo,* Almedina, Coimbra, 2019, pág. 133.

[205] Cfr. MENEZES LEITÃO, Luís, "As Práticas Comerciais Desleais nas Relações de Consumo", *ROA*, ano 71, abril/junho 2011, pág. 426.

[206] Cfr. MENEZES LEITÃO, Luís, "As Práticas Comerciais Desleais nas Relações de Consumo", *ROA*, ano 71, abril/junho 2011, pág. 428.

Segundo o artigo 6º são desleais em especial:

- As práticas comerciais suscetíveis de distorcer substancialmente o comportamento económico de um único grupo particularmente vulnerável;
- As práticas comerciais enganosas estabelecidas nos artigos 7º, 8 e 9º;
- As práticas comerciais agressivas referidas nos artigos 11º e 12º.

2.2.4.2.1. Práticas Dirigidas a Consumidores Particularmente Vulneráveis

Quanto a estas práticas[207], o legislador visou tutelar os membros de determinado grupo de consumidores em concreto, quando se dirija aos membros do grupo (por ex. crianças, idosos ou doentes mentais), que em virtude de determinado motivo, se encontrem numa situação de vulnerabilidade desde que fosse previsível para o profissional, quer a referida vulnerabilidade,[208]quer a suscetibilidade da sua conduta poder distorcer o comportamento dos desses membros.

No que concerne às práticas comerciais enganosas, o legislador faz a distinção entre ações e omissões enganosas.

2.2.4.2.2. Ações Enganosas

Com previsão no artigo 7º, nº 1, a ação enganosa, *stricto sensu,* traduz-se numa prática comercial que contenha informações falsas[209], ou que, contendo informações corretas, por qualquer razão, nomeadamente, a apresentação geral, induza ou seja suscetível de induzir em erro o consumidor quanto a determinados elementos, os previstos nas diversas alíneas do artigo 7º, nº 1[210], conduzindo-o, em ambos os casos, a tomar uma decisão de transação que, provavelmente, não teria tomado de outro modo.

[207] Cfr. Rodrigues, Hélio Rigor, A Proteção dos Consumidores Particularmente Vulneráveis nas Práticas Comerciais Desleais, *Revista Portuguesa de Direito do Consumo,* nº 56, 2008, págs. 15 e ss.

[208] Cfr. Oliveira, Elsa Dias, "Práticas Comerciais Proibidas", *Estudos do Instituto de Direito do Consumo,* III, Almedina, Coimbra, 2006, pág. 157.

[209] Cfr. Ac. TJUE de 19/9/2013. Processo C-435/11.

[210] Elementos essenciais a que o consumidor tome uma decisão informada e esclarecida em relação à transação em causa, nomeadamente, a existência ou a natureza do bem ou serviço, as suas características principais, os compromissos assumidos pelo profissional, o preço,

O artigo 7º, nº 2 acrescenta três outras modalidades de ação enganosa, em concreto:

- Atividades de promoção comercial relativas a um bem ou serviço, incluindo a publicidade comparativa[211], suscetíveis de criar confusão com quaisquer bens ou serviços, marcas, designações comerciais e outros sinais distintivos de um concorrente (al. a)).
- O incumprimento por parte do profissional de normas constantes em códigos de conduta a que está vinculado, desde que tenha informado, na prática comercial, que se encontrava vinculado àquele código[212] (al. b));
- Que em qualquer das situações conduza ou seja suscetível de conduzir o consumidor a tomar uma decisão de transação que de outro modo, provavelmente, não teria tomado[213]; e,
- Qualquer atividade de promoção comercial de um bem como sendo idêntico a um bem comercializado noutros Estados-Membros, quando esse bem seja significativamente diferente quanto à sua composição ou características, exceto quando justificado por fatores legítimos e objetivos.

O legislador consagrou no artigo 8º, de forma descritiva, uma lista negra de práticas enganosas em qualquer circunstância[214]. Portanto, são enganosas em qualquer circunstância, as práticas comerciais em que o profissional: Afirme ser signatário de um código de conduta, quando não o seja; Exiba uma marca de certificação, uma marca de qualidade ou equivalente sem ter obtido a autorização necessária; Afirme que um código de conduta foi aprovado por um organismo público ou outra entidade quando tal não corresponda à verdade; Afirme que um profissional, incluindo as suas prá-

a necessidade de prestação de um serviço, de uma peça, da substituição ou da reparação do bem, a natureza, os atributos e os direitos do profissional e os direitos do consumidor.

[211] Cfr. Ac. Rel. Lisboa de 12/5/2016. Processo 4594-05.6TVLSB.L1-6 e Ac. Rel. Lisboa de 8/11/2017. Processo 1199/16.0Y5LSB-3.

[212] Parece-nos que a redação do artigo 7º, nº 2, al. b) não é feliz. Se o profissional estiver vinculado a um código de conduta, o facto de não informar o consumidor sobre tal vinculação, não o desonera das normas constantes desse código.

[213] Cfr. Morais Carvalho, Jorge, *Manual de Direito do Consumo*, 6ª ed., Almedina, Coimbra, 2019, pág. 141.

[214] Cfr. Engrácia Antunes, José, *Direito do Consumo*, Almedina, Coimbra, 2019, pág. 137.

ticas comerciais, ou um bem ou serviço foram aprovados, reconhecidos ou autorizados por um organismo público ou privado quando tal não corresponde à verdade ou faça tal afirmação sem respeitar os termos da aprovação, do reconhecimento ou da autorização; Proponha a aquisição de bens ou serviços a um determinado preço sem revelar a existência de quaisquer motivos razoáveis que o profissional possa ter para acreditar que não pode, ele próprio, fornecer ou indicar outro profissional que forneça os bens ou serviços em questão ou equivalentes, àquele preço durante um período e em quantidades razoáveis, tendo em conta o bem ou serviço, o volume da publicidade feita ao mesmo e os preços indicados; Proponha a aquisição de bens ou serviços a um determinado preço e, com a intenção de promover um bem ou serviço diferente, recuse posteriormente apresentar aos consumidores o bem ou o serviço publicitado; Proponha a aquisição de bens ou serviços a um determinado preço e, com a intenção de promover um bem ou serviço diferente, recuse as encomendas relativas a este bem ou serviço ou a sua entrega ou fornecimento num prazo razoável; Proponha a aquisição de bens ou serviços a um determinado preço e, com a intenção de promover um bem ou serviço diferente, apresente uma amostra defeituosa do produto; Declare falsamente que o bem ou serviço está disponível apenas durante um período muito limitado ou que só está disponível em condições especiais por um período muito limitado a fim de obter uma decisão imediata e privar os consumidores da oportunidade ou do tempo suficientes para tomarem uma decisão esclarecida; Se comprometa a fornecer o serviço de assistência pós-venda numa língua, usada para comunicar antes da decisão negocial, que não seja uma das línguas oficiais do Estado membro em que se encontre estabelecido e posteriormente assegure este serviço apenas em língua diversa, quando não tenha anunciado de forma clara esta alteração ao consumidor antes de este se ter vinculado; Declare que a compra ou venda de um bem ou a prestação de um serviço é lícita ou transmita essa impressão quando tal não corresponda à verdade; Apresente como característica distintiva da oferta direitos do consumidor previstos na lei; Utilize um conteúdo editado nos meios de comunicação social para promover um bem ou serviço tendo sido o próprio a financiar essa promoção quando tal não for indicado claramente no conteúdo ou resultar de imagens ou sons que o consumidor possa identificar com clareza; Forneça resultados de pesquisa em resposta a uma consulta em linha do consumidor sem revelar claramente o pagamento de publicidade ou outro pagamento efetuado especificamente para obter uma classificação superior dos produtos nos resultados da pesquisa; Faça afirmações substancialmente inexatas relativas à natureza e à amplitude do risco para a segurança pessoal do consumidor ou da sua família se o consumidor não adquirir o bem ou assentir na prestação do serviço; Promova um bem ou serviço análogo ao produzido ou oferecido por um fabricante específico de maneira a levar deliberadamente o consumidor a pensar que, embora não seja esse o caso, o bem ou serviço provêm desse mesmo fabricante; Crie, explore ou promova um sistema de promoção em pirâmide em que o consumidor dê a sua própria contribuição em troca da possibilidade de receber uma contrapartida que decorra essencialmente da entrada de outros consumidores no sistema e não da venda ou do consumo de produtos; Alegue que está prestes a cessar a sua atividade ou a mudar de instalações quando tal não corresponde à verdade; Alegue que o bem ou serviço pode aumentar as possibilidades de ganhar nos jogos de fortuna ou azar; Alegue falsamente que o bem ou serviço é capaz de curar doenças, disfunções e malformações; Transmita informações inexatas sobre as condições de mercado ou sobre a possibilidade de encontrar o bem ou serviço com a intenção de induzir o consumidor a adquirir o bem ou a contratar a prestação do serviço em condições menos favoráveis do que as condições normais de mercado; Declare que se organiza um concurso ou uma promoção com prémio sem entregar os prémios descritos ou um equivalente razoável; Descreva um bem ou serviço como «grátis», «gratuito», «sem encargos» ou equivalente se o consumidor tiver de pagar mais do que o custo indispensável para responder à prática comercial e para ir buscar o bem ou pagar pela sua entrega; Inclua no material de promoção comercial fatura ou documento equiparado solicitando o pagamento, dando ao consumidor a impressão de já ter encomendado o bem ou serviço comercializado, quando tal não aconteceu; Alegue falsamente ou dê a impressão de que o profissional não está a agir para fins relacionados com a sua atividade comercial, industrial, artesanal ou profissional ou se apresentar falsamente como consumidor; Dê a impressão falsa de que o serviço pós-venda relativo ao bem ou serviço está disponível em Estado membro distinto daquele em que o bem ou serviço é vendido; Declare que as avaliações de um produto são apresentadas por consumidores que o utilizaram ou adquiriram efetivamente, sem adotar medidas razoáveis e proporcionadas para verificar que essas avaliações são publicadas por esses consumidores; Apresente avaliações ou recomendações falsas de consumidores ou instruir uma terceira pessoa singular ou coletiva para apresentar avaliações ou recomendações falsas de consumidores, ou apresentar avaliações do consumidor ou recomendações nas redes sociais distorcidas, a fim de promover os produtos.

2.2.4.2.3. Omissões Enganosas

No que concerne às omissões enganosas[215], com consagração nos artigos 9º a 10º-A, estas traduzem-se em práticas que conduzam ou sejam suscetíveis de conduzir o consumidor a tomar uma decisão de transação que não teria tomado, em virtude de:

- Omissão de uma informação com requisitos substanciais para uma decisão negocial esclarecida do consumidor ou apresentação pouco clara, ininteligível ou tardia da informação referida (artigo 9º, nº 1, als. a) e b));
- Ocultação da intenção comercial da prática, se tal não se puder depreender do contexto (artigo 9º, nº 1, al. c)).

De sublinhar que o artigo 9º, nº 2, justifica determinadas omissões de informação pelo condicionamento de tempo e espaço característico de determinados meios de comunicação, desde que o profissional adote medidas para disponibilizar *a posteriori* tal informação.

A definição de requisitos substanciais de informação (artigo 9º, nº 1, al. a)) é concretizada pelo artigo 9º, nº 3 que considera, como tais, os elementos informativos exigidos nos diplomas enunciados no nº 4 do mesmo artigo.

Nos casos de proposta contratual ou convite a contratar, o artigo 10º, a propósito dos requisitos substanciais de informação, considera, como tais, as características principais do bem ou serviço, na medida adequada ao meio e ao bem ou serviço, o endereço geográfico, a identidade do profissional e a sua designação comercial e, se for caso disso, o endereço geográfico, a identidade e a designação comercial do profissional por conta de quem atua, o preço[216], incluindo impostos e taxas, ou quando, devido à

[215] Cfr. AC. TJUE de 25/7/2018. Processo C-632/16.
[216] Cfr. AC. TJUE de 26/10/2016. Processo C-611/14.

natureza do bem ou serviço, o preço não puder ser razoavelmente calculado de forma antecipada, o modo como o preço é calculado, bem como, se for caso disso, todos os custos suplementares de transporte, de expedição, de entrega e de serviços postais ou, quando estas despesas não puderem ser razoavelmente calculadas de forma antecipada, a indicação de que esses custos suplementares ficam a cargo do consumidor, as modalidades de pagamento, expedição ou execução, caso se afastem das obrigações de diligência profissional; a existência dos direitos de resolução ou de anulação, qualquer que seja a denominação utilizada, sempre que resultem da lei ou de contrato e, por fim, relativamente aos produtos oferecidos nos mercados em linha, se o terceiro que os oferece é ou não um profissional, com base nas declarações prestadas por esse terceiro ao prestador do mercado em linha.

Uma das novidades introduzidas pelo DL 109-G/2021, de 10 de dezembro, aditando o artigo 10º-A ao DL 57/2008, de 26 de março passou por estabelecer que nos casos em que seja possível aos consumidores pesquisar produtos oferecidos por diferentes profissionais ou por consumidores com base em palavra-chave, frase ou outros dados, são consideradas substanciais as informações gerais sobre os principais parâmetros que determinam a classificação dos produtos apresentados ao consumidor em resultado da pesquisa e a importância relativa desses parâmetros em comparação com outros parâmetros. Tais informações devem ser disponibilizadas numa secção específica da interface em linha que seja direta e facilmente acessível a partir da página onde os resultados da pesquisa são apresentados.

2.2.4.2.4. Práticas Agressivas

Previstas nos artigos 11º e 12º, as práticas comerciais agressivas dependem da verificação cumulativa de três elementos[217]: 1) Existência de assédio, coação ou influência indevida[218] sobre o consumidor, 2) limitação da sua liberdade contratual ou o seu comportamento e 3) conduzi-lo ou ser sus-

[217] Cfr. Morais Carvalho, Jorge, *Manual de Direito do Consumo*, 6ª ed., Almedina, Coimbra, 2019, pág. 149 e Engrácia Antunes, José, *Direito do Consumo*, Almedina, Coimbra, 2019, pág. 137.

[218] Utilização pelo profissional de uma posição de poder para pressionar o consumidor, mesmo sem recurso ou ameaça de recurso à força física, de forma que limita significativamente a capacidade de o consumidor tomar uma decisão esclarecida – artigo 3º, al. j).

cetível de o conduzir à tomada de uma decisão de transação que, provavelmente, não teria sido tomada[219] (artigo 11º, nº 1).

A qualificação de determinada prática comercial como agressiva, para além da verificação dos elementos descritos, deve atender a determinados aspetos, nomeadamente: Ao momento, local, natureza e persistência de tal prática; Recurso a linguagem ou comportamento ameaçadores ou injuriosos; Ao aproveitamento consciente pelo profissional de qualquer infortúnio ou circunstância específica que pela sua gravidade prejudique a capacidade de decisão do consumidor, com o objetivo de influenciar a decisão deste em relação ao bem ou serviço; Qualquer entrave não contratual oneroso ou desproporcionado imposto pelo profissional, quando o consumidor pretenda exercer os seus direitos contratuais, incluindo a resolução do contrato, a troca do bem ou serviço ou a mudança de profissional; Qualquer ameaça de exercício de uma ação judicial que não seja legalmente possível.

O artigo 12º do diploma inclui, igualmente, e à semelhança das ações enganosas, uma "lista negra" exemplificativa de práticas comerciais agressivas[220], a saber:

- Criação da impressão de que o consumidor não pode deixar o estabelecimento sem que antes tenha sido celebrado um contrato. Engloba-se qualquer situação factual que se traduza em pressão exercida sobre o consumidor no sentido de não abandonar o estabelecimento antes de concluído um contrato[221];
- Visitas insistentes ao domicílio do consumidor, ignorando o pedido daquele para que o profissional parta ou não volte. Exemplo paradigmático de assédio que induz no espírito de consumidor a ideia de que o profissional só desistirá de tais visitas se este adquirir o bem ou serviço;

[219] Cfr. Oliveira, Elsa Dias, "Práticas Comerciais Proibidas", *Estudos do Instituto de Direito do Consumo*, III, Almedina, Coimbra, 2006, pág. 169.

[220] Cfr. Engrácia Antunes, José, *Direito do Consumo*, Almedina, Coimbra, 2019, pág. 137.

[221] Veja-se a este propósito a venda de *time-sharing*, em que os consumidores são sujeitos a enorme pressão no sentido de concluir o contrato. Cfr. Menezes Leitão, Luís, "As Práticas Comerciais Desleais nas Relações de Consumo", *ROA*, ano 71, abril/junho 2011, pág. 437.

- Solicitações persistentes e não solicitadas, por telefone, fax, e-mail ou qualquer outro meio de comunicação à distância[222];
- Obrigar o consumidor, que pretenda solicitar indemnização ao abrigo de uma apólice de seguro, a apresentar documentos que, de acordo com os critérios de razoabilidade, não possam ser considerados relevantes para estabelecer a validade do pedido, ou deixar sistematicamente sem resposta a correspondência pertinente, com o objetivo de dissuadir o consumidor do exercício dos seus direitos contratuais;
- Incluir em anúncio publicitário uma exortação direta às crianças no sentido de comprarem ou convencerem os pais ou outros adultos a comprar-lhes os bens ou serviços anunciados[223];
- Exigir o pagamento imediato ou diferido de bens e serviços ou a devolução ou a guarda de bens fornecidos pelo profissional que o consumidor não tenha solicitado[224], sem prejuízo do disposto no regime dos contratos celebrados à distância acerca da possibilidade de fornecer o bem ou o serviço de qualidade e preço equivalentes[225];
- Informar explicitamente o consumidor de que a sua recusa em comprar o bem ou contratar a prestação do serviço põe em perigo o emprego ou a subsistência do profissional. Tal prática é paradigmática de coação moral[226] por ter como objetivo o de criar problemas de consciência aos consumidores, de moldes a que estes venham a adquirir produtos ou serviços em virtude do receio das conse-

[222] Veja-se a este propósito a Lei 6/99, de 27 de janeiro e o artigo 13º-A da Lei 41/2004, de 18 de agosto, já analisados anteriormente, que disciplinam, respetivamente a publicidade domiciliária, por telefone ou telecópia e a privacidade nas telecomunicações.

[223] De referir que o artigo 14º do CPub já estabelece restrições quanto a estes aspetos.

[224] Qualificação inequívoca das vendas ou prestações de serviço forçadas como agressivas.

[225] O artigo 19º, nº 4 do DL 24/2014, de 14 de fevereiro estabelece a possibilidade, nos contratos à distância, do fornecedor fornecer um bem ou prestar um serviço ao consumidor de qualidade e preço equivalentes, desde que essa possibilidade tenha sido prevista antes da celebração do contrato ou no próprio contrato e o consumidor o tenha consentido expressamente, e aquele informe por escrito o consumidor da responsabilidade pelas despesas de devolução.

[226] Cfr. Artigo 255º do CC.

quências que a recusa acarrete para o profissional ou seu representante[227];

- Transmitir a impressão falsa de que o consumidor já ganhou, vai ganhar ou, mediante a prática de um determinado ato, ganha um prémio ou outra vantagem quando não existe qualquer prémio ou vantagem ou quando a prática de atos para reclamar o prémio ou a vantagem implica, para o consumidor, pagar um montante em dinheiro ou incorrer num custo[228]. Pretende punir-se o envio de informação ao consumidor criando uma falsa expetativa de este ganhou um prémio, estando apenas habilitado a participar num concurso caso adquira determinado bem ou serviço. Morais Carvalho sustenta que, no caso, o consumidor pode exigir ao profissional o cumprimento da promessa sem custos para o consumidor[229-230].

2.2.4.3. Regime Sancionatório[231]

Para além do respetivo regime contraordenacional consagrado nos artigos 19º e ss, e antes da entrada e vigor do DL 109-G/2021, de 10 de dezembro, os contratos celebrados na sequência de uma prática comercial eram inválidos e passíveis de ser anulados nos termos do artigo 287º do CC[232]. Com a entrada em vigor do referido diploma passa a consagrar-se uma solução distinta. Assim, e em conformidade com o artigo 14º, o consumidor terá direito à redução adequada do preço ou à resolução do contrato relativamente aos produtos adquiridos por efeito de uma prática comercial desleal podendo exercer qualquer dos direitos referidos, salvo se tal

[227] Cfr. Menezes Leitão, Luís, "As Práticas Comerciais Desleais nas Relações de Consumo", *ROA*, ano 71, abril/junho 2011, págs. 441 e 442 e Morais Carvalho, Jorge, *Manual de Direito do Consumo,* 6ª ed., Almedina, Coimbra, 2019, págs. 152 e ss.

[228] De realçar que esta prática agressiva constitui, simultaneamente, uma ação enganosa. A justificação da qualificação como agressiva prende-se com a pressão exercida sobre o consumidor.

[229] Cfr. Morais Carvalho, Jorge, *Manual de Direito do Consumo,* 6ª ed., Almedina, Coimbra, 2019, pág. 153.

[230] No mesmo sentido crf. Ac. TJUE de 18/10/2012. Processo C-428/11.

[231] Cfr. Menezes Leitão, Luís, "As Práticas Comerciais Desleais nas Relações de Consumo", *ROA*, ano 71, abril/junho 2011, págs. 442 e ss e Engrácia Antunes, José, *Direito do Consumo,* Almedina, Coimbra, 2019, pág. 138.

[232] Se a invalidade afetar apenas uma ou mais cláusulas do contrato, pode o consumidor optar pela manutenção deste, reduzido ao seu conteúdo válido (artigo 14º, nº 3).

se manifestar impossível ou constituir abuso de direito, nos termos gerais. Por sua vez, o autor da prática incorre, ainda, em responsabilidade civil pelos danos que causar ao consumidor.

De referir que qualquer pessoa, incluindo os concorrentes que tenham interesse legítimo em opor-se a práticas comerciais desleais proibidas nos termos do diploma pode intentar a ação inibitória prevista nos artigos 10º a 13º da LDC, com vista a prevenir, corrigir ou fazer cessar tais práticas[233] (artigo 16º).

3. Conteúdos

3.1. Cláusulas Contratuais Gerais

Como se referiu anteriormente, aos contratos de consumo está subjacente o princípio da autonomia privada (artigo 405º do CC) mediante o qual as partes podem livremente fixar o conteúdo dos contratos, dentro dos limites da Lei.

Como desvio ao princípio da autonomia privada, fruto das vicissitudes da contratação em massa[234], podemos identificar um modelo formativo que se afasta do tradicional e que, por sua vez, se traduz na adesão a cláusulas pré-elaboradas e cujo conteúdo é determinado unilateralmente pelo seu proponente[235].

O artigo 9º, nº 2 da LDC, com o intuito de prevenir abusos resultantes de contratos pré-elaborados e promover a igualdade material dos contraentes, estabelece, por um lado, a obrigação de redação clara e precisa, em caracteres facilmente legíveis das CCG e, por outro, a proibição de inclusão de tais cláusulas em contratos singulares que originem significativo desequilíbrio em detrimento do consumidor.

A utilização de CCG rege-se pelo DL 446/85, de 25 de outubro que estabelece regras relativas à sua inclusão em contratos singulares, à sua

[233] Veja-se o artigo 10º, nº 1, al. c) da LDC.

[234] Cfr. Pinto Monteiro, António, "Contratação em Massa e a Proteção do Consumidor numa Economia Globalizada", *Revista de Legislação e de Jurisprudência*, Ano 139º, nº 3961, 2010, págs. 221 e ss.

[235] Cfr. Engrácia Antunes, José, *Direito do Consumo*, Almedina, Coimbra, 2019, págs. 122 e 123.

interpretação e integração e à fiscalização do seu conteúdo[236], e que analisaremos seguidamente.

3.1.1. Noção

A noção de CCG resulta do disposto no artigo 1º, nº 1 do DL 446/85, de 25 de outubro. Trata-se, pois, de cláusulas pré-elaboradas, unilateralmente formuladas[237], sem negociação prévia e cujo conteúdo o destinatário não pôde influenciar[238]. Para qualificar um contrato de adesão releva, em primeiro lugar, a unilateralidade das cláusulas, em segundo, que tais cláusulas contemplem de forma genérica e massificada os interesses económicos do proponente e, em terceiro lugar, que ao potencial aderente não lhe assista a possibilidade de negociação, limitando-se a aceitá-las ou rejeitá-las[239].

O artigo 1º, nº 3 estabelece que o ónus da prova de que uma cláusula contratual resultou de negociação prévia recai sobre quem pretenda prevalecer-se do seu conteúdo. Parece-nos que o legislador simplesmente aplicou o princípio geral do ónus da prova, previsto no artigo 342º, nº 1 do CC. Portanto, tal como aquele que invoca um direito tem o dever de provar os factos constitutivos desse direito, quem alega o direito de se prevalecer do conteúdo de uma cláusula negocial deve demonstrar que esta foi previamente negociada, pelo que, não se conseguindo provar a prévia negociação do conteúdo de uma cláusula esta continua a considerar-se uma CCG[240].

O DL abrange todas as CCG independentemente da forma da sua comunicação ao público (sendo admitido qualquer meio de comunicação), da extensão que assumam (uma ou várias cláusulas), do conteúdo que as informe ou de terem sido elaboradas pelo proponente, pelo des-

[236] Cfr. DE SÁ, Almeno, *Cláusulas Contratuais Gerais e Directiva Sobre Cláusulas Abusivas,* Almedina, Coimbra, 2005, págs. 295 e ss.

[237] Cfr. Ac. Rel. Évora de 15/9/2010. Processo 2439/07.1TBPTM.E1 e Ac. STJ de 2/12/2013. Processo 306/10.0TCGMR.G1.S1.

[238] Cfr. MORAIS CARVALHO, Jorge, *Manual de Direito do Consumo,* 6ª ed., Almedina, Coimbra, 2019, pág. 117.

[239] Cfr. Ac. STJ de 14/12/2016. Processo 20054/10.0T2SNT.L2.S1.

[240] Neste sentido crf. Ac. STJ de 24/3/2011. Processo 1582/07.1TBAMT-B.P1.S1 e Ac. STJ de 5/5/2016. Processo 13161/14.2T2SNT.L1.S1. Em sentido contrário cfr. MORAIS CARVALHO, Jorge, *Manual de Direito do Consumo,* 6ª ed., Almedina, Coimbra, 2019, págs. 118 e 119.

tinatário[241] ou por terceiros (normalmente sob incumbência ou a pedido do proponente), desde que se destinem a uma pluralidade de pessoas[242] ou contratos[243] (artigo 2º).

No que concerne ao âmbito de exclusão, o DL não se aplica:

- A cláusulas que resultem de ato legislativo;
- A cláusulas que resultem de tratados ou convenções internacionais vigentes em Portugal;
- A contratos submetidos a normas de direito público;
- A atos de direito da família ou de direito das sucessões;
- A cláusulas de instrumentos de regulamentação coletiva de trabalho.

3.1.2. Inclusão em Contratos Singulares

Genericamente, as CCG consideram-se inseridas nos contratos por via da aceitação do aderente (artigo 4º). Ficam, naturalmente, excluídas as não aceites especificamente, mesmo que usadas pelo proponente relativamente a todos os outros destinatários[244], bem como as que tenham sido negociadas pelas partes (artigo 7º), uma vez que estas prevalecem sobre quaisquer CCG mesmo quando constantes de formulários assinado pelas partes.

[241] Da análise dos artigos 1º, nºs 1 e 2, e 2º, parece-nos contraditório que as CCG possam ser elaboradas pelo destinatário das mesmas. Se o artigo 1º, nº 2 estabelece que o DL se aplica às cláusulas inseridas em contratos individualizados, mas cujo conteúdo previamente elaborado o destinatário não pode influenciar, urge questionar porque é que o legislador no artigo 2º sustenta que as CCG possam ser elaboradas pelo destinatário das mesmas. Não será, neste segundo caso, de admitir que o destinatário, ao ter legitimidade para as elaborar, pôde, inegavelmente, ter influenciado o seu conteúdo? Parece-nos que a resposta tende a ser afirmativa. Em sentido inverso cfr. Morais Carvalho, Jorge, *Manual de Direito do Consumo,* 6ª ed., Almedina, Coimbra, 2019, pág. 120.

[242] Não releva se efetivamente se se aplicaram a uma multiplicidade de pessoas sendo suficiente a intenção inicial de uma utilização múltipla. Cfr. de Sá, Almeno, *Cláusulas Contratuais Gerais e Directiva Sobre Cláusulas Abusivas,* Almedina, Coimbra, 2005, pág. 214.

[243] Cfr. de Sá, Almeno, *Cláusulas Contratuais Gerais e Directiva Sobre Cláusulas Abusivas,* Almedina, Coimbra, 2005, págs. 213 e ss.

[244] Cfr. Ac. STJ de 24/3/2011. Processo 1582/07.1TBAMT-B.P1.S1.

A inclusão efetiva depende, não obstante, da observância de alguns requisitos prévios, nomeadamente a sua comunicação (artigo 5º) e o seu esclarecimento (artigo 6º)[245].

Relativamente à comunicação[246] (artigo 5º), esta deve ser integral (nº 1), realizada de modo adequado e com a antecedência necessária à celebração do contrato, para que, tendo em conta a importância do contrato e a extensão e complexidade das cláusulas, se torne possível o seu conhecimento efetivo por quem use de comum diligência[247] (nº 2). O ónus da prova da comunicação adequada e efetiva cabe ao proponente das CCG (artigo 5º, nº 3)[248]. Do incumprimento do dever de comunicação resulta a exclusão do contrato singular das CCG não comunicadas (artigo 8º, al. a)).

O dever de comunicação tem o propósito de possibilitar ao destinatário o conhecimento antecipado e integral do clausulado que integrará o seu contrato singular, é dizer do conteúdo desse contrato. Como complemento deste dever de comunicação[249], o DL impõe ao proponente um dever de informação/esclarecimento de acordo com as circunstâncias sobre todos os aspetos "obscuros" compreendidos nas CCG cuja clarificação se justifique (artigo 6º, nº 1), implicando, igualmente, a prestação de todos os esclarecimentos razoáveis solicitados (artigo 6º, nº 2)[250].

[245] Cfr. DE SÁ, Almeno, *Cláusulas Contratuais Gerais e Directiva Sobre Cláusulas Abusivas*, Almedina, Coimbra, 2005, págs. 231 e ss e MORAIS CARVALHO, Jorge, *Manual de Direito do Consumo*, 6ª ed., Almedina, Coimbra, 2019, pág. 124 e ss.

[246] Cfr. CAETANO NUNES, Pedro, "Comunicação de Cláusulas Contratuais Gerais", *Estudos em Homenagem ao Professor Doutor Carlos Ferreira de Almeida*, Vol. II, Almedina, Coimbra, 2011, págs. 507 e ss.

[247] O grau de diligência deve ser apreciado de acordo com as circunstâncias típicas de cada caso, como é comum no Direito Civil. Neste sentido Ana Prata esclarece que "A diligência média é, pois, uma diligência que varia, ela própria, em função das características do sujeito. O padrão que a lei acolhe tem de variar em razão da preparação cultural do aderente e da consequente maior ou menor vulnerabilidade dele a argumentos persuasivos do outro contratante". Cfr. PRATA, Ana, *Contratos de Adesão e Cláusulas Contratuais Gerais*, Almedina, Coimbra, 2010, págs. 226 e 227.

[248] Cfr. Ac. STJ de 24/3/2011. Processo 1582/07.1TBAMT-B.P1.S1 e Ac. STJ de 16/12/2010. Processo 2732/07.3TBFLG.G1.S1.

[249] Cfr. Ac. STJ de 4/5/2017. Processo 1961/13.5TVLSB.L1.S1.

[250] De realçar que apesar de não resultar diretamente do diploma, tem sido entendimento da jurisprudência que o ónus da prova do cumprimento do dever de informação cabe ao proponente. Veja-se a título de exemplo Ac. STJ de 13/9/2016. Processo 1262/14.1T8VCT-B.G1.S1 e Ac. STJ de 15/2/2017. Processo 1776/11.5TVLSB.L1.S1.

Ambos os deveres, de comunicação e esclarecimento, como corolário do direito à informação (artigo 60º da CRP e 8º da LDC), concorrem para que o aderente tenha conhecimento da totalidade do clausulado, por um lado, e, por outro, entenda efetivamente o conteúdo desse clausulado.

Portanto, o dever de comunicação e o de informação não devem confundir-se, uma vez que, apesar de complementares, têm alcances distintos. O primeiro obriga o proponente a transmitir ao aderente quais as CCG que integrarão o seu contrato e o segundo a esclarecer o conteúdo das CCG que justifiquem tal esclarecimento de molde a que a formação da vontade negocial seja completa e esclarecida[251-252].

O artigo 8º, als. b), c) e d) considera excluídas dos contratos singulares, respetivamente: 1) As cláusulas comunicadas em violação do dever de informação/esclarecimento, de molde que não seja de esperar o seu conhecimento efetivo; 2) As cláusulas que, pelo contexto em que surjam, pela epígrafe que as precede ou pela sua apresentação gráfica, passem despercebidas a um contratante normal, colocado na posição do contratante real[253]; 3) As cláusulas inseridas em formulários, depois da assinatura de

[251] Num sentido semelhante cfr. Ac. STJ de 24/3/2011. Processo 1582/07.1TBAMT-B.P1.S1.

[252] Em sentido distinto, Almeno de Sá, sustenta que o dever de comunicação implica, não apenas a comunicação das cláusulas, mas também do seu conteúdo. Discordamos respeitosamente pois, se assim fosse entendido, o dever de informação seria destituído de aplicabilidade. Cfr. DE SÁ, Almeno, *Cláusulas Contratuais Gerais e Directiva Sobre Cláusulas Abusivas*, Almedina, Coimbra, 2005, pág. 234. Acompanhando a posição de Almeno de Sá cfr. Ac. STJ de 16/12/2010. Processo 2732/07.3TBFLG.G1.S1. Acompanhando a nossa posição cfr. Ac. STJ de 24/3/2011. Processo 1582/07.1TBAMT-B.P1.S1 e AC. STJ de 13/9/2016. Processo 1262/14.1T8VCT-B.G1.S1.

[253] A Lei nº 32/2021, de 27 de maio estabeleceu limitações à redação de CCG e previu a criação de um sistema de controlo e prevenção de cláusulas abusivas, alterando o DL nº 446/85, de 25 de outubro.

Desta forma, ao elenco de CCG absolutamente proibidas, estabelecido no artigo 21º do diploma, foi acrescentada uma alínea que prevê que caso se encontrem redigidas com um tamanho de letra inferior a 11 ou a 2,5 milímetros, e com um espaçamento entre linhas inferior a 1,15, se devam ter como proibidas e, consequentemente, nulas.

Esta solução é estranha desde um ponto de vista de técnica legislativa, na medida em que tal clarificação formal, acerca de CCG, devia ser enquadrada no artigo 8º, al. c). Se uma CCG que não cumprisse tais requisitos formais devia ter-se como excluída do contrato.

algum dos contratantes Nos dois últimos casos, excluem-se as chamadas "cláusulas surpresa"[254].

3.1.3. Interpretação e Integração

O artigo 10º estabelece que as CCG devem ser interpretadas e integradas de harmonia com as regras relativas à interpretação e integração dos negócios jurídicos[255], dentro do contexto do contrato singular em que se incluam. Remete-se, portanto, para as regras geras do CC relativas à interpretação e integração dos negócios jurídicos constantes dos artigos 236º e ss[256].

O artigo 11º, nº 1 refere, por sua vez, que as CCG ambíguas, obscuras, duvidosas, e que cuja interpretação não é pacífica, têm o sentido que lhes daria o contraente indeterminado normal que se limitasse a subscrevê-las ou a aceitá-las, quando colocado na posição de aderente real. O nº 2 do artigo mencionado, como complemento, esclarece que, subsistindo a dúvida, prevalecerá o sentido mais favorável ao aderente[257]. O disposto no nº 1 do artigo 11º é um corolário do artigo 236º, nº 1 do CC, dando prevalência à interpretação que o aderente faz do negócio jurídico. Portanto, as CCG ambíguas terão o sentido que o destinatário normal lhe daria se colocado na posição de destinatário real (artigo 236º, nº 1, do CC)[258].

Quanto à integração das CCG, atendendo ao disposto nos artigos 9º, nº 1 e 13º, nº 2, os contratos, relativamente aos quais determinadas cláusulas tenham sido excluídas ou declaradas nulas, respetivamente por via dos artigos 8º ou 12º, mantêm-se, vigorando na parte afetada as normas

[254] Cfr. Almeida Costa, Mário Júlio e Menezes Cordeiro, António, *Cláusulas Contratuais Gerais – Anotação ao Decreto-Lei nº 446/85, de 25 de Outubro*, Almedina, Coimbra, 1986, pág. 27. No mesmo sentido Cfr. Ac. Rel. Lisboa de 14/9/2017. Processo 9065/15.0T8LSB-2 e Ac. STJ de 18/9/2014. Processo 2334/10.7TBGDM.P1.S1.

[255] Cfr. de Sá, Almeno, *Cláusulas Contratuais Gerais e Directiva Sobre Cláusulas Abusivas*, Almedina, Coimbra, 2005, págs. 64 e ss; Engrácia Antunes, José, *Direito do Consumo*, Almedina, Coimbra, 2019, págs. 125 e ss e Almeida Costa, Mário Júlio e Menezes Cordeiro, António, *Cláusulas Contratuais Gerais – Anotação ao Decreto-Lei nº 446/85, de 25 de Outubro*, Almedina, Coimbra, 1986.

[256] Cfr. Almeida Costa, Mário Júlio e Menezes Cordeiro, António, *Cláusulas Contratuais Gerais – Anotação ao Decreto-Lei nº 446/85, de 25 de Outubro*, Almedina, Coimbra, 1986, pág. 31.

[257] Princípio *in dubio contra stipulatorem*. Cfr. Ac. STJ de 4/10/2007. Processo 07B2636.

[258] Cfr. Moura dos Santos, Teresa, "A tutela do consumidor entre os contratos de adesão e as práticas comerciais desleais", *RED*, nº 1, 2016, pág. 26.

supletivas aplicáveis. Inexistindo, no entanto, em caso de exclusão, normas supletivas aplicáveis, e por remissão do artigo 10º, o artigo 239º do CC prevê que a integração da declaração negocial, deve atender à vontade presumível dos declarantes quanto ao ponto omisso, desde que tal não gere um desequilíbrio nas prestações gravemente atentatório da boa-fé, o que, por sua vez, determinará a nulidade do contrato (artigo 9º, nº 2)[259]. Por outro lado, e por força do artigo 14º, se em virtude da declaração de nulidade, inexistirem normas supletivas ou, existindo, conduzirem a um desequilíbrio de prestações gravemente atentatório da boa fé, vigora o regime da redução dos negócios jurídicos (artigo 292º do CC). O regime das cláusulas excluídas e o regime das cláusulas nulas, difere, principalmente, na medida em que enquanto se a cláusula for nula o aderente pode optar ou não pela manutenção do contrato (artigo 13º, nº 1), quando a cláusula é excluída, o contrato, independentemente da vontade do aderente, mantém-se (artigo 9º), exceto se tal gerar um desequilíbrio nas prestações gravemente atentatório da boa-fé[260].

Por força do nº 3 do artigo 11º, o princípio *in dubio contra stipulatorem* previsto no nº 2 do mesmo artigo, não se estende às ações inibitórias. Como bem explica Teresa Moura dos Santos, "no âmbito de uma ação inibitória, quando o tribunal se debruça, em abstrato, sobre um conjunto de cláusulas, avaliando se são ou não válidas, pode encontrar uma cláusula dúbia. Neste campo, aquele que é o sentido mais prejudicial da cláusula em relação ao aderente será o sentido que mais interessa a este sujeito, uma vez que se se optar por este sentido mais prejudicial eventualmente a cláusula será declarada nula. Ou seja, o mais favorável ao aderente, em última instância, é que a cláusula lhe seja considerada prejudicial"[261]. Portanto, se o propósito de uma ação inibitória se prende com a proibição da utilização futura de CCG e, eventualmente, a declaração de nulidade de CCG, não faria sentido, às cláusulas dúbias, o tribunal atribuir-lhes o sentido mais favorável ao aderente, uma vez que o intuito é a proibição das

[259] Cfr. Ac. Rel. Guimarães de 4/5/2010. Processo 2507/08.2TBFLG.G1.

[260] Cfr. Ac. Rel. Lisboa de 29/10/2009. Processo 6644/04.4TJSLB.L1-2.

[261] Cfr. Moura dos Santos, Teresa, "A tutela do consumidor entre os contratos de adesão e as práticas comerciais desleais", *RED*, nº 1, 2016, pág. 26.

CCG e a sua declaração de nulidade, valendo as regras dos artigos 236º a 238º do CC[262].

3.1.4. Fiscalização do Conteúdo

O DL 446/85, de 25 de outubro subordina, por um lado, o conteúdo das CCG a um princípio geral de boa-fé (artigo 15º) e estabelece, por outro, um elenco de cláusulas proibidas (artigos 18º e ss)[263].

Na concretização do princípio geral de controlo das CCG assente na boa-fé[264], o artigo 16º apela: 1) à ponderação dos valores fundamentais do direito, relevantes em face da situação considerada, em especial, 2) a confiança suscitada, nas partes, pelo sentido global das cláusulas contratuais em causa, pelo processo de formação do contrato singular celebrado, pelo teor deste e ainda por quaisquer outros elementos atendíveis e 3) pelo objetivo que as partes visam atingir negocialmente, procurando-se a sua efetivação à luz do tipo de contrato utilizado.

Parece evidente que o controlo do conteúdo das CCG assente, exclusivamente, num princípio geral de boa-fé seria demasiado genérico[265] e indeterminado[266]. Portanto, atendendo à parca aplicabilidade do princípio geral na fiscalização do conteúdo das CCG[267] releva, efetivamente, o catálogo de cláusulas proibidas que tem o escopo de promover a igualdade das partes, defendendo os aderentes de estipulações contratuais abusivas que gerem um desequilíbrio significativo na relação contratual[268].

[262] Cfr. Ac. Rel. Porto de 7/4/2016. Processo 13737/15.0T8PRT.P1 e Ac. STJ de 13/11/2014. Processo 2475/10.0YXLSB.L1.S1.

[263] Cfr. de Sá, Almeno, *Cláusulas Contratuais Gerais e Directiva Sobre Cláusulas Abusivas*, Almedina, Coimbra, 2005, pág. 255.

[264] Cfr. Dias, Marco, "O Critério da Boa Fé no D.L. nº 446/85", *Estudos de Direito do Consumidor*, nº 6, 2004, págs. 437 e ss e de Sousa Ribeiro, Joaquim, "O Controlo do Conteúdo dos Contratos: Uma Nova Dimensão da Boa Fé", *Revista da Faculdade de Direito UFPR*, nº 42, 2005, págs. 5 e ss.

[265] Cfr. Engrácia Antunes, José, *Direito do Consumo*, Almedina, Coimbra, 2019, pág. 128.

[266] Cfr. Morais Carvalho, Jorge, *Manual de Direito do Consumo*, 6ª ed., Almedina, Coimbra, 2019, pág. 161.

[267] A propósito da nulidade de CCG por violação do princípio geral de boa-fé cfr. Ac. STJ de 27/9/2016. Processo 240/11.7TBVRM.G1.S1.

[268] Cfr. Ac. Rel. Lisboa de 5/6/2012. Processo 3095/08.5YXLSB.L1-7 e Ac. Rel. Coimbra de 28/10/2014. Processo 3516/13.5TJCBR.C1.

O catálogo de cláusulas proibidas organiza-se atendendo a dois fatores: a natureza da relação contratual entre as partes e a "intensidade da proibição"[269].

Quanto ao primeiro fator, a natureza da relação contratual entre as partes, o catálogo das cláusulas proibidas pelos artigos 18º e 19º aplica-se às relações entre profissionais, por força do artigo 17º. Por sua vez, em particular nas relações de consumo, para além de se aplicar o disposto nos artigos 18º e 19º, também se aplicam as proibições constantes nos artigos 21º e 22º, por via do estipulado no artigo 20º.

No que diz respeito ao segundo fator, há a distinguir a cláusulas absolutamente proibidas (artigos 18º e 21º) e as relativamente proibidas (artigos 19º e 22º).

As cláusulas absolutamente proibidas, por gerarem um desequilíbrio significativo na relação contratual, não admissível à luz do princípio geral de boa-fé, são, em qualquer circunstância, nulas por força do artigo 12º[270-271].

As cláusulas relativamente proibidas serão ou não proibidas, atendendo ao contexto contratual padronizado (sendo nulas – artigo 12º – ou válidas, respetivamente). Neste sentido, são ou não vedadas, por um lado, se se considerarem ou não desconformes com os padrões aplicáveis ao tipo de contrato em que se inserem e à atividade do proponente[272] (e não por remissão ao caso concreto[273]) e, por outro, se forem ou não suscetíveis de

[269] Cfr. Morais Carvalho, Jorge, *Manual de Direito do Consumo*, 6ª ed., Almedina, Coimbra, 2019, pág. 165.

[270] Cfr. de Sá, Almeno, *Cláusulas Contratuais Gerais e Directiva Sobre Cláusulas Abusivas*, Almedina, Coimbra, 2005, pág. 76.

[271] Cfr. Ac. Rel. Coimbra de 2/6/2015. Processo 5202/12.4TBLRA.C1 e Ac. Rel. Lisboa de 22/6/2016. Processo 338-14.0TVLSB.L1.-2.

[272] Cfr. Ac. STJ de 16/3/2017. Processo 2042/13.7TVLSB.L1.S1.

[273] Recorde-se que a ação inibitória tem como finalidade uma fiscalização abstrata das práticas lesivas, uma vez que o respetivo escopo não se esgota na esfera jurídica de uma determinada pessoa, singular ou coletiva, mas tutela, de igual modo, o interesse da generalidade de consumidores. O que se pretende acautelar é o risco de propagação de práticas lesivas dos interesses dos consumidores em geral.

gerar um desequilíbrio significativo na relação contratual não admissível à luz do princípio geral de boa-fé[274-275].

De sublinhar que o elenco de proibições não é taxativo, atendendo a que todas as CCG se devem subordinar ao princípio geral de controlo previsto no artigo 15º.

Para além da invocação da nulidade nos termos gerais[276] (artigo 24º), as CCG que violem o disposto nos artigos 15º, 18º, 19º, 21º e 22º podem ser proibidas por via de ação inibitória em conformidade com o disposto nos artigos 25º e ss[277].

3.2. Período de Fidelização

O período de fidelização traduz-se numa cláusula contratual, por via da regra uma CCG[278], mediante a qual as partes se comprometem a não denunciar o contrato antes de decorrido o referido período. A fidelização tem como fundamento e, inclusive, como condição de validade[279], as contrapartidas oferecidas pelo proponente ao aderente[280] (como por ex. descontos na mensalidade, equipamentos mais baratos, oferta do valor da instalação, oferta de canais extra ou de pacotes de chamadas gratuitas). Exemplos paradigmáticos de contratos de consumo com cláusula de fidelização são os celebrados com ginásios para a utilização de instalações

[274] Cfr. Ac. Rel. Coimbra de 30/6/2015. Processo 2397/13.3TBLRA.C1.

[275] Cfr. DE SÁ, Almeno, *Cláusulas Contratuais Gerais e Directiva Sobre Cláusulas Abusivas*, Almedina, Coimbra, 2005, págs. 259 e ss.

[276] Como explica Morais Carvalho, não deve admitir-se que a nulidade possa ser invocada pelo proponente da CCG, uma vez que o artigo 12º visa a proteção do aderente, neste sentido aponta o artigo 13º. Cfr. MORAIS CARVALHO, Jorge, *Manual de Direito do Consumo*, 6ª ed., Almedina, Coimbra, 2019, pág. 167.

[277] Matéria já abordada a propósito do Direito à Prevenção e à Reparação dos Danos Patrimoniais ou Não Patrimoniais.

[278] Rege-se, portanto, pelo DL 446/85, de 25 de outubro quanto a regras relativas à sua inclusão em contratos singulares, à sua interpretação e integração e à fiscalização do seu conteúdo.

[279] Cfr. Artigo 48º, nº 2, al. a) da LCE e artigo 22º, nº 1, al. a) do DL nº 446/85, de 25 de outubro.

[280] "As cláusulas de fidelização que garantem a estabilidade económica do predisponente têm de conferir, em contrapartida, também vantagens de ordem comercial ao aderente, pelo que não resultando comprovadas quais sejam essas específicas vantagens no caso em apreço seja de considerar uma tal cláusula proibida à luz do art. 22, nº 1, al. a), do DL nº 446/85." Cfr. Ac. Rel. Lisboa de 5/6/2012. Processo 3095/08.5YXLSB.L1-7.

e equipamentos[281] e os de prestação de serviços de comunicações eletrónicas.

Muito embora o período de fidelização tenha fonte contratual e não legal[282], várias são as referências legais, nomeadamente, nos artigos 8º, nº 1, al. h) da LDC, 4º, nº 1, al. q) do DL 24/2014, de 14 de fevereiro, 4º do DL 56/2010, de 1 de junho e 3º, al. m) da LCE, entre outras.

Por outro lado, apenas no respeitante a contratos relativos a comunicações eletrónicas se estabelece um limite máximo de duração do período de fidelização de 24 meses (artigos 48º, nº 5 da LCE e 4º do DL 56/2010, de 1 de junho[283]).

O artigo 48º, nº 8 da LCE obriga o proponente a oferecer a todos os aderentes a possibilidade de celebrar contratos sem qualquer tipo de fidelização, bem como contratos com 6 e 12 meses de período de fidelização, por cada benefício concedido.

Segundo o artigo 48º, nºs 2, als. a) e c), 11, 12 e 13 da LCE, durante o período de fidelização, os encargos decorrentes da cessação antecipada do contrato não podem ultrapassar os custos que o prestador teve com a instalação da operação, sendo proibida a cobrança de qualquer contrapartida a título indemnizatório ou compensatório devendo, tais encargos,

[281] Cfr. Pinto-Ferreira, João Pedro e Morais Carvalho, Jorge, "Contrato para a Utilização de Instalações e Equipamentos Desportivos – Anotação ao Acórdão do Tribunal da Relação de Lisboa, de 5 de junho de 2012", *Desporto & Direito – Revista Jurídica de Direito do Desporto*, Ano X, nº 28, 2012, págs. 33 e ss.

[282] Cfr. Morais Carvalho, Jorge, *Manual de Direito do Consumo*, 6ª ed., Almedina, Coimbra, 2019, pág. 170.

[283] Durante o período de fidelização, pela resolução do contrato ou pelo desbloqueio de equipamento que permite o acesso a serviços de comunicações eletrónicas, é proibida a cobrança de qualquer contrapartida de valor superior a: 100 % do valor do equipamento à data da sua aquisição ou posse, sem qualquer desconto, abatimento ou subsidiação, no decurso dos primeiros seis meses daquele período, deduzido do valor já pago pelo utente, bem como de eventual crédito do consumidor face ao operador de comunicações móveis; 80 % do valor do equipamento à data da sua aquisição ou posse, sem qualquer desconto, abatimento ou subsidiação, após os primeiros seis meses daquele período, deduzido do valor já pago pelo utente, bem como de eventual crédito do consumidor face ao operador de comunicações móveis; 50 % do valor do equipamento à data da sua aquisição ou posse, sem qualquer desconto, abatimento ou subsidiação, no último ano do período de fidelização, deduzido do valor já pago pelo utente, bem como de eventual crédito do consumidor face ao operador de comunicações móveis.

ser proporcionais à vantagem que foi conferida e como tal identificada e quantificada no contrato celebrado (artigo 48º, nº 2, al. a) da LCE), não podendo em consequência corresponder automaticamente à soma do valor das prestações vincendas à data da cessação[284]. Portanto, o aderente que faça cessar o contrato, durante o período de fidelização, será responsável pelo pagamento das vantagens conferidas que, na proporção do período da duração do contrato, ainda estejam por recuperar pelo prestador, mas com o limite inerente aos custos de instalação da operação[285]. Os custos de instalação da operação são o teto máximo da compensação devida ao prestador pela resolução do aderente durante o período de fidelização. A única situação em que, efetivamente, o valor da compensação pode superar os custos de instalação é a prevista na primeira parte do nº 13 do artigo 48º, no caso de subsidiação de equipamentos (por ex. redução substancial do preço de um equipamento em virtude da fidelização a um serviço), devendo acrescentar-se tais encargos que devem ser calculados nos termos do artigo 2º, nº 2 do DL nº 56/2010, de 1 de junho.

De realçar que o valor associado às vantagens conferidas pelo proponente vai diminuindo, à medida que o aderente realiza as prestações, uma vez que tais vantagens vão sendo, consequentemente, amortizadas. É dizer, o operador deve quantificar as vantagens concedidas ao aderente, chegando-se a um valor global de tais vantagens que é dividido pelos meses do período de fidelização. Assim, o valor da indemnização pela resolução antecipada do contrato deverá materializar-se, objetivamente, através de uma espécie de fórmula em que ao valor total das vantagens se subtraia o valor já amortizado, sem que o valor a ressarcir exceda, por sua vez, o teto máximo dos custos de instalação.

Não existindo, relativamente aos demais contratos, regras gerais que balizem o período de fidelização ou estabeleçam critérios objetivos que permitam aferir o valor a ressarcir pela denúncia antecipada, a validade das cláusulas deve ser analisada atendendo ao contexto contratual padro-

[284] Segundo o artigo 48º, nº 2, al. c) da LCE deve antecipadamente estar previsto no contrato os eventuais encargos decorrentes da cessação antecipada do contrato durante o período de fidelização, por iniciativa do aderente.

[285] No mesmo sentido cfr. Morais Carvalho, Jorge, *Manual de Direito do Consumo*, 6ª ed., Almedina, Coimbra, 2019, pág. 176.

nizado[286], nomeadamente, a duração da fidelização e o valor estabelecido na cláusula penal como consequência da denúncia contratual antecipada (artigos 22º, nº 1, al. a) e 19º, al. c) do DL 446/85, de 25 de outubro).

Não se tem admitido que a denúncia contratual antecipada, durante o período de fidelização, em contratos que não sejam os de prestação de serviços de comunicações eletrónicas, uma vez que a estes se aplicam regras específicas, obrigue o aderente ao pagamento da totalidade das prestações até ao final do referido período, considerando-se tais montantes constantes de cláusulas penais desproporcionais aos danos a ressarcir[287] e, consequentemente, nulas por força do DL nº 446/85, de 25 de outubro.

Com efeito, a validade da cláusula penal dependerá sempre da correspetividade entre o valor dos danos a ressarcir e o valor fixado na cláusula, de molde a que haja uma equivalência entre ambos os valores, devendo atender-se aos danos que normalmente resultam, dentro do quadro negocial padronizado, segundo critérios objetivos e de proporcionalidade. Não será desproporcional, por maioria de razão, o montante fixado em cláusula penal que corresponda, por sua vez, ao valor da vantagem conferida, por via da fidelização, que ainda não tenha sido totalmente recuperado, na proporção do período de duração do contrato. O proponente deve, pois, quantificar as vantagens concedidas ao aderente, chegando-se a um valor global de tais vantagens que é dividido pelos meses do período de fidelização.

Verificadas determinadas vicissitudes, o aderente pode desvincular-se contratualmente, durante o período de fidelização. As mais comuns fundam-se no incumprimento do contrato pelo profissional e na alteração das circunstâncias em que a partes fundaram a decisão de contratar.

O incumprimento do contrato pelo profissional pode revelar-se de distintas formas: prestação defeituosa ou suspensão injustificada do serviço; interrupção do fornecimento do bem; alteração unilateral das condições contratuais, durante o período de fidelização (por ex. alteração do preço).

[286] Cfr. Ac. Rel. Lisboa de 5/6/2012. Processo 3095/08.5YXLSB.L1-7 e Ac. Rel. Lisboa de 5/7/2012. Processo 7855/10.9TBOER.L1.

[287] Cfr. Morais Carvalho, Jorge, *Manual de Direito do Consumo*, 6ª ed., Almedina, Coimbra, 2019, págs. 174 e ss; Ac. Rel. Porto de 7/5/2015. Processo 134839/12.3YIPRT.P1; Ac. Rel. Évora de 20/12/2018. Processo 109927/15.8YIPRT.E1 e Ac. Rel. Porto de 11/4/2018. Processo 10146/16.8T8VNG.P1.

Não parece ser de admitir que nos contratos de execução duradoura, e durante o período de fidelização, o proponente altere unilateralmente as condições contratuais, uma vez que este se vincula, tal como o aderente, ao período de fidelização[288]. Excecionalmente, a alteração das condições contratuais, é possível mediante o cumprimento cumulativo de dois requisitos: 1) a apresentação da proposta de alteração contratual ao destinatário e 2) possibilidade de denúncia do contrato pelo destinatário dessa proposta[289-290].

O incumprimento do contrato que se traduza na prestação defeituosa ou suspensão injustificada do serviço, na interrupção do fornecimento do bem ou na alteração unilateral das condições contratuais durante o período de fidelização, sem que seja dada a possibilidade ao aderente de denunciar o contrato, legitimam a sua resolução, sem que tal implique o pagamento da indemnização previamente fixada na cláusula penal, em conformidade com o disposto nos artigos 432º, 434º, nº 2, 436º, 801º, nº 2, 802º do CC[291]. Se do incumprimento resultarem prejuízos para o aderente, este, provando-os, terá direito à indemnização nos termos gerais da responsabilidade civil contratual (artigos 798º e 801º, nº 2 do CC).

A desvinculação do aderente, durante o período de fidelização, pode ocorrer por alteração das circunstâncias em que a partes fundaram a decisão de contratar[292]. A resolução do contrato por alteração das circunstâncias, em conformidade com o artigos 437º e 438º do CC, depende da verificação cumulativa de três requisitos: 1) alteração relevante e inesperada das circunstâncias em que as partes tenham fundado a decisão de contratar, é dizer, que essas circunstâncias se hajam modificado de forma anormal; 2) a exigência da obrigação à parte lesada afete gravemente a boa-fé

[288] Cfr. Morais Carvalho, Jorge, *Manual de Direito do Consumo*, 6ª ed., Almedina, Coimbra, 2019, pág. 177.

[289] Veja-se a propósito o artigo 48º, nº 16 da LCE.

[290] Cfr. Morais Carvalho, Jorge, *Manual de Direito do Consumo*, 6ª ed., Almedina, Coimbra, 2019, pág. 177.

[291] Cfr. Ac. Rel. Guimarães de 9/6/2016. Processo 39226/14.2YIPRT.G1 e Ac. Rel. Lisboa de 14/9/2010. Processo 254524/09.6YIPRT.L1-7.

[292] Cfr. Menezes Cordeiro, António, "Da Alteração das Circunstâncias – A concretização do artigo 437º do Código Civil, à luz da jurisprudência posterior a 1974", *Estudos em Memória do Prof. Doutor Paulo Cunha (separata)*, Lisboa, 1987.

contratual, é dizer, o equilíbrio contratual originário, tornando-se, manifestamente abusiva[293]; 3) a parte lesada não estar constituída em mora no momento em que se verifica a alteração das circunstâncias. Veja-se, a título de exemplo, situações em que o aderente caia, inesperadamente, em situação de desemprego, emigre ou mude de morada.

No vértice oposto situa-se a possibilidade de desvinculação do contrato pelo proponente, em virtude de incumprimento por parte do aderente. São, pois, semelhantes os efeitos do incumprimento contratual pelo aderente com os do incumprimento do contrato pelo proponente. Pode, portanto, o proponente, resolver o contrato em conformidade com o artigo 801º, nº 2 do CC[294] tendo direito a ser ressarcido nos termos previsto na cláusula penal e sem necessidade de invocar e provar prejuízos. Cumpre questionar se será válida a cláusula penal que estabeleça que, em caso de incumprimento, o devedor deva suportar o montante equivalente ao das prestações vincendas. A questão tem surgido na jurisprudência com frequência, nem sempre com a mesma resposta[295]. É nossa opinião, que, nos contratos que não digam respeito à prestação de serviços de comunicações eletrónicas, em virtude da ausência de regras estabeleçam critérios objetivos que permitam aferir o valor a ressarcir pelo incumprimento contratual daqueles, não será de admitir que a resolução contratual pelo proponente, por incumprimento do aderente, durante o período de fidelização, implique o pagamento das prestações vincendas, devendo considerar-se tais montantes constantes de cláusulas penais, em princípio, desproporcionais aos danos a ressarcir. Deve, portanto, o montante fixado em cláusula penal corresponder, por sua vez, ao valor da vantagem conferida, por via da fide-

[293] Cfr. Ac. Rel. Coimbra de 13/5/2014. Processo 1097/12.6TBMGR.C1 e Ac. Rel. Lisboa de 8/1/2008. Processo 5441/2007-1.

[294] O artigo 52º-A nº 7 da LCE estabelece, e com o propósito de tutelar o consumidor de situação de sobreendividamento que findo o período de 30 dias de suspensão sem que o consumidor tenha procedido ao pagamento da totalidade dos valores em dívida ou sem que tenha sido celebrado um acordo de pagamento por escrito, o contrato considera-se automaticamente resolvido.

[295] Em sentido negativo cfr. Ac. Rel. Guimarães de 11/9/2012. Processo 34394/10.5YIPRT.G1; Ac. Rel. Porto de 7/5/2015. Processo 134839/12.3YIPRT.P1; Ac. Rel. Évora de 20/12/2018. Processo 109927/15.8YIPRT.E1 e Ac. Rel. Porto de 11/4/2018. Processo 10146/16.8T8VNG.P1. Em sentido inverso cfr. Ac. Rel. Lisboa de 27/5/2010. Processo 4294/06.0YXLSB.L1-2; Ac. Rel. Lisboa de 30/6/2011. Processo 1410/08.0TJLSB.L1-7.

lização, que ainda não tenha sido totalmente recuperado. Em última análise, a validade da cláusula penal deve ser aferida à luz do disposto no artigo 19º, al. c) do DL 446/85, de 25 de outubro[296].

Por outro lado, no que concerne à prestação de serviços de comunicações eletrónicas, não deixa de ser curioso que a consequência da resolução do contrato por parte do prestador, com fundamento em incumprimento, não seja exatamente a mesma que a prevista no artigo 48º, nºs 11, 12 e 13 da LCE, em virtude da resolução sem justa causa por parte do aderente, durante o período de fidelização.

O artigo 52º-A da LCE dita que a resolução contratual durante o período de fidelização não prejudica a cobrança de uma contrapartida a título indemnizatório ou compensatório, nos termos e com os limites do disposto no DL nº 56/2010, de 1 de junho. Parece-nos, tal remissão, um descuido por parte do legislador, até porque o DL nº 56/2010, de 1 de junho reporta-se, tão-somente, à cobrança do desbloqueio de equipamento durante o período de fidelização, que resulte de manifestação do utente nesse sentido ou de rescisão do contrato durante o período de fidelização. Por outras palavras, quem pretenda desbloquear um equipamento ou resolver antecipadamente um contrato de comunicações eletrónicas, durante o período de fidelização, em que a vantagem conferida foi, por ex., a cedência de tal equipamento a preço reduzido, deve compensar o operador nos termos do nº 2 do artigo 2º do referido Diploma, sendo que, nesta situação em concreto, é proibida a cobrança de qualquer outra contrapartida, a título indemnizatório ou compensatório pela resolução do contrato durante o período de fidelização (artigo 2º, nº 3). No entanto, esta perspetiva é demasiado redutora, uma vez que as vantagens conferidas, na maior parte das vezes, ou não incluem subsidiação de equipamentos, ou vão para além desta. Portanto, sob pena de incoerência do sistema, inclinamo-nos a defender que a indemnização resultante da resolução do contrato por parte do prestador, fundada em incumprimento, deva ser determinada atendendo ao estabelecido nos nºs 11, 12 e 13, do artigo 48º da LCE. Se no nº 13 do referido artigo já se acautela a compensação do prestador pela subsidiação de equipamentos, por remissão para o DL nº 56/2010, de 1 de junho, de igual modo se acautela a compensação por outras vantagens

[296] O devedor pode solicitar, nos termos do artigo 812º do CC, a redução do valor da cláusula penal. Cfr. Ac. STJ de 19/6/2018. Processo 2042/13.7TVLSB.L1.S2.

que o prestador tenha conferido ao aderente (por ex. reduções do valor das mensalidades), estabelecendo-se, nestas, como limite, os custos de instalação da operação. Parece-nos uma visão mais equilibrada de harmonia com o princípio da boa-fé pois, se assim não fosse, o prestador seria, claramente, prejudicado.

4. Cumprimento

Aos contratos de consumo, aplica-se o regime geral relativo ao cumprimento ou incumprimento dos contratos (artigos 762º e ss do CC), se norma especial não dispuser em contrário. Analisaremos, seguidamente, algumas vicissitudes relativas ao cumprimento dos contratos de consumo que, de certa forma, reforçam o regime geral ou estabelecem regras especiais.

4.1. Boa-Fé

O artigo 762º, nº 2 do CC estabelece um princípio geral relativo ao cumprimento contratual, transversal aos contratos de natureza civil, que impõe que no cumprimento da obrigação e no exercício do correspondente direito as partes devam proceder de boa-fé. A boa-fé é um conceito ético-jurídico, relativamente ao qual não corresponde um conteúdo rígido e uniforme, pois, apresenta contornos variáveis ou flexíveis, determinados em função das circunstâncias de cada caso, e que impõe um padrão de conduta assente na lealdade, correção, diligência e lisura[297]. Portanto, o vínculo obrigacional não se esgota no mero dever de prestar, a cargo do devedor, contraposto à pretensão do credor[298] (artigo 762º, nº 1), uma vez que se estabelecem deveres, impostos pela boa-fé, que têm como objetivo assegurar que, no cumprimento das obrigações e no exercício dos direitos, as condutas não impliquem danos para o credor ou sacrifícios desproporcionais para o devedor[299].

De realçar que o conceito de boa-fé está subjacente a toda a vida do contrato: Nos preliminares (artigo 227º do CC); Na integração (artigo

[297] Cfr. Lima, P. e Antunes Varela, João de Matos, *Código Civil Anotado*, Vol. I, 4ª ed. Coimbra Editora, Coimbra, 2010, págs. 4 e ss.

[298] Cfr. Menezes Cordeiro, António, *Da Boa Fé no Direito Civil*, Almedina, Coimbra, 2017, págs. 586 e ss.

[299] Cfr. Ac. STJ de 12/6/2003. Processo 03B573.

239º do CC); No cumprimento das obrigações e exercício dos correspondentes direitos (artigo 762º, nº 2 do CC)[300]; Na fase pós-contratual[301].

No domínio dos contratos de consumo a boa-fé é reforçada, de forma genérica[302], por via do artigo 9º da LDC. O nº 1 subordina as relações jurídicas de consumo à igualdade material dos intervenientes, à lealdade e à boa-fé, quer nos preliminares, na formação e ainda na vigência dos contratos. O disposto no referido artigo 9º, nº 1 aplica-se, não apenas ao profissional, mas, igualmente, ao consumidor[303]. A conduta contrária à boa-fé pode gerar responsabilidade contratual.

4.2. Preço

Como se referiu anteriormente, um dos elementos principais dos contratos de consumo é o preço (artigo 8º, nº 1 als. c) e d) da LDC). O dever principal do consumidor na maior parte dos contratos de consumo traduz-se no pagamento do preço como contrapartida do bem fornecido, do serviço prestado ou do direito transmitido. Neste domínio, existem regras específicas no que concerne à indicação dos preços do (DL 138/90, de 26 de abril), por um lado, e, por outro, quanto às práticas comerciais com redução de preço (DL 70/2007, de 26 de março) já abordadas em sede própria.

No que concerne à fixação dos preços, estes, por via da regra são livremente fixados ao abrigo do princípio da autonomia privada (artigo 405º do CC). De realçar, que alguns diplomas legais impõem preços máximos (artigo 8º do DL 97/2015, de 1 de junho) e preços fixos (DL 176/96, de 16 de setembro)[304].

[300] Cfr. Ac. STJ de 17/5/2012. Processo 2841/03.8TCSNT.L1.S1.

[301] Cfr. Ac. STJ de 28/5/2015. Processo 1340/08.6TBFIG.C1.S1.

[302] Diversas são as alusões à boa-fé em diplomas que tutelam os direitos dos consumidores. Veja-se por ex. os artigos 9º, nº 2 e 15º do DL 446/85, de 25 de outubro, o artigo 3º, al. h) do DL 57/2008, de 26 de março, o artigo 3º da LSPE, entre outros.

[303] Cfr. Morais Carvalho, Jorge, *Manual de Direito do Consumo*, 6ª ed., Almedina, Coimbra, 2019, pág. 195 e Engrácia Antunes, José, *Direito do Consumo*, Almedina, Coimbra, 2019, pág. 142. Ambos os autores dão, nas páginas referidas um bom exemplo da subordinação do consumidor à boa-fé: um consumidor que adquire um bem, com o intuito de o usar e devolver posteriormente dentro do prazo para o exercício do direito de arrependimento.

[304] Cfr. Engrácia Antunes, José, *Direito do Consumo*, Almedina, Coimbra, 2019, pág. 145.

Quanto ao pagamento do preço, as partes são livres para acordar o meio de pagamento, sendo proibido ao profissional, em conformidade com o DL 3/2010, de 5 de janeiro, cobrar ou oferecer desconto em função do meio utilizado[305].

4.3. Lugar e Prazo

Por força da regra geral estabelecida no artigo 773º do CC o lugar de realização da prestação é aquele onde a coisa se encontrava ao tempo da conclusão do negócio, normalmente, o estabelecimento comercial do profissional. Veja-se que no domínio do Direito do Consumo, o lugar da prestação não será o estabelecimento comercial do profissional, por ex., nos contratos fora do estabelecimento comercial, bem como, nos contratos celebrados à distância, fruto do afastamento físico dos contraentes, e em que o lugar de entrega, habitualmente, é o escolhido pelo consumidor e, de igual forma, nos contratos de prestação de serviços públicos essenciais em que o lugar da realização da prestação relevante para o utente é aquele em que este pretenda ter acesso ao serviço.

Quanto ao prazo para a realização da prestação, o revogado artigo 9º-B da LDC fixava um regime especial relativamente ao disposto no artigo 777º do CC. Neste sentido, o referido artigo da LDC, estabelecia que o profissional devia entregar os bens na data ou dentro do período especificado pelo consumidor (nº 1). Na falta de fixação de data para a entrega do bem, o profissional devia entregar o bem sem demora injustificada[306] e até 30 dias após a celebração do contrato[307] (nº 2). Caso contrário, e após o consumidor solicitar ao profissional a entrega num prazo adicional, o consumidor tinha o direito de resolver o contrato (nºs 4 e 5). De realçar que o consumidor tinha o direito

[305] Cfr. Morais Carvalho, Jorge, *Manual de Direito do Consumo*, 6ª ed., Almedina, Coimbra, 2019, pág. 196 e Engrácia Antunes, José, *Direito do Consumo*, Almedina, Coimbra, 2019, pág. 146.

[306] A demora injustificada trata-se de um conceito bastante amplo e indeterminado que dever ser interpretado atendendo à adequação do fim a que o bem se destina e às legítimas expectativas do consumidor. Cfr. Morais Carvalho, Jorge, *Manual de Direito do Consumo*, 6ª ed., Almedina, Coimbra, 2019, pág. 199.

[307] Em determinadas situações o prazo de 30 dias pode revelar-se excessivo. Veja-se, por exemplo, o caso de um consumidor que adquira um bolo para festejar o seu aniversário que decorrerá 3 dias após a celebração do contrato. A entrega deverá ocorrer, naturalmente, em tempo útil. Cfr. Dias Oliveira, Elsa, "Contratação Eletrónica e Tutela do Consumidor", *Estudos de Direito do Consumo*, Vol. V, AAFDL, 2017, pág. 145.

de resolver imediatamente o contrato sem necessidade de indicação de prazo adicional (nº 6), se o profissional não entregasse os bens na data acordada ou dentro do prazo de 30 dias e ocorresse um dos seguintes casos:

- No âmbito do contrato de compra e venda, o profissional se recusar entregar os bens;
- O prazo fixado para a entrega seja essencial atendendo a todas as circunstâncias que rodearam a celebração do contrato; ou,
- O consumidor informe o profissional, antes da celebração do contrato, de que a entrega dentro de um determinado prazo ou em determinada data é essencial.

Após a resolução do contrato, o profissional devia restituir ao consumidor a totalidade do montante pago até 14 dias após a referida resolução (nº 7). Em caso de incumprimento da restituição do montante pago, dentro do prazo, o consumidor teria o direito à devolução em dobro do montante pago, sem prejuízo da indemnização por danos patrimoniais e não patrimoniais a que haja lugar (nº 8). De realçar que recaía sobre o profissional o ónus da prova da realização das obrigações referidas (nº 9).

No que concerne aos bens móveis, o artigo 11º do DL 84/2021, de 18 de outubro consagrou, especificamente, determinados aspetos relativos ao momento da entrega do bem, anteriormente consagrados no referido artigo 9º-B da LDC e em moldes equivalentes.

Assim, o bem considera-se entregue ao consumidor quando este ou um terceiro por ele indicado, que não o transportador, adquira a posse física do bem, por um lado e, por outro, nos casos em que o contrato de compra e venda preveja a instalação do bem por conta do profissional, considera-se realizada a obrigação de entrega quando a instalação se encontrar concluída (artigo 11º, nºs 1 e 2).

Por sua vez, quanto aos bens com elementos digitais, considera-se que o bem é entregue quando a componente física dos bens seja entregue e o ato único de fornecimento seja efetuado ou a componente física dos bens seja entregue e o fornecimento contínuo do conteúdo ou serviço digital seja iniciado (artigo 11º, nº 3).

No que concerne ao momento da entrega, cabe realçar que o profissional deve realizar a obrigação de entrega na data ou dentro do período especificado pelo consumidor (salvo convenção em contrário). Na falta de estipulação relativamente à data para a entrega do bem, o profissional deve entregar o bem sem demora injustificada e, no limite, 30 dias após a celebração do contrato (artigo 11º, nºs 4 e 5).

Na pendência do incumprimento da obrigação de entrega dos bens na data acordada ou no prazo máximo de 30 dias, não tendo existido estipulação quanto àquela, o consumidor tem o direito de solicitar ao profissional a entrega num prazo adicional adequado às circunstâncias. Subsistindo o incumprimento da obrigação de entrega dentro do prazo adicional o consumidor pode resolver o contrato (artigos 11º, nºs 6 e 7).

O diploma (artigo 11º, nº 8) dispensa a necessidade de o consumidor conceder um prazo adicional para a entrega do bem, podendo resolver imediatamente o contrato, independentemente de tal prazo adicional, em três situações:

- Sempre que o profissional se recuse a entregar os bens;
- Se o prazo fixado para a entrega constituir elemento essencial atendendo a todas as circunstâncias subjacentes à celebração do contrato;
- Caso o consumidor tenha informado o profissional, antes da celebração do contrato, de que a entrega dentro de um determinado prazo ou em determinada data é essencial.

Se o consumidor exercer o direito de resolução do contrato o profissional fica constituído no dever de restituir ao consumidor a totalidade do montante pago até 14 dias após o exercício do referido direito de resolução. Em caso de incumprimento do dever de restituir nos termos descritos o consumidor tem o direito à devolução em dobro do montante pago, sem prejuízo da indemnização por danos patrimoniais e não patrimoniais a que haja lugar (artigo 11º, nºs 9 e 10).

Cabe sublinhar que o ónus da prova do cumprimento da obrigação de entrega, nos termos descritos, recai sobre o profissional (artigo 11º, nº 11).

4.4. Conformidade

Como ficou assente a propósito da análise à LDC, na senda do artigo 60º da CRP, os artigos 3º, al. a) e 4º da LDC estabelecem o direito do consumidor à qualidade dos bens e serviços[308], relativamente ao qual assume particular relevância a noção de conformidade. Como se disse, estabelecendo-se um

[308] Cfr. Calvão da Silva, João, *Compra e Venda de Coisas Defeituosas*, 5ª ed., Almedina, Coimbra, 2008, págs. 126 e ss; Morais Carvalho, Jorge, *Manual de Direito do Consumo*, 6ª ed.,

paralelo entre os artigos 4º da LDC e 913º do CC, relevam, os seguintes elementos, para se aferir da conformidade do bem ou serviço com o contrato: A qualidade assegurada; A ausência de vícios; A aptidão à satisfação de um fim ou produção do efeito esperado, atendendo às normas estabelecidas relativas ao tipo ou categoria dos bens ou serviços contratados; As legítimas expetativas do consumidor, enquanto consumidor médio colocado na posição de contraente real (artigo 236º do CC), na falta de tais normas.

Por sua vez, o DL 84/2021, de 18 de outubro, a propósito do regime da compra e venda de bens e fornecimento de conteúdos e serviços digitais, reúne ao longo do seu corpo um conjunto de requisitos de conformidade (artigos 6º, 7º, 22º, 28º e 29º), dos quais destacamos a correspondência com a descrição que deles é feita pelo profissional, a adequação ao uso específico para o qual o consumidor os destine ou às utilizações habitualmente dadas aos bens do mesmo tipo e a apresentação de qualidades e desempenho habituais nos bens do mesmo tipo e que o consumidor pode razoavelmente esperar.

Também como referido anteriormente, o artigo 7º da Lei 23/96, de 26 de julho - Lei dos Serviços Públicos Essenciais (LSPE), estabelece que a qualidade da prestação de serviços públicos essenciais se deve aferir, não só em função de elevados padrões de qualidade, mas em função da satisfação do utente/consumidor, especialmente, quando a fixação dos preços seja variável e dependente de tais padrões. Portanto, haverá falta de conformidade do serviço prestado com o contrato, não só se os padrões de qualidade não forem elevados[309], mas se a prestação do serviço não for adequada às legítimas expetativas (grau de satisfação) do utente/consumidor, enquanto utente/consumidor médio colocado na posição de contraente real (artigo 236º do CC). Sabendo da liberalização da prestação de serviços públicos essenciais, que deixaram de ser prestados, principalmente, pelo Estado e passaram a sê-lo, maioritariamente, por empresas privadas, o artigo 7º pretende, pois, evitar que a concorrência seja prejudicial ao utente/consumi-

Almedina, Coimbra, 2019, págs. 276 e ss e Ferreira de Almeida, Carlos, *Direito do Consumo*, Almedina, Coimbra, 2005, págs. 155 e ss.

[309] A Lei exige elevado padrão e não apenas o padrão mediano *de bonus pater familiae* (artigo 487º, nº 2 do CC), uma vez que apenas se pode "alcançar um mercado de bens públicos essenciais justo, equilibrando as relações entre os utentes e os prestadores de serviços e ao mesmo tempo um mercado competitivo, impondo aos prestadores de serviços elevados padrões de qualidade conferindo aos utentes confiança e vontade de contratar". Cfr. Ac. STJ de 16/6/2016. Processo 2188/14.4TBVNG.P1.S1.

dor, na medida em que veda que determinada empresa concorrente, para conseguir vantagem, possa baixar o elevado padrão de qualidade[310].

São, igualmente, desconformes com o contrato, os bens ou serviços que não sejam aptos a tutelar a saúde e segurança física dos consumidores (artigo 4º DL 383/89, de 6 de novembro)[311]. Os bens ou serviços inseguros nunca serão aptos a satisfazer os fins a que se destinam ou adequados às legítimas expetativas dos consumidores, e, consequentemente, nunca serão conformes com o contrato.

5. Extinção – O Direito de Arrependimento

5.1. Aspetos Gerais

Para além da sujeição às modalidades gerais de cessação, os contratos de consumo podem extinguir-se por via do exercício do direito de arrependimento.

Contemplado no ordenamento jurídico da UE, pela primeira vez, em 1985 na Diretiva nº 85/577/CEE, de 20 de dezembro, respeitante à proteção dos consumidores no caso de contratos negociados fora dos estabelecimentos comerciais, o instituto surge no nosso direito interno por via do DL 272/87, de 3 de julho que procedeu à transposição da referida Diretiva.

Pela doutrina considerado o direito mais emblemático[312] e inovador[313-314] no domínio do Direito do Consumo, assume diversas designações, tais como direito de desistência[315], direito de livre resolução[316], direito de retratação[317] ou direito de livre revogação[318], que não se revelam determinantes

[310] Cfr. Ac. Rel. Porto de 26/1/2006. Processo 0537124.

[311] Cfr. Ac. STJ de 2/6/2016. Processo 2213/10.8TVLSB.L1.S1.

[312] Cfr. Morais Carvalho, Jorge, *Manual de Direito do Consumo*, 6ª ed., Almedina, Coimbra, 2019, pág. 183.

[313] Cfr. Ferreira de Almeida, Carlos, *Direito do Consumo*, Almedina, Coimbra, 2005, pág. 105.

[314] Face à manifesta impossibilidade do regime geral dos vícios da vontade darem resposta adequada e satisfatória a uma multiplicidade de questões surge o direito de arrependimento. Cfr. Lacerda Barata, Carlos, "Contratos Celebrados Fora do Estabelecimento Comercial", ano I, nº 4, 2016, pág. 870 e Ferreira de Almeida, Carlos, *Direito do Consumo*, Almedina, Coimbra, 2005, pág. 108.

[315] Cfr. Engrácia Antunes, José, *Direito do Consumo,* Almedina, Coimbra, 2019, pág. 147.

[316] Cfr. Artigo 10º do DL 24/2014, de 14 de fevereiro e 19º artigo DL 95/2006, de 29 de maio.

[317] Cfr. Artigo 8º, nº 4 da LDC e artigo 26º do DL 17/2018, de 8 de março.

[318] Cfr. Artigo 17º do DL 133/2009, de 2 de junho.

para a qualificação do instituto. Determinante, é, conceptualizar e identificar os elementos ou traços distintivos do direito de arrependimento para se incluir ou não cada uma das designações no seu âmbito[319].

5.2. Noção e Elementos

No que concerne à noção de direito de arrependimento, a maior parte da doutrina tem acolhido a de Ferreira de Almeida, ou pelo menos partido de tal noção com o propósito de estabelecer algumas nuances. O consagrado professor, ensina que o emblemático direito corresponde a todas as hipóteses em que a lei confere ao consumidor a faculdade de, dentro de um determinado período e sem contrapartida, se desvincular do contrato através de uma simples declaração unilateral de vontade e sem necessidade de invocar motivo[320].

A noção é, propositadamente, ampla, de forma a incluir no mesmo instituto as diversas designações legais. Releva, portanto, para que se incluam ou excluam tais designações, a verificação dos elementos ou traços distintivos que se inferem dessa mesma noção. Cumpre, desta forma, dissecá-la, e retirar os elementos que devam considerar-se essenciais à sua qualificação, a saber[321]:

- Consagração legal. O direito de arrependimento tem como fonte a Lei, é por esta atribuído, respeitando apenas a determinado tipo de contratos que sujeitem o consumidor a uma maior pressão ou vulnerabilidade, permitindo-lhe um período de reflexão. No entanto, a consagração legal como fonte do direito de arrependimento, não deve ser vista como elemento essencial, uma vez que as partes podem, ao abrigo da autonomia privada, convencionar um direito de arrependimento, relativamente a tipos contratuais que não o prevejam. Portanto, o direito de arrependimento pode ter fonte legal ou convencional.

[319] Cfr. Morais Carvalho, Jorge, *Manual de Direito do Consumo*, 6ª ed., Almedina, Coimbra, 2019, pág. 184.

[320] Cfr. Ferreira de Almeida, Carlos, *Direito do Consumo*, Almedina, Coimbra, 2005, pág. 105.

[321] Em sentido semelhante cfr. Morais Carvalho, Jorge, *Manual de Direito do Consumo*, 6ª ed., Almedina, Coimbra, 2019, págs. 184 e ss e Engrácia Antunes, José, *Direito do Consumo*, Almedina, Coimbra, 2019, págs. 150 e ss.

- Temporalidade. O direito de arrependimento deve ser exercido durante o período estabelecido na Lei ou no contrato (quando convencionalmente acordado). A temporalidade parece-nos um elemento essencial na medida em que, independentemente da sua fonte, só poderá ser exercido dentro de um período determinado[322-323].
- Inexistência de contrapartida. Se o exercício do direito de arrependimento resultar de disposição legal, a inexistência de contrapartida é elemento essencial. Deixará de o ser se, eventualmente, aquando da consagração convencional se acordar uma contrapartida decorrente do seu exercício.
- Unilateralidade. O exercício do direito depende, tão-somente, de declaração unilateral de vontade, não estando condicionado, portanto, pela aceitação da parte contrária.
- Desnecessidade de indicação de motivo. Não carece de invocação de motivo justificativo para fundamentar o seu exercício[324-325].

Sintetizando, é nossa opinião que os elementos essenciais do instituto são a temporalidade, unilateralidade e desnecessidade de indicação de motivo.

Avançando com uma noção, considerando apenas os elementos essenciais, o direito de arrependimento corresponde a uma faculdade conferida por Lei ou convenção ao consumidor de se desvincular unilateralmente de um contrato, sem necessidade de invocar motivo e dentro de um determinado período.

[322] No mesmo sentido cfr. Engrácia Antunes, José, *Direito do Consumo*, Almedina, Coimbra, 2019, pág. 150. Em sentido inverso cfr. Morais Carvalho, Jorge, *Manual de Direito do Consumo*, 6ª ed., Almedina, Coimbra, 2019, pág. 184.

[323] Cfr. Junqueira Gomide, Alexandre, *Direito de arrependimento nos contratos*, Faculdade de Direito da Universidade de Lisboa, Lisboa, 2009, pág. 79.

[324] Veja-se, a este propósito, o disposto no artigo 8º, nº 4 da LDC que se afasta do âmbito do direito de arrependimento, uma vez que o seu exercício não é imotivado, depende do incumprimento do dever de informação por parte do profissional.

[325] Cfr. Brandão Proença, José, "A desvinculação não motivada nos contratos de consumo: Um verdadeiro direito de resolução?", ROA, Vol. I/IV, 2010, págs. 219 e ss.

5.3. Fundamentos e Natureza

Podem identificar-se fundamentos transversais[326] para a consagração legal do direito de arrependimento. Em primeiro lugar, o instituto tem o propósito de debelar o desequilíbrio tendencial na relação de consumo, em razão da sua falta de informação ou conhecimentos técnicos, à semelhança de parte substancial das normas de Direito do Consumo. Em segundo lugar, a ideia subjacente à intervenção legislativa assentou na atribuição ao consumidor de um período de reflexão (para "refrescar as ideias") e com o intuito de o proteger do risco de precipitação como consequência do elemento surpresa ou do recurso a técnicas agressivas, de persuasão ou de pressão psicológica[327]. Todos estes fatores contribuem para o aumento da confiança do consumidor o que, por sua vez, incrementará a contratação de consumo. Neste esteio, o direito arrependimento de fonte convencional, terá como fundamento, justamente, o aumento da confiança do consumidor e, consequente, a angariação e manutenção de clientela[328].

Em virtude dos fundamentos apontados é atribuído um direito de arrependimento ao consumidor cujo exercício depende de declaração unilateral imotivada o que, por sua vez, constitui, um "rude golpe" num princípio basilar de Direito dos Contratos, o *pacta sunt servanda*[329] (artigo 406º, nº 1 do CC). Tal exceção prende-se, pois, fundamentalmente, com o facto da relação de consumo se alicerçar, tendencialmente, numa base de desequilíbrio entre as partes em detrimento de uma base de confiança[330].

[326] Existem obviamente vicissitudes inerentes a cada tipo contratual que fundamentam a existência de um direito de arrependimento. Veja-se, a título de exemplo, que, nos contratos celebrados à distância, o instituto se funda, quer nas técnicas de comunicação utilizadas, quer no facto do contrato ser negociado e concluído sem a presença física simultânea das partes; nos contratos celebrados fora do estabelecimento comercial, o intuito da consagração do direito de arrependimento prende-se com a proteção do consumidor contra técnicas agressivas de persuasão ou nos contratos de crédito ao consumo é fruto do forte impacto que o recurso ao crédito pode ter na vida do consumidor.

[327] Cfr. Ferreira de Almeida, Carlos, *Direito do Consumo*, Almedina, Coimbra, 2005, pág. 107.

[328] Cfr. Morais Carvalho, Jorge, *Manual de Direito do Consumo*, 6ª ed., Almedina, Coimbra, 2019, pág. 185.

[329] Cfr. Ferreira de Almeida, Carlos, *Direito do Consumo*, Almedina, Coimbra, 2005, pág. 114.

[330] Cfr. Rebelo, Fernanda, "O direito de livre resolução no quadro geral do regime jurídico da protecção do consumidor", *Nos 20 anos do código das sociedades comerciais – Homenagens aos*

Discute-se, ainda, na doutrina, a natureza jurídica do direito de arrependimento[331].

Atendendo às distintas designações legais e doutrinárias do direito de arrependimento, pode começar por se dizer, em primeiro lugar, que não se trata de uma situação de resolução[332] uma vez que o seu exercício não depende de incumprimento contratual da contraparte, aliás, não está dependente da invocação de qualquer motivo; Em segundo lugar, não é um caso de revogação, uma vez que a revogação, por via da regra, depende de acordo de ambas as partes; Em terceiro lugar, a retratação tem como objeto obstar à produção de efeitos de uma declaração anterior[333], pelo que não fará sentido atribuir ao direito de arrependimento a natureza de retratação, uma vez que o seu exercício pressupõe um contrato já celebrado[334].

Portanto, será de admitir que o direito de arrependimento se trate de uma figura autónoma, original[335], que não se enquadra em nenhum dos referidos institutos. Traduz-se num verdadeiro direito potestativo do consumidor que apõe, temporariamente, uma espécie de condição ao contrato celebrado e que faz depender a sua manutenção da vontade do consumidor.

Profs. Doutores A. Ferrer Correia, Orlando de Carvalho e Vasco Lobo Xavier", Volume II, Coimbra Editora, Coimbra, 2007, pág. 591.

331 Cfr. Ferreira de Almeida, Carlos, *Direito do Consumo*, Almedina, Coimbra, 2005, págs. 109 e ss; Morais Carvalho, Jorge, *Manual de Direito do Consumo*, 6ª ed., Almedina, Coimbra, 2019, págs. 189 e ss; Engrácia Antunes, José, *Direito do Consumo*, Almedina, Coimbra, 2019, págs. 149 e ss.

332 Em sentido contrário cfr. Rebelo, Fernanda, "O direito de livre resolução no quadro geral do regime jurídico da protecção do consumidor", *Nos 20 anos do código das sociedades comerciais – Homenagens aos Profs. Doutores A. Ferrer Correia, Orlando de Carvalho e Vasco Lobo Xavier"*, Volume II, Coimbra Editora, Coimbra, 2007, págs. 572 e ss.

333 Cfr. Ferreira de Almeida, Carlos, *Direito do Consumo*, Almedina, Coimbra, 2005, pág. 113.

334 Em sentido contrário cfr. Brandão Proença, José, "A desvinculação não motivada nos contratos de consumo: Um verdadeiro direito de resolução?", ROA, Vol. I/IV, 2010, págs. 219 e ss.

335 Cfr. Rebelo, Fernanda, "O direito de livre resolução no quadro geral do regime jurídico da protecção do consumidor", *Nos 20 anos do código das sociedades comerciais – Homenagens aos Profs. Doutores A. Ferrer Correia, Orlando de Carvalho e Vasco Lobo Xavier"*, Volume II, Coimbra Editora, Coimbra, 2007, pág. 523.

Parte II
Contratos de Consumo em Especial

Em virtude da multiplicidade de contratos celebrados entre profissionais e consumidores, vimo-nos obrigados a optar, nesta parte, pelos mais paradigmáticos. Parece-nos, pois, que muitos dos contratos de consumo, pelo seu objeto, melhor se enquadram nos conteúdos programáticos de outros ramos de Direito, tais como nos de Direito do Turismo (por ex. contratos de alojamento turístico – DL 39/2008, de 7 de março, contratos de alojamento local – DL 128/2014, de 28 de setembro ou contratos de viagem organizada – DL 17/2018, de 8 de março) ou mesmo nos de Direitos Reais (por ex. contratos relativos à transmissão de direitos reais de habitação periódica – DL 275/93, de 5 de agosto)[336].

Assim, abordaremos os regimes jurídicos dos contratos celebrados à distância e fora do estabelecimento comercial (e vendas automáticas), da venda de bens e fornecimento de serviços e conteúdos digitais, da prestação de serviços públicos essenciais e do crédito ao consumo.

[336] A este propósito cfr. Patrício, Manuela, *Direito do Turismo e Alojamento Turístico*, Almedina, Coimbra, 2017; Espírito Santo, Luís, *O Contrato de Viagem Organizada*, Almedina, Coimbra, 2016; AAVV, *Alojamento Local e Uso de Fração Autónoma*, Almedina, Coimbra, 2018 e Moura Paiva, Rafael, *Direito, Turismo e Consumo*, Renovar, 2012.

1. Contratos Celebrados à Distância e Fora do Estabelecimento Comercial[337]

1.1. Objeto e Âmbito de Aplicação

Em Portugal, os primeiros passos relativos à proteção do consumidor em matéria respeitante a contratos celebrados fora do estabelecimento comercial, foram dados em 1987, por via do DL 272/87, de 3 de abril[338] que transpôs a Diretiva nº 85/577/CEE, de 20 de dezembro.

Volvidos cerca de 14 anos, foi publicado o DL 143/2001, de 26 de abril fruto da transposição da Diretiva nº 97/7/CE, de 20 de maio, relativa à proteção dos consumidores em matéria de contratos celebrados à distância, adequando-se o regime a um novo contexto económico, melhorando algumas soluções, nomeadamente, abarcando novas modalidades de venda com vista a proteger direitos e interesses dos consumidores. O referido DL consagrou, então, regras relativas aos contratos celebrados à distância e aos contratos celebrados no domicílio tendo, por sua vez, revogado o DL 272/87, de 3 de abril.

Em 2011, é publicada a Diretiva nº 2011/83/UE, de 25 de outubro transposta pelo DL 24/2014, de 14 de fevereiro, que revogaram, respetivamente, a Diretiva nº 97/7/CE, de 20 de maio e a Diretiva nº 85/577/CEE, de 20 de dezembro e o DL 143/2001, de 26 de abril (artigo 1º e 34º do DL 24/2014, de 14 de fevereiro). O objetivo foi o de incrementar o nível de proteção dos consumidores em matérias relativas a informação pré-contratual, a requisi-

[337] A propósito da temática cfr. MORAIS CARVALHO, Jorge e PINTO-FERREIRA, João Pedro, *Contratos Celebrados à Distância e Fora do Estabelecimento Comercial*, Almedina, Coimbra, 2014; LACERDA BARATA, Carlos, "Contratos Celebrados Fora do Estabelecimento Comercial", *Revista de Direito Civil*, ano I, nº 4, 2016, págs. 861 e ss; MOTA PINTO, Paulo, "O Novo Regime Jurídico dos Contratos à Distância e dos Contratos Fora do Estabelecimento Comercial", *Estudos de Direito do Consumidor*, nº 9, 2015, págs. 51 e ss; ENGRÁCIA ANTUNES, José, *Direito do Consumo*, Almedina, Coimbra, 2019, págs. 164 e ss; MORAIS CARVALHO, Jorge, *Manual de Direito do Consumo*, 6ª ed., Almedina, Coimbra, 2019, págs. 203 e ss; PINTO MONTEIRO, António, "O Novo Regime da Contratação à Distância-Breve Apresentação", *Estudos de Direito do Consumidor*, nº 9, 2015, págs. 11 e ss; PASSINHAS, Sandra, "A Diretiva 2011/83/UE, do Parlamento Europeu e do Conselho, de 26 de Outubro de 2011, Relativa aos Direitos dos Consumidores: Algumas Considerações", *Estudos de Direito do Consumidor*, nº 9, 2015, págs. 93 e ss e MOREIRA, Teresa, "Novos Desafios Para a Contratação à Distância – A Perspetiva da Defesa do Consumidor", *Estudos de Direito do Consumidor*, nº 9, 2015, págs. 19 e ss.

[338] O diploma regulava, igualmente, as vendas por correspondência e proibia as vendas em cadeia, em pirâmide ou em bola de neve e as vendas forçadas.

tos formais e ao direito de livre resolução nos contratos celebrados à distância e nos contratos celebrados fora do estabelecimento comercial.

Pese embora o objetivo da Diretiva 2011/83/UE, de 25 de outubro e, consequentemente, o do DL 24/2014, de 14 de fevereiro que a transpôs, fosse o de aumentar o nível de proteção do consumidor, aquando da celebração deste tipo de contratos, nomeadamente, pela consagração de uma, quase "infindável", panóplia de deveres pré-contratuais, somos de opinião, por motivos que invocaremos ao longo do texto, que, quer a anterior Diretiva, quer o diploma que a transpôs, eram mais claros, objetivos e, de certa forma, mais coerentes. Portanto, apesar da intenção do legislador, não será totalmente seguro afirmar que o nível de proteção do consumidor tenha aumentado substancialmente.

O DL 24/2014, de 14 de fevereiro é, então, aplicável aos contratos celebrados à distância e aos celebrados fora do estabelecimento comercial, com o intuito de promover a transparência das práticas comerciais e salvaguardar os interesses legítimos dos consumidores (artigo 2º, nº 1).

O DL 109-G/2021, de 10 de dezembro alarga o âmbito de aplicação do diploma aos contratos em que o fornecedor de bens ou prestador de serviços forneça ou se comprometa a fornecer conteúdos digitais, quando não sejam entregues em suporte material, ou em que forneça ou se comprometa a fornecer um serviço digital e o consumidor faculte ou se comprometa a facultar dados pessoais (artigo 2º, nº 2 e com as exceções previstas nas als. a) e b) do mesmo artigo).

Dissecando esta solução legislativa, é nosso entendimento que o propósito do legislador foi o de tutelar os consumidores que não pagando um preço pelo fornecimento de conteúdo ou serviço digital e, tão somente, forneça dados pessoais, possam gozar dos direitos previstos no DL 24/2014, de 14 de fevereiro. Não podemos deixar de sublinhar que tal solução legislativa é estranha, na medida em que não sendo o preço um elemento dos contratos celebrados à distância, o fornecimento de conteúdos e serviços digitais, que tenha como contrapartida a disponibilização de dados pessoais do consumidor, é subsumível à previsão do artigo 2º, nº 1.

No entanto, o artigo 2º, nº 3 exclui do âmbito de aplicação da contratação à distância e fora do estabelecimento comercial alguns contratos, tais como:

- Contratos relativos a serviços financeiros[339];

[339] O DL 95/2006, de 29 de maio estabelece o regime jurídico aplicável aos contratos à distância relativos a serviços financeiros celebrados com consumidores.

- Contratos celebrados através de máquinas distribuidoras automáticas ou de estabelecimentos comerciais automatizados[340] e contratos celebrados com operadores de telecomunicações respeitantes à utilização de cabines telefónicas públicas ou à utilização de uma única ligação telefónica, de Internet ou de telecópia efetuada pelo consumidor;
- Contratos relativos à construção, à reconversão substancial, à compra e venda ou a outros direitos respeitantes a imóveis, incluindo o arrendamento;
- Contratos relativos a serviços sociais, nomeadamente no setor da habitação, da assistência à infância e serviços dispensados às famílias e às pessoas com necessidades especiais permanentes ou temporárias, incluindo os cuidados continuados;
- Contratos relativos a serviços de cuidados de saúde, prestados ou não no âmbito de uma estrutura de saúde e independentemente do seu modo de organização e financiamento e do seu carácter público ou privado;
- Contratos de jogo de fortuna ou azar, incluindo lotarias, bingos e atividades de jogo em casinos e apostas;
- Contratos relativos a viagens organizadas[341];
- Contratos relativos à transmissão de direitos reais de habitação periódica[342];
- Contratos de fornecimento de géneros alimentícios, bebidas ou outros bens destinados ao consumo corrente do agregado familiar, entregues fisicamente pelo fornecedor de bens em deslocações frequentes e regulares ao domicílio, residência ou local de trabalho do consumidor;
- Contratos em que intervenha um titular de cargo público obrigado por lei à autonomia e imparcialidade, bem como ao fornecimento de todas as informações jurídicas necessárias, garantindo que o con-

[340] As vendas automáticas, apesar de reguladas específicas pelo DL 24/2014, de 14 de fevereiro (artigos 22º e ss), não se consideram contratos celebrados à distância pois, considera-se que o profissional está presente através de uma máquina. Cfr. Morais Carvalho, Jorge, *Manual de Direito do Consumo*, 6ª ed., Almedina, Coimbra, 2019, págs. 206 e ss.

[341] O artigo 26º do DL 17/2018, de 8 de março estabelece que nos contratos de viagem organizada celebrados fora do estabelecimento comercial, o viajante goza do direito de arrependimento no prazo de 14 dias.

[342] O artigo 16º do DL 275/93, de 5 de agosto estabelece um direito de arrependimento que pode ser exercido pelo adquirente do direito real de habitação periódica no prazo de 14 dias.

sumidor apenas celebra o contrato após ponderação e com pleno conhecimento das suas consequências jurídicas;

- Contratos de serviços de transporte de passageiros com exceção do disposto nos nºs 2, 3 e 4 do artigo 5º;
- Contratos celebrados fora do estabelecimento comercial para aquisição de assinaturas de publicações periódicas, definidas nos termos da LI, quando o pagamento a efetuar pelo consumidor não exceda 40 euros;
- Contratos relativos a bens vendidos por via de penhora, ou de qualquer outra forma de execução judicial.

1.2. Definições

1.2.1. Contrato Celebrado à Distância

A noção de contrato celebrado à distância[343] encontra previsão legal no artigo 3º, al. h). Traduz-se naquele outorgado entre um consumidor e um profissional, sem presença física simultânea de ambos, que tenha como objeto o fornecimento de bens ou a prestação de serviços, e integrado num sistema de venda ou prestação de serviços organizado para o comércio à distância mediante a utilização exclusiva de uma ou mais técnicas de comunicação à distância até à celebração do contrato, incluindo a própria celebração[344]. Tal definição deve ser complementada com o previsto na al. w) do mesmo artigo, que define técnica de comunicação à distância, como qualquer meio que, sem a presença física e simultânea do profissional e do consumidor, possa ser utilizado tendo em vista a celebração do contrato entre as partes.

Podem retirar-se três elementos[345] da noção de contrato celebrado à distância. Em primeiro lugar, são celebrados entre um profissional e um consumidor sem a presença física simultânea de ambos, em virtude da utilização de uma ou mais técnicas de comunicação à distância[346]. Veja-se

[343] Cfr. MOTA PINTO, Paulo, "O Novo Regime Jurídico dos Contratos à Distância e dos Contratos Fora do Estabelecimento Comercial", *Estudos de Direito do Consumidor,* nº 9, 2015, pág. 59; ENGRÁCIA ANTUNES, José, *Direito do Consumo,* Almedina, Coimbra, 2019, págs. 170 e ss; MORAIS CARVALHO, Jorge, *Manual de Direito do Consumo,* 6ª ed., Almedina, Coimbra, 2019, págs. 205 e ss.

[344] A propósito da contratação à distância cfr. PASSINHAS, Sandra, "Contratação à distância: entre as alterações nacionais recentes e o New Deal for Consumers", *Contratação Mercantil: Alguns Conteúdos,* Alberto Ribeiro de Almeida (coord.), CEJEA, 2018, págs. 167 e ss.

[345] Cfr. ENGRÁCIA ANTUNES, José, *Direito do Consumo,* Almedina, Coimbra, 2019, págs. 172 e ss; MORAIS CARVALHO, Jorge, *Manual de Direito do Consumo,* 6ª ed., Almedina, Coimbra, 2019, págs. 205 e ss.

[346] Telefone, telemóvel, catálogos, televisão, correspondência, *email, internet,* entre outras.

que, em conformidade com o artigo 3º, al. e), o diploma adota uma noção restrita de consumidor enquanto pessoa singular. Em segundo lugar, têm como objeto o fornecimento de bens ou a prestação de serviços[347]. Em terceiro lugar, não é suficiente a utilização de uma ou mais técnicas de comunicação à distância com vista à negociação e celebração do contrato[348], é imperativo que o profissional tenha criado um sistema ou estrutura organizadas de comunicação à distância manifestando disponibilidade para a contratação por essa via[349] (veja-se por ex. televendas ou páginas *web*).

De sublinhar que nos contratos celebrados à distância, em conformidade com o artigo 19º, o profissional deve dar cumprimento à encomenda no prazo máximo de 30 dias, a contar do dia seguinte à celebração do contrato. Em caso de incumprimento do contrato devido a indisponibilidade do bem ou serviço encomendado, o profissional deve informar o consumidor desse facto e reembolsá-lo dos montantes pagos, no prazo máximo de 30 dias a contar da data do conhecimento daquela indisponibilidade. Decorrido o prazo de 30 dias sem que o consumidor tenha sido reembolsado dos montantes pagos, o fornecedor fica obrigado a devolver em dobro[350], no prazo de 15 dias úteis, os montantes pagos pelo consumidor, sem prejuízo do seu direito à indemnização por danos patrimoniais e não patrimoniais que possa ter lugar. O profissional pode, no entanto, fornecer um bem ou prestar um serviço ao consumidor de qualidade e preço equivalentes, desde que essa possibilidade tenha sido prevista antes da celebração do contrato ou no próprio contrato e o consumidor o tenha consentido expressamente, e aquele informe por escrito o consumidor da responsabilidade pelas despesas de devolução previstas no número seguinte.

[347] Cfr. Lacerda Barata, Carlos, "Contratos Celebrados Fora do Estabelecimento Comercial", *Revista de Direito Civil*, ano I, nº 4, 2016, pág. 887.

[348] Cfr. Engrácia Antunes, José, *Direito do Consumo*, Almedina, Coimbra, 2019, pág. 173.

[349] Cfr. Morais Carvalho, Jorge, *Manual de Direito do Consumo*, 6ª ed., Almedina, Coimbra, 2019, pág. 207.

[350] Trata-se, pois, de uma sanção compulsória, na medida em que se traduz numa "forma de coacção ou intimidação do devedor ao cumprimento da prestação devida, um meio preventivo imposto *ex ante*, visando primeiramente, compelir o obrigado ao cumprimento voluntário, ainda que não espontâneo, evitando o não cumprimento violador da ordem jurídica. Além de favorecer o interesse do credor, numa perspectiva de moralização e de eficácia, tal instituto dá substância ao prestígio da justiça e ao respeito pelas decisões dos tribunais enquanto órgãos de soberania". Cfr. Ac. Rel. Coimbra de 14/1/2014. Processo 264/09.4TBILH-D.C1.

1.2.2. Contrato Celebrado Fora do Estabelecimento Comercial

O artigo 3º, al. i) do DL 24/2014, de 14 de fevereiro, estabelece a noção de contrato celebrado fora do estabelecimento comercial[351] por remissão a diversas subcategorias contratuais dispersas pelas suas subalíneas. Trata-se, pois, do contrato celebrado na presença física simultânea do profissional e consumidor em local que não seja o estabelecimento comercial, incluindo os casos em que é o consumidor a fazer uma proposta contratual, abrangendo os contratos:

- Celebrados no estabelecimento comercial do profissional ou através de quaisquer meios de comunicação à distância imediatamente após o consumidor ter sido, pessoal e individualmente, contactado num local que não seja o estabelecimento comercial do profissional;
- Celebrados no domicílio do consumidor, desde que o profissional surpreenda o consumidor com a sua visita, é dizer, sem que tenha havido pedido prévio expresso por parte deste. Deve entender-se que o contrato possa ser celebrado na residência habitual do consumidor, na aceção do artigo 82º do CC, ou em casa de um amigo, familiar ou num hotel, por ex.[352], devendo, portanto, interpretar-se domicílio num sentido amplo[353];
- Celebrados no local de trabalho do consumidor. Não releva a natureza do vínculo (por ex. contrato de trabalho ou de prestação de serviço). Releva, sim, que o consumidor esteja a prestar uma atividade de natureza profissional quando seja contactado, presencialmente, pelo profissional;
- Celebrados em reuniões em que a oferta de bens ou de serviços seja promovida por demonstração perante um grupo de pessoas reuni-

[351] Em relação ao revogado DL 143/2001, de 26 de abril, a nomenclatura contratos ao domicílio e equiparados (artigo 13º) é substituída pela atual, contratos fora do estabelecimento comercial. A designação atual está longe de ser coerente na medida em que se incluem alguns contratos celebrados no estabelecimento comercial (artigo 3º, al. i), subal. i)). No mesmo sentido cfr. LACERDA BARATA, Carlos, "Contratos Celebrados Fora do Estabelecimento Comercial", *Revista de Direito Civil*, ano I, nº 4, 2016, pág. 892 e MORAIS CARVALHO, Jorge, *Manual de Direito do Consumo*, 6ª ed., Almedina, Coimbra, 2019, pág. 209.

[352] Cfr. MORAIS CARVALHO, Jorge, *Manual de Direito do Consumo*, 6ª ed., Almedina, Coimbra, 2019, pág. 211.

[353] Cfr. ENGRÁCIA ANTUNES, José, *Direito do Consumo*, Almedina, Coimbra, 2019, pág. 168.

das no domicílio de uma delas, a pedido do profissional, representante ou mandatário[354];

- Celebrados durante uma deslocação organizada pelo profissional, representante ou mandatário, fora do respetivo estabelecimento comercial[355];
- Celebrados no local indicado pelo profissional, a que o consumidor se desloque, por sua conta e risco, na sequência de uma comunicação comercial[356-357] feita por esse profissional, representante ou mandatário[358];

No que concerne aos elementos da noção deste contrato de consumo, releva, em primeiro lugar, que seja celebrado entre um profissional e um consumidor (na aceção restrita – artigo 3º, al. e)) na presença física simultânea de ambos. Em segundo lugar, é indiferente, para a aplicação do regime, que seja o profissional ou o consumidor a apresentar a proposta contratual[359]. Em terceiro lugar, o objeto será o fornecimento de bens ou a prestação de serviços. Por fim, releva que o contrato seja celebrado fora do estabelecimento comercial (entendido na aceção do artigo 3º, al. m)), como quaisquer instalações imóveis de venda a retalho, onde o fornecedor de bens ou prestador de serviços exerça a sua atividade de forma permanente, ou quaisquer instalações móveis de venda a retalho onde

[354] V eja-se a título de exemplo as reuniões de demonstração da *Bimby* ou da *Tupperware.*

[355] É nossa opinião de que esta subcategoria abarca qualquer outro contrato celebrado fora do estabelecimento que não contemplado, expressamente, no artigo 3º, al. i).

[356] É fundamental um contacto individualizado e direito ao consumidor, dirigindo-se especificamente a este, excluindo-se, deste preceito, as mensagens publicitárias genéricas. Cfr. Lacerda Barata, Carlos, "Contratos Celebrados Fora do Estabelecimento Comercial", *Revista de Direito Civil*, ano I, nº 4, 2016, pág. 890.

[357] De sublinhar que o profissional deve referir a intenção comercial da prática, se tal não se puder depreender do contexto. Caso contrário, a sua conduta consubstanciará uma omissão enganosa, prevista do artigo 9º, nº 1, al. c) do DL 57/2008, de 26 de março.

[358] Se o contrato for celebrado no estabelecimento comercial do profissional, na sequência de contacto pessoal e individual ao consumidor, tal contrato é abrangido pela primeira subcategoria, prevista na subal. i).

[359] Como explica Morais Carvalho visa evitar-se que o profissional, emitindo um convite a contratar, apresentando o consumidor, posteriormente, a proposta, afaste a aplicação do regime. Cfr. Morais Carvalho, Jorge, *Manual de Direito do Consumo*, 6ª ed., Almedina, Coimbra, 2019, pág. 209.

o fornecedor de bens ou prestador de serviços exerça a sua atividade de forma habitual[360]). De referir que o diploma apresenta, neste ponto, uma incongruência, uma vez que uma das subcategorias de contrato celebrado fora do estabelecimento comercial é, justamente, o celebrado no estabelecimento comercial do profissional imediatamente após o consumidor ter sido, pessoal e individualmente, contactado num local que não seja o estabelecimento comercial do profissional[361].

1.3. Formação[362]

Como referido anteriormente, um dos principais objetivos da Diretiva 2011/83/UE, de 25 de outubro e, consequentemente, do DL 24/2014, de 14 de fevereiro que a transpôs, passava por aumentar o nível de proteção do consumidor aquando da celebração de um contrato à distância ou fora do estabelecimento comercial, nomeadamente, pela consagração de uma, quase "infindável", panóplia de deveres pré-contratuais, em comparação com os deveres homónimos consagrados nos artigo 4º e 16º do revogado DL 143/2001, de 26 de abril.

Neste sentido, o artigo 4º, nº 1 do DL, consagra uma multiplicidade de elementos informativos obrigatórios[363], que constituem o conteúdo

[360] Pode colocar-se a questão de como qualificar, por ex., um contrato celebrado numa feira ou numa banca de rua ou de centro comercial. Não se enquadrará no regime dos contratos celebrados fora do estabelecimento comercial, se o local for o permanente ou habitual do profissional, considerando-se, portanto, um estabelecimento comercial. Aos contratos celebrados de forma ocasional fora dos estabelecimentos comerciais, em instalações ou espaços privados especialmente contratados ou disponibilizados para esse efeito, aplicar-se-á, o regime das vendas esporádicas previsto nos artigos 25º e 26º do DL 24/2014, de 14 de fevereiro. Em sentido semelhante cfr. ENGRÁCIA ANTUNES, José, *Direito do Consumo,* Almedina, Coimbra, 2019, pág. 167 e MORAIS CARVALHO, Jorge, *Manual de Direito do Consumo,* 6ª ed., Almedina, Coimbra, 2019, pág. 217.

[361] Cfr. LACERDA BARATA, Carlos, "Contratos Celebrados Fora do Estabelecimento Comercial", *Revista de Direito Civil,* ano I, nº 4, 2016, pág. 892 e MORAIS CARVALHO, Jorge, *Manual de Direito do Consumo,* 6ª ed., Almedina, Coimbra, 2019, pág. 209.

[362] Cfr. MOTA PINTO, Paulo, "O Novo Regime Jurídico dos Contratos à Distância e dos Contratos Fora do Estabelecimento Comercial", *Estudos de Direito do Consumidor,* nº 9, 2015, págs. 63 e ss.

[363] Cfr. NEVES REBELO, Fernanda, "O Direito do Consumidor na Contratação à Distância", *Liber Amicorum Mário Frota – A Causa dos Direitos dos Consumidores,* Almedina, Coimbra, 2012, págs. 103 e ss.

mínimo da declaração negocial do profissional, e que não podem ser por este alterados unilateralmente (artigo 4º, nº 3).

De sublinhar que o DL 109-G/2021, de 10 de dezembro reforça o direito à informação dos consumidores especificamente nos contratos celebrados no mercado em linha, na aceção do artigo 3º, al. r), aditando o artigo 4º-A.

Portanto, na fase pré-contratual dos contratos celebrados à distância e fora do estabelecimento comercial, ao consumidor devem, antes de se vincular ao contrato, ser facultadas, em tempo útil, de forma clara e compreensível, todas as informações mencionadas, de molde a que, antes da celebração do contrato, possa, de modo esclarecido e com a devida antecedência, formar a sua vontade negocial. O ónus da prova da prestação da informação recai sobre o profissional (artigo 4º, nº 8).

As informações devem, nos contratos à distância, ser prestadas, em conformidade com o artigo 5º, nº 1, de forma clara e compreensível por meio adequado à técnica de comunicação à distância utilizada, com respeito pelos princípios da boa-fé, da lealdade nas transações comerciais e da proteção das pessoas incapazes, em especial dos menores. O profissional deve, nos termos do artigo 6º, confirmar a celebração do contrato à distância, em suporte duradouro (na aceção do artigo 3º, al. v)), no prazo de cinco dias contados dessa celebração e, o mais tardar, no momento da entrega do bem ou antes do início da prestação do serviço através da entrega ao consumidor das informações pré-contratuais previstas no artigo 4º, nº 1 (ou se for caso disso as previstas no artigo 4º-A), salvo já tiver prestado essa informação, em suporte duradouro, antes da celebração do contrato.

Parece-nos criticável que o diploma, à semelhança do revogado DL 143/2001, de 26 de abril, faculte ao profissional a possibilidade de prestar as informações pré-contratuais apenas no momento da entrega do bem ou do início do contrato de prestação de serviço. Se do espírito da lei resulta que o consumidor deva ter conhecimento em tempo útil de tais informações, nomeadamente, do proémio do artigo 4º, nº 1, traduz-se num enorme contrassenso que este possa aceder ao programa contratual, em determinadas circunstâncias, após a celebração do contrato, muito embora esteja respaldado pela possibilidade de poder vir a exercer o direito de arrependimento.

No que diz respeito aos contratos celebrados fora do estabelecimento comercial, o artigo 9º, nº 1 (conjugado com o artigo 4º, nº 6) exige que as informações pré-contratuais sejam prestadas de forma clara e compreensível, em língua portuguesa e por escrito (ou, se o consumidor concordar, noutro suporte duradouro), sob pena de nulidade, não se fazendo qualquer alusão à antecedência com que o consumidor deva ser informado. Portanto, o DL, obriga não só à redução a escrito do contrato, sob pena de nulidade[364] (artigo 220º do CC), como à inclusão dos elementos informativos previstos no artigo 4º, nº 1[365].

No que concerne aos contratos celebrados à distância, o diploma apenas exige forma especial relativamente aos celebrados por telefone. Portanto, o consumidor só fica vinculado depois de assinar a oferta ou enviar o seu consentimento escrito ao profissional, exceto nos casos em que o primeiro contacto telefónico seja efetuado pelo próprio consumidor (artigo 5º, nº 8).

Quanto ao incumprimento dos deveres pré-contratuais, o revogado DL 143/2001, de 26 de abril, estabelecia as respetivas consequências de forma bastante objetiva e coerente. Relativamente aos contratos ao domicílio e equiparados, do incumprimento decorria a nulidade do contrato, em conformidade com o artigo 16º. Do incumprimento de tais deveres, nos contratos celebrados à distância, resultava o alargamento do prazo para o exercício do direito de arrependimento de 14 dias para 3 meses (artigo 6º, nº 3).

À luz do atual DL, as consequências são bastante confusas e podem dar aso a distintas interpretações.

Em primeiro lugar, parece-nos que é inegável que o profissional que não cumpra o dever de informar, responde pelos danos que causar ao consumidor (artigo 8º, nº 5 da LDC)[366]. A omissão de informação com requisitos substanciais para uma tomada de decisão esclarecida do consumidor, constitui uma prática comercial desleal, em particular, uma omissão enganosa nos termos dos artigos 9º, nº 1, als. a) e b), nº 3 e nº 4, al. q) e 10º do DL 57/2008, de 26 de março.

Em segundo lugar, relativamente aos contratos celebrados fora do estabelecimento comercial, o diploma estabelece duas consequências resul-

[364] Cfr. MOTA PINTO, Paulo, "O Novo Regime Jurídico dos Contratos à Distância e dos Contratos Fora do Estabelecimento Comercial", *Estudos de Direito do Consumidor*, nº 9, 2015, pág. 69.

[365] De entender-se que a nulidade apenas pode ser invocada pelo consumidor. Cfr. MORAIS CARVALHO, Jorge e PINTO-FERREIRA, João Pedro, *Contratos Celebrados à Distância e Fora do Estabelecimento Comercial*, Almedina, Coimbra, 2014, págs. 87 e ss.

[366] Cfr. MOTA PINTO, Paulo, "O Novo Regime Jurídico dos Contratos à Distância e dos Contratos Fora do Estabelecimento Comercial", *Estudos de Direito do Consumidor*, nº 9, 2015, pág. 69.

tantes do incumprimento dos deveres de informação pré-contratual: a nulidade (artigo 9º, nº 1), que era a única consequência prevista pelo anterior diploma, e o alargamento do prazo de arrependimento, em conformidade com o artigo 10º, nº 2, mas apenas se a omissão respeitar à informação prevista no artigo 4º, nº 1, al. m) (existência do direito de livre resolução do contrato, o respetivo prazo e o procedimento para o exercício do direito). Parece-nos que a solução mais coerente será a de considerar, neste contexto, a nulidade do contrato, que pode ser invocada a todo o tempo pelo consumidor, o que, por sua vez, retira utilidade ao exercício do direito de arrependimento, mesmo sendo o prazo alargado[367-368].

Em terceiro lugar, nos contratos celebrados à distância, será de admitir que do incumprimento dos deveres informativos pré-contratuais, resulte a não vinculação do consumidor ao contrato. Parece-nos a solução mais adequada e que se infere da leitura do proémio do nº 1 do artigo 4º e do artigo 4º-A. Seria, de sobremaneira, incoerente que o legislador tivesse querido consagrar um imenso leque de elementos informativos e que, como consequência da violação de tais deveres, resultasse, apenas, o alargamento do prazo de arrependimento, quando estivesse em causa a omissão de prestação de informação relativa à existência do direito de arrependimento (artigo 10º, nº 2), punindo, por sua vez, a omissão das restantes informações, tão-somente por via da sanção contraordenacional[369] (com exceção dos contratos celebrados por telefone (artigo 5º, nº 8) ou nas situações descritas no artigo 5º, nºs 2, 3 e 4 *ex vi* nº 9 do mesmo artigo).

Admitir a vinculação ao contrato celebrado à distância, na pendência do incumprimento dos deveres pré-contratuais de informação, e com o fundamento da existência de um direito geral de arrependimento de 14 dias, é assumir que o nível de proteção do consumidor diminuiu com o DL 24/2014, de 14 de fevereiro, e não nos parece que fosse a intenção do legislador. Recorde-se que ao abrigo do revogado DL 143/2001, de 26 de abril, da omissão de tais deveres resultava, sempre, o alargamento do prazo para o exercício do direito de arrependimento (para 3 meses) e, não apenas,

[367] No sentido de aceitação das duas soluções em simultâneo cfr. Morais Carvalho, Jorge, *Manual de Direito do Consumo*, 6ª ed., Almedina, Coimbra, 2019, pág. 240.

[368] De sublinhar que a exigência de redução a escrito constitui uma formalidade *ad substantiam* pelo que, será irrelevante, que o profissional venha posteriormente tentar sanar o vício.

[369] Cfr. Morais Carvalho, Jorge, *Manual de Direito do Consumo*, 6ª ed., Almedina, Coimbra, 2019, pág. 240.

aquando da omissão da prestação de informação relativa à existência do direito de arrependimento.

A LCE vai, inclusivamente, mais longe e na senda do que defendemos, ao estabelecer no artigo 48º, nº 3 que, caso o contrato de prestação de serviços de comunicações eletrónicas seja celebrado por telefone ou através de outro meio de comunicação à distância, o prestador do serviço, ou seu representante, deve facultar ao consumidor, antes da celebração do contrato, sob pena de nulidade deste, todas as informações referidas nos nºs 1 e 2 do referido artigo, ficando o consumidor vinculado apenas depois de assinar proposta contratual ou enviar o seu consentimento escrito ao fornecedor de bens ou prestador de serviços, exceto nos casos em que o primeiro contato telefónico seja efetuado pelo próprio consumidor.

1.4. Direito de Arrependimento

1.4.1. Fundamentos

No que concerne aos fundamentos da existência de um direito de arrependimento, nos contratos celebrados à distância, o instituto justifica-se, quer pelas técnicas de comunicação utilizadas, quer pelo facto do contrato ser negociado e concluído sem a presença física simultânea das partes. Nos contratos celebrados fora do estabelecimento, o intuito da consagração do direito de arrependimento prende-se, por um lado, com a proteção do consumidor contra técnicas agressivas de persuasão e, por outro, com a sua salvaguarda relativamente ao elemento surpresa[370]. Em ambos os casos o direito de arrependimento protege o consumidor de circunstâncias que possam concorrer para o risco de precipitação[371].

1.4.2. Prazo

Os prazos para o exercício do direito de arrependimento encontram-se previstos no artigo 10º. No nº 1 do referido artigo, o prazo geral para o exercício

[370] Cfr. Ferreira de Almeida, Carlos, *Direito do Consumo*, Almedina, Coimbra, 2005, pág. 107.

[371] Cfr. Mota Pinto, Paulo, "O Novo Regime Jurídico dos Contratos à Distância e dos Contratos Fora do Estabelecimento Comercial", *Estudos de Direito do Consumidor*, nº 9, 2015, pág. 75.

do direito é de 14 dias[372-373]. Por sua vez, o DL 109-G/2021, de 10 de dezembro alargou o prazo para o exercício do direito de arrependimento para 30 dias relativamente a duas subcategorias dos contratos celebrados fora do estabelecimento comercial, nomeadamente os celebrados no domicílio do consumidor e os celebrados durante uma deslocação organizada pelo fornecedor de bens ou prestador de serviços ou por seu representante ou mandatário, fora do respetivo estabelecimento comercial.

O momento em que se inicia a contagem do prazo tem a ver, em concreto, com o contrato celebrado[374], a saber:

- Dia da celebração do contrato, no caso dos contratos de prestação de serviços;
- Dia em que o consumidor ou um terceiro, com exceção do transportador, indicado pelo consumidor adquira a posse física dos bens, no caso dos contratos de compra e venda, ou:
- Dia em que o consumidor ou um terceiro, com exceção do transportador, indicado pelo consumidor adquira a posse física do último bem, no caso de vários bens encomendados pelo consumidor numa única encomenda e entregues separadamente;
- Dia em que o consumidor ou um terceiro, com exceção do transportador, indicado pelo consumidor adquira a posse física do último lote ou elemento, no caso da entrega de um bem que consista em diversos lotes ou elementos;
- Dia em que o consumidor ou um terceiro por ele indicado, que não seja o transportador, adquira a posse física do primeiro bem, no caso dos contratos de entrega periódica de bens durante um determinado período;
- Dia da celebração do contrato, no caso dos contratos de fornecimento de água, gás ou eletricidade, que não estejam à venda em

[372] As partes podem, no entanto, fixar prazo mais alargado para o exercício do direito de livre resolução (artigo 10º, nº 4).

[373] Parece-nos que o legislador, ao consagrar um prazo mais alargado para o exercício do direito de arrependimento, nestas subcategorias de contratos celebrados fora do estabelecimento comercial, foi o de tutelar o consumidor naquelas que são as situações em que se encontra mais vulnerável relativamente ao profissional.

[374] Cfr. Morais Carvalho, Jorge, *Manual de Direito do Consumo*, 6ª ed., Almedina, Coimbra, 2019, pág. 238.

volume ou quantidade limitados, de aquecimento urbano ou de conteúdos digitais que não sejam fornecidos num suporte material.

O artigo 15º, nº 1 estabelece que os contratos de prestação de serviços apenas iniciam a sua execução, durante o decurso do prazo para o exercício do direito de arrependimento, a pedido do consumidor. Portanto, sempre que este pretenda que a prestação do serviço se inicie durante o referido prazo, o prestador deve exigir que aquele apresente um pedido expresso através de suporte duradouro e solicitar o reconhecimento de que, se o contrato for plenamente executado, o consumidor perde o direito de livre resolução. Se o contrato não for plenamente executado durante o prazo de arrependimento, o início da prestação a pedido do consumidor não significa uma renúncia ao exercício do direito de arrependimento. No entanto, se o consumidor o exercer, deve pagar ao prestador um montante proporcional ao que foi efetivamente prestado até ao momento da comunicação da resolução (artigo 15º, nº 2 com exceção do previsto no nº 5).[375].

O artigo 10º, nº 2 alarga os prazos de 14 ou 30 dias para 12 meses, sempre que o profissional não cumpra o dever de informar sobre a existência de um direito de arrependimento neste tipo de contratos. Já nos pronunciámos anteriormente sobre o caráter residual desta norma[376], uma vez que a omissão de tal informação, nos contratos celebrados fora do estabelecimento comercial, determina a sua nulidade (artigo 9º, nº 1) e, nos contratos celebrados à distância, não nos parece que seja de admitir a vinculação do consumidor (artigos 4º, nº 1 e 4º-A). Não obstante, admitindo-se a vinculação do consumidor ao contrato, o artigo 10º, nº 3, confere a possibilidade ao profissional de suprir a omissão da informação referida no decurso do prazo de 12 meses. Prestada a informação, o consumidor dispõe de 14 ou 30 dias para resolver o contrato a partir da data de receção dessa informação.

[375] O exercício do direito de arrependimento nos contratos de prestação de serviço que já tenham iniciado a sua execução destroem os seus efeitos, mas apenas para o futuro.

[376] O caráter residual da norma é, ainda, reforçado pelo prazo, manifestamente, exagerado de 12 meses. Se, uma vez exercido o direito de arrependimento, o consumidor deve devolver o bem nas devidas condições de utilização, parece-nos difícil de conceber que decorrido tão longo período, tal utilização não haja sido excessiva, implicando, em última análise, a exclusão do direito de arrependimento em virtude por ex. de deterioração ou, não implicando tal exclusão, que o consumidor pretenda suportar o valor associado à depreciação do bem.

1.4.3. Exercício e Efeitos

O DL 24/2014, de 14 de fevereiro não impõe uma forma única para o exercício do direito de arrependimento. O consumidor pode exercê-lo através do envio do modelo constante da parte B do anexo ao diploma, ou através de qualquer outra declaração inequívoca de resolução do contrato, considerando-se inequívoca a declaração em que o consumidor comunica, por palavras suas, a decisão de resolver o contrato designadamente por carta, por contacto telefónico, pela devolução do bem ou por outro meio suscetível de prova, nos termos gerais (artigo 11º, nºs 1 e 2). Atendendo a que é sobre o consumidor que recai o ónus da prova do exercício do direito dentro dos prazos legais (artigo 11º, nº 5), é aconselhável que, de modo a facilitar a prova, o consumidor envie o modelo de livre resolução, anexo ao diploma, por exemplo por carta registada com aviso de receção, ou por via eletrónica com prova de envio[377].

Tem-se como exercido o direito pelo consumidor quando a declaração de resolução é enviada antes do termo dos prazos referidos no artigo 10º (artigo 11º, nº 3), considerando-se nulas as cláusulas contratuais que imponham uma penalização pelo exercício do direito de arrependimento ou estabeleçam a renúncia ao mesmo (artigo 11º, nº 7).

O consumidor deve, no prazo de 14 dias a contar da data em que tiver comunicado a sua decisão de resolução do contrato, devolver ou entregar o bem ao profissional ou a uma pessoa autorizada para o efeito, nas devidas condições de utilização (artigo 13º, nºs 1 e 3)[378]. O artigo 14º, nº 1, apesar de conferir ao consumidor a possibilidade de utilizar normalmente o bem[379], não o isenta da responsabilidade pela sua depreciação, se tal utilização exceder a habitualmente admitida em estabelecimento comercial (exceto se o profissional não o tiver informado sobre o seu direito de livre resolução (artigo 14º, nºs 2 e 3)). Mota Pinto vai mais longe, defendendo, em

[377] Cfr. MOTA PINTO, Paulo, "O Novo Regime Jurídico dos Contratos à Distância e dos Contratos Fora do Estabelecimento Comercial", *Estudos de Direito do Consumidor*, nº 9, 2015, pág. 78 e MORAIS CARVALHO, Jorge, *Manual de Direito do Consumo*, 6ª ed., Almedina, Coimbra, 2019, pág. 242.

[378] Exercendo o direito de arrependimento, o consumidor deve abster-se de utilizar os conteúdos ou serviços digitais e de os colocar à disposição de terceiros (artigo 13º, nº 5).

[379] PASSINHAS, Sandra, "A Diretiva 2011/83/UE, do Parlamento Europeu e do Conselho, de 26 de Outubro de 2011, Relativa aos Direitos dos Consumidores: Algumas Considerações", *Estudos de Direito do Consumidor*, nº 9, 2015, pág. 136.

posição que acompanhamos, que a utilização excessiva durante o prazo de arrependimento, que implique deterioração, perecimento dos bens ou a venda a terceiro, deve acarretar a exclusão do próprio direito de livre resolução[380].

Relativamente ao profissional, a principal obrigação resultante do exercício do direito de arrependimento é a de reembolsar o consumidor de todos os pagamentos recebidos, através do mesmo meio de pagamento que tiver sido utilizado pelo consumidor na transação inicial, salvo acordo expresso em contrário e desde que o consumidor não incorra em quaisquer custos como consequência do reembolso (artigo 12º, nºs 1 e 2). O profissional não é, no entanto, obrigado a reembolsar os custos adicionais de entrega sempre que o consumidor solicite, expressamente, uma modalidade de entrega diferente e mais onerosa do que a modalidade comummente aceite e menos onerosa proposta (artigo 12º, nº 3). De realçar que os custos de devolução recaem sobre o consumidor, exceto se o fornecedor acordar em suportar esse custo ou se o consumidor não tiver sido previamente informado que teria o dever de pagar os custos de devolução (artigo 13º, nº 2).

Nos casos em que o profissional não se ofereça para recolher ele próprio os bens, o diploma confere-lhe a possibilidade de retenção do reembolso enquanto tais bens não forem recebidos ou enquanto o consumidor não apresentar prova da sua devolução (artigo 12º, nº 4). Trata-se, pois, da exceção de não cumprimento (artigo 428º do CC) que se justifica pelo caráter bilateral e sinalagmático do contrato[381].

Sempre que um determinado bem for entregue no domicílio do consumidor no momento da celebração de um contrato celebrado fora do estabelecimento comercial, e não puder, pela sua natureza ou dimensão, ser devolvido por correio, incumbe ao profissional recolhê-lo e suportar o respetivo custo (artigo 12º, nº 5).

[380] Cfr. MOTA PINTO, Paulo, "O Novo Regime Jurídico dos Contratos à Distância e dos Contratos Fora do Estabelecimento Comercial", *Estudos de Direito do Consumidor*, nº 9, 2015, pág. 79.

[381] Cfr. MORAIS CARVALHO, Jorge, *Manual de Direito do Consumo*, 6ª ed., Almedina, Coimbra, 2019, pág. 250 e MOTA PINTO, Paulo, "O Novo Regime Jurídico dos Contratos à Distância e dos Contratos Fora do Estabelecimento Comercial", *Estudos de Direito do Consumidor*, nº 9, 2015, pág. 81.

Na pendência do incumprimento da obrigação de reembolso dentro do prazo, o artigo 12º, nº 6 estabelece uma sanção compulsória[382], na medida em que obriga o profissional, no prazo de 15 dias úteis contados a partir do momento em que termine o prazo de 14 dias, a devolver em dobro os montantes pagos pelo consumidor[383], sem prejuízo do direito do consumidor a indemnização, por danos patrimoniais e não patrimoniais nos termos gerais da responsabilidade contratual. Portanto, o intuito do preceito é o de constranger o profissional a obedecer ao reembolso dentro do prazo legal.

Do exercício do direito de arrependimento resulta a extinção automática dos contratos acessórios (na aceção do artigo 3º, al. g)) ao contrato celebrado à distância ou do contrato celebrado fora do estabelecimento comercial sem direito a indemnização ou pagamento de quaisquer encargos, exceto os que resultem do artigo 13º, nº 2 (artigo 16º). Veja-se, a título de exemplo, um contrato de crédito ou de seguro associado a um contrato celebrado à distância ou a um contrato celebrado fora do estabelecimento comercial.

1.4.4. Exceções ao Exercício do Direito de Arrependimento

O artigo 17º veda ao consumidor a faculdade de exercer o direito de arrependimento, em determinadas circunstâncias, exceto havendo acordo das partes em sentido inverso, por se entender que tal exercício, nessas mesmas circunstâncias, desequilibraria a relação de consumo em prejuízo do profissional[384], a saber:

- Nos contratos de prestação de serviços com obrigação de pagamento quando os serviços tenham sido integralmente prestados após o prévio consentimento expresso do consumidor (artigo 15º)

[382] Cfr. MOTA PINTO, Paulo, "O Novo Regime Jurídico dos Contratos à Distância e dos Contratos Fora do Estabelecimento Comercial", *Estudos de Direito do Consumidor*, nº 9, 2015, pág. 81.

[383] "Trata-se de uma forma de coacção ou intimidação do devedor ao cumprimento da prestação devida, um meio preventivo imposto *ex ante*, visando primeiramente, compelir o obrigado ao cumprimento voluntário, ainda que não espontâneo, evitando o não cumprimento violador da ordem jurídica. Além de favorecer o interesse do credor, numa perspectiva de moralização e de eficácia, tal instituto dá substância ao prestígio da justiça e ao respeito pelas decisões dos tribunais enquanto órgãos de soberania". Cfr. Ac. Rel. Coimbra de 14/1/2014. Processo 264/09.4TBILH-D.C1.

[384] Em sentido semelhante cfr. MOTA PINTO, Paulo, "O Novo Regime Jurídico dos Contratos à Distância e dos Contratos Fora do Estabelecimento Comercial", *Estudos de Direito do Consumidor*, nº 9, 2015, pág. 84.

e este reconheça que perde o direito se o contrato tiver sido plenamente executado (artigo 17º, nº 1, al. a)). A exclusão funda-se, por um lado, na impossibilidade de devolução do serviço prestado e, por outro, no consentimento prévio do consumidor e no seu reconhecimento expresso de perda do direito;

- No fornecimento de bens ou de prestação de serviços cujo preço dependa de flutuações de taxas do mercado financeiro que o fornecedor de bens ou prestador de serviços não possa controlar e que possam ocorrer durante o prazo de livre resolução, evitando-se que o consumidor especule com a possibilidade do exercício do direito, em prejuízo do fornecedor, consoante a variação das taxas[385] (artigo 17º, nº 1, al. b));
- No fornecimento de bens confecionados de acordo com especificações do consumidor ou manifestamente personalizados ou que, por natureza, não possam ser reenviados ou sejam suscetíveis de se deteriorarem ou de ficarem rapidamente fora de prazo (artigo 17º, nº 1, als. c) e d)). Veja-se, por exemplo, uma t-shirt estampada com a mensagem "Feliz Aniversário David Falcão" e um bolo de aniversário com o mesmo propósito e com a mesma dedicatória;
- No fornecimento de bens selados não suscetíveis de devolução, por motivos de proteção da saúde ou de higiene quando abertos após a entrega (artigo 17º, nº 1, al e)), tais como pensos, produtos de higiene ou roupa interior;
- No fornecimento de bens que, após a sua entrega e por natureza, fiquem inseparavelmente misturados com outros artigos (artigo 17º, nº 1, al. f)). A exclusão do exercício do direito de arrependimento neste caso só se justificará relativamente a coisas infungíveis pois, tratando-se de coisas fungíveis, o facto de se misturarem com outras, não impede que o consumidor devolva coisa equivalente[386];
- No fornecimento de bebidas alcoólicas cujo preço tenha sido acordado aquando da celebração do contrato de compra e venda, cuja entrega apenas possa ser feita após um período de 30 dias, e cujo

[385] Cfr. MOTA PINTO, Paulo, "O Novo Regime Jurídico dos Contratos à Distância e dos Contratos Fora do Estabelecimento Comercial", *Estudos de Direito do Consumidor,* nº 9, 2015, pág. 85.

[386] Cfr. MORAIS CARVALHO, Jorge, *Manual de Direito do Consumo,* 6ª ed., Almedina, Coimbra, 2019, pág. 257.

valor real dependa de flutuações do mercado que não podem ser controladas pelo profissional (artigo 17º, nº 1, al. g))[387];

- No fornecimento de gravações áudio ou vídeo seladas ou de programas informáticos selados, a que o consumidor tenha retirado o selo de garantia de inviolabilidade após a entrega, procurando evitar-se que o consumidor efetue cópias e devolva os bens (artigo 17º, nº 1, al. h));
- No fornecimento de um jornal, periódico ou revista, com exceção dos contratos de assinatura para o envio dessas publicações. Para além da evidente desatualização de jornais, periódicos ou revistas, o exercício de arrependimento, após a sua leitura pelo consumidor, seria, manifestamente, abusivo (artigo 17º, nº 1, al. i));
- Nos contratos celebrados em hasta pública na aceção estabelecida no artigo 3º, al. j) (artigo 17º, nº 1, al. j))[388];
- No fornecimento de alojamento, para fins não residenciais, transporte de bens, serviços de aluguer de automóveis, restauração ou serviços relacionados com atividades de lazer se o contrato previr uma data ou período de execução específicos (artigo 17º, nº 1, al. k)). A exclusão do exercício do direito de arrependimento funda-se no eventual prejuízo decorrente da previsível dificuldade do profissional, em prestar os serviços contratados a outrem, no período ou data previstos;
- Fornecimento de conteúdos digitais não providos de suporte material com uma obrigação de pagamento quando o consumidor consentir prévia e expressamente que a execução tenha início durante o prazo de livre resolução e reconhecer que o seu consentimento implica a perda do direito de livre resolução e o fornecedor de con-

[387] O direito de retratação não é adequado, atendendo, por exemplo, à natureza de certos bens ou serviços como é o caso paradigmático do vinho cujo fornecimento só seja efetuado muito depois da celebração de um contrato de natureza especulativa, em que o valor depende de flutuações no mercado (*vin en primeur* – adquirido após a vindima e cujo preço depende de variações). Cfr. (49) da Diretiva 2011/83/UE de 20 de dezembro.

[388] Atendendo à noção de hasta pública, Morais Carvalho, defendendo uma interpretação restritiva, esclarece que só se deve excluir o direito de arrependimento, caso o consumidor tenha a possibilidade de estar, fisicamente, presente no lugar onde aquela se realiza, não devendo, por sua vez, excluir-se, portanto, o exercício do direito quando a hasta pública se realiza *online* por considerar que, neste caso, não deve qualificar-se como hasta pública, mas como leilão. Cfr. Morais Carvalho, Jorge, *Manual de Direito do Consumo*, 6ª ed., Almedina, Coimbra, 2019, pág. 257.

teúdos digitais tenha fornecido a confirmação, nos termos do nº 2 do artigo 9º ou do artigo 6º. Veja-se a título de exemplo o *download* de um álbum num *site* de música, mediante o pagamento de um preço.

- Na prestação de serviços de reparação ou de manutenção a executar no domicílio do consumidor, a pedido deste[389]. A exclusão do direito de arrependimento, neste caso, fará sentido porque não se reconduz, tal prestação, ao regime dos contratos celebrados fora do estabelecimento comercial, uma vez que é o consumidor a solicitar, ao profissional, a referida prestação. Não nos parece que seja de admitir que, se o contrato for celebrado à distância, se exclua o exercício do direito de arrependimento[390].

2. Vendas Automáticas

Ainda uma palavra para as vendas automáticas, cujo regime se encontra previsto, igualmente, no DL 24/2014, de 14 de fevereiro, em concreto nos artigos 22º e ss.

O artigo 22º, nº 1 define venda automática como a colocação de um bem ou serviço à disposição do consumidor para que este o adquira mediante a utilização de qualquer tipo de mecanismo[391], pagando antecipadamente o seu preço. Característica comum a este tipo de contratos é a sua celebração entre um consumidor e uma máquina programada pelo profissional para emitir declarações contratuais[392], considerando-se que se verifica a presença física e simultânea[393] de ambos os contraentes, na medida em que se assume que o profissional está presente através da referida máquina.

[389] Não se exclui o exercício do direito de arrependimento relativamente a serviços prestados além dos especificamente solicitados pelo consumidor ou a fornecimento de bens diferentes das peças de substituição imprescindíveis para efetuar a manutenção ou reparação (artigo 17º, nº 2).

[390] Cfr. Morais Carvalho, Jorge, *Manual de Direito do Consumo*, 6ª ed., Almedina, Coimbra, 2019, pág. 261.

[391] Veja-se por ex. máquinas de venda de tabaco, de jogo, de venda de comida e bebida, de parques de estacionamento.

[392] Cfr. Morais Carvalho, Jorge, *Manual de Direito do Consumo*, 6ª ed., Almedina, Coimbra, 2019, págs. 262 e 263.

[393] Portanto, a venda automática pode distinguir-se dos contratos celebrados à distância, porque nestes não se verifica a presença física e simultânea dos contraentes.

Nos equipamentos destinados à venda automática, devem estar afixadas algumas informações, nomeadamente, as previstas no artigo 23º, nº 2[394], a saber:

- Identificação da empresa comercial proprietária do equipamento, com o nome da firma, sede, número da matrícula na conservatória do registo comercial competente e número de identificação fiscal;
- Identidade da empresa responsável pelo fornecimento do bem ou prestação de serviço;
- Endereço, número de telefone e contactos expeditos que permitam solucionar, rápida e eficazmente, as eventuais reclamações apresentadas pelo consumidor;
- Identificação do bem ou serviço;
- Preço por unidade;
- Instruções de manuseamento e, ainda, sobre a forma de recuperação do pagamento no caso de não fornecimento do bem ou serviço solicitado.

De realçar que todo equipamento destinado à venda automática de bens e serviços deve permitir a recuperação da importância introduzida em caso de não fornecimento do bem ou serviço solicitado (artigo 23º, nº 1). Na pendência do incumprimento do contrato, pelo não fornecimento do bem ou serviço solicitado ou por deficiência de funcionamento do mecanismo afeto à restituição, a responsabilidade por tal restituição ao consumidor da importância por este introduzida na máquina, bem como pela entrega da importância remanescente do preço é solidária, entre o proprietário do equipamento e o titular do espaço onde se encontra instalado (artigo 24º, al. a)).

3. Venda de Bens e Fornecimento de Conteúdos e Serviços Digitais

3.1. Objeto e Âmbito de Aplicação

O revogado DL 67/2003, de 8 de abril, que regulou pela primeira vez, no nosso ordenamento jurídico, certos aspetos relativos à venda de bens de consumo e garantias a ela respeitantes, resultou da transposição para o ordenamento jurídico interno da revogada Diretiva 1999/44/CE, de 25 de maio[395]

[394] Pelo incumprimento da obrigação de informação responde o proprietário do equipamento e solidariamente o titular do espaço onde se encontra instalado (artigo 24º, al. b)).

[395] Cfr. Mota Pinto, Paulo, "Anteprojeto de diploma de transposição da diretiva 1999/44/CE para o direito português. Exposição de motivos e articulado", *Estudos de Direito do Consumidor*,

e estabeleceu um conjunto de regras que disciplinavam o regime das garantias legais e voluntárias, reforçando o nível de proteção dos consumidores nesta matéria (artigo 1º)[396].

Volvidos cinco anos sobre a entrada em vigor do diploma considerou-se necessário introduzir novas regras que permitissem ajustar o regime à realidade do mercado e colmatar algumas deficiências que resultavam da sua aplicação.

Neste sentido, fazendo uso da prerrogativa conferida pelo artigo 8º, nº 2[397] da Diretiva 1999/44/CE, de 25 de maio, o DL 84/2008, de 21 de maio, alterando e republicando o DL 67/2003, de 8 de abril, estabeleceu um prazo limite de 30 dias para a realização das operações de reparação ou de substituição de um bem móvel, com vista a evitar o prolongamento, por tempo excessivo, das operações de substituição e de reparação pouco complexas. Procedeu, de igual forma, ao aumento do prazo de seis meses para dois e três anos a contar da data da denúncia do defeito, conforme se tratasse, respetivamente, de um bem móvel ou imóvel, para a caducidade dos direitos dos consumidores, conferindo-lhes prazos mais alargados para a preparação da ação judicial. O DL, acrescentou, ainda, um prazo de dois ou de cinco anos de garantia para o bem sucedâneo, consoante se trate, respetivamente, de um bem móvel ou imóvel e consagrou a transmissão dos direitos conferidos pela garantia a terceiro adquirente do bem.

Com o advento das novas tecnologias digitais, a Comissão Europeia apresentou uma proposta legislativa que, após negociação no Conselho, se traduziu na Diretiva (UE) 2019/771, do Parlamento Europeu e do Conselho, de 20 de maio de 2019, relativa a certos aspetos dos contratos de compra e venda de bens, revogando a Diretiva 1999/44/CE, e cujo objetivo passou por contribuir para o bom funcionamento do mercado interno, por um lado e, por outro, garantir um nível elevado de proteção dos consumidores.

nº 3, 2001, págs. 165 e ss e Sinde Monteiro, Jorge, "Proposta de Directiva do Parlamento Europeu e do Conselho Relativa à Venda e às Garantias dos Bens de Consumo", *Revista Jurídica da Universidade Moderna – RJUM*), ano I, 1998, págs. 461 e ss.

[396] De realçar, que nas relações de consumo, o DL 67/2003, de 8 de abril derrogava, (atualmente o DL 84/2021, de 18 de outubro derroga) as regras gerais respeitantes à venda de bens defeituosos (artigos 913 e ss do CC). Cfr. Ac. Rel. Lisboa de 10/4/2018. Processo 3823/13.7TBALM.L1-7.

[397] O artigo 8º, nº 2 da Diretiva estabelece que "Os Estados-Membros podem adoptar ou manter, no domínio regido pela presente directiva, disposições mais estritas, compatíveis com o Tratado, com o objectivo de garantir um nível mais elevado de protecção do consumidor".

Estabeleceu-se, assim, uma panóplia de regras comuns quanto a determinados requisitos relativos aos contratos de compra e venda de bens de consumo, em especial regras quanto à conformidade dos bens com o contrato, aos meios de ressarcimento em caso de falta de conformidade, às modalidades para o exercício desses meios e às garantias comerciais. Do mesmo modo, a Diretiva contribuiu para a elevação das exigências das novas tipologias de bens hoje existentes às do regime legal da conformidade dos bens de consumo através da inclusão de novas realidades, como é o caso dos contratos de compra e venda de bens com elementos digitais incorporados.

Simultaneamente, fruto do crescimento do comércio eletrónico, nos últimos anos, e com vista a impulsionar uma economia digital e garantir um melhor acesso dos consumidores aos conteúdos e serviços digitais, facilitando o seu fornecimento pelas empresas, a Comissão Europeia apresentou uma nova proposta legislativa que, após negociação no Conselho, resultou na Diretiva (UE) 2019/770, do Parlamento Europeu e do Conselho, de 20 de maio de 2019, relativa a certos aspetos relativos ao fornecimento de conteúdos e serviços digitais.

Até à publicação da Diretiva (UE) 2019/770 existia um vazio legal a nível europeu respeitante à consagração de direitos dos consumidores em caso de não fornecimento ou não conformidade dos conteúdos ou serviços digitais. Passou, pois, a aplicar-se, no que concerne ao fornecimento de conteúdos ou serviços digitais, a contratos que estipulem um único ato de fornecimento, uma série de atos individuais de fornecimento e, ainda, um fornecimento contínuo. Veja-se, a título de exemplo, a compra de livros digitais (ebook), a subscrição de publicações periódicas digitais e a subscrição de um serviço de streaming, assegurando, por sua vez, que o consumidor que faculta dados pessoais para usufruir de um conteúdo ou serviço digital passe a estar protegido por um conjunto de direitos, caso ocorra o não fornecimento ou falta de conformidade.

As Diretivas (UE) 2019/771 e (UE) 2019/770 foram transpostas para o nosso ordenamento jurídico pelo DL 84/2021, de 18 de outubro que revoga o DL 67/2003, de 8 de abril.

Cabe uma análise aprofundada do diploma estabelecendo-se, sempre que pertinente, um paralelo com o regime anterior[398].

[398] No mesmo sentido cfr. PASSINHAS, Sandra, O Novo Regime da Compra e Venda de Bens de Consumo – Exegese do Novo Regime Legal, *Revista de Direito Comercial*, dezembro de 2021,

Quanto ao objeto do DL 84/2021, de 18 de outubro, o artigo 1º estabelece, como tal, o reforço direitos dos consumidores na compra e venda de bens de consumo, por um lado e, por outro, o regime de proteção dos consumidores nos contratos de fornecimento de conteúdos ou serviços, revogando-se, por seu turno, o DL 67/2003, de 8 de abril (artigo 54º, al. b). Acresce, ainda, ao seu objeto, o regime aplicável à compra e venda de bens imóveis em caso de falta de conformidade; A responsabilidade direta do produtor em caso de falta de conformidade dos bens, conteúdos ou serviços digitais; A responsabilidade dos prestadores de mercado em linha; O regime sancionatório aplicável ao incumprimento dos deveres do profissional.

Por força do artigo 3º, nº 1, al. a) o DL 84/2021, de 18 de outubro aplica-se, em primeiro lugar, aos contratos de compra e venda celebrados entre profissionais e consumidores.

Portanto, pode dizer-se que a compra e venda de bens de consumo é uma subespécie do contrato de compra e venda e, consequentemente, aplicam-se-lhe as regras gerais do CC, as regras da LDC, as regras especiais do DL 84/2021, de 18 de outubro, bem como todas as transversais aos contratos de consumo[399-400].

Dissecando o âmbito de aplicação do regime releva, em primeiro lugar, que se trate de um contrato de compra e venda; Em segundo, que o objeto do contrato seja um bem de consumo nas aceções do artigo 2º, als. c), d) e e), isto é, um móvel corpóreo[401-402], um bem imóvel[403], incluindo bens

págs. 1463 e ss e Morais Carvalho, Jorge, *Compra e Venda e Fornecimento de Conteúdos e Serviços Digitais*, Almedina, Coimbra, 2022.

[399] Cfr. Morais Carvalho, Jorge, *Manual de Direito do Consumo*, 6ª ed., Almedina, Coimbra, 2019, pág. 268.

[400] Cfr. Ac. Rel. Guimarães de 17/1/2019. Processo 201/15.7T8BAO.G1.

[401] O diploma exclui do seu âmbito de aplicação os bens incorpóreos, que não têm existência física, como por ex. direitos de autor, direitos de propriedade industrial.

[402] De realçar que uma das novidades introduzidas pelo DL 84/2021, de 18 de outubro (artigo 2º. al. c), subal. ii)) se prende com a consagração na noção de bens daqueles que incorporem ou estejam interligados com um conteúdo ou serviço digital, de tal modo que a falta destes impeça que aqueles desempenhem as suas funções («bens com elementos digitais»). Veja-se, a título de exemplo, um computador ou smartphone e os respetivos softwares.

[403] O diploma não se aplica a todos os bens imóveis, mas, tão-somente, a prédios urbanos para fins habitacionais, entendendo-se como tal qualquer edifício incorporado no solo, com os terrenos que lhe sirvam de logradouro, sendo parte integrante toda a coisa móvel ligada

usados, recondicionados e a fabricar ou produzir (bens futuros)[404]. Em terceiro lugar, é determinante que os sujeitos da relação sejam um profissional e um consumidor em sentido restrito, enquanto pessoa singular, na noção acolhida pelo artigo 2º, al. g)[405].

materialmente ao prédio com carácter de permanência (artigo 2º, al. d)), não se exigindo que se destinem a habitação própria ou permanente, o que, por sua vez exclui os prédios rústicos. No mesmo sentido, cfr. Passinhas, Sandra, O Novo Regime da Compra e Venda de Bens de Consumo – Exegese do Novo Regime Legal, *Revista de Direito Comercial*, dezembro de 2021, pág. 1474. Em sentido contrário cfr. Morais Carvalho, Jorge, *Compra e Venda e Fornecimento de Conteúdos e Serviços Digitais*, Almedina, Coimbra, 2022, págs. 21 e 22.

404 Em conformidade com o artigo 3º, nº 1, al. a), parte final do DL 84/2021, de 18 de outubro o diploma é aplicável, de igual modo, aos contratos celebrados para o fornecimento de bens a fabricar ou a produzir. Trata-se de um retorno à primitiva redação do DL 67/2003, de 8 de abril, em que o artigo 1º, nº 2 determinava que o seu regime legal era aplicável com as necessárias adaptações, aos contratos de fornecimento de bens de consumo a fabricar ou a produzir. Assim, entendemos que a norma relevava na medida em que estendia o âmbito de aplicação do regime aos contratos de empreitada, cuja prestação consistisse na realização de uma obra de criação de coisa nova. Com a atual redação, o legislador vinca a aplicação do regime à compra e venda de bens futuros, por um lado, e, por outro à empreitada em que haja transmissão de um bem, como tal considerada na al. b) do referido artigo. Na realidade, a distinção entre contrato de empreitada e de compra e venda nem sempre resulta tarefa fácil. Tratar-se-á de um contrato de compra e venda de bens futuros sempre que o consumidor não interfira no processo criativo, limitando-se a aderir a um modelo apresentado pelo profissional, sendo, desta forma, indiferente para o consumidor que o bem esteja ou não contruído, uma vez que o processo criativo não faz parte do objetivo principal contrato. No contrato de empreitada a obra deverá ser executada de acordo com as especificações do consumidor. Veja-se, a título de exemplo, um consumidor que pretende aprender a tocar violino e numa loja de violinos escolhe um modelo constante em catálogo que não existe em stock, mas será contruído e outro consumidor que, nas mesmas condições, pretende o violino construído de acordo com determinadas especificações por si indicadas. No primeiro caso o contrato celebrado é o de compra e venda de bens futuros, na medida em que o consumidor não interfere no processo criativo, no segundo caso tratar-se-á de um contrato de empreitada. A este respeito cfr. Ac. STJ de 18/2/2014. Processo 22927/10.1T2SNT.L1.S1; Ac. Rel. Guimarães de 16/5/2019. Processo 315/16.6T8FAF.G1 e Ac. Rel. Porto de 20/4/2010. Processo 1451/08.8TJPRT.P1.

405 Com a entrada em vigor do DL 84/2021, de 18 de outubro que passou a regular os direitos do consumidor na compra e venda de bens, conteúdos e serviços digitais que, por sua vez, revogou o DL 67/2003, de 8 de abril respeitante à venda de bens de consumo, o conceito de consumidor para efeitos de aplicação do regime é restringido. Passa, pois, e tão-somente, a regular relações entre consumidores em sentido restrito (pessoas singulares) e profissionais, excluindo-se, por sua vez, as pessoas coletivas que, em determinadas circunstâncias, podiam assumir a posição de consumidor, desde que se encontrassem numa posição de desvanta-

Por sua vez, e em segundo lugar, artigo 3º, nº 1, na al. b) estende o âmbito de aplicação do regime aos contratos de empreitada, desde que se verifique o fornecimento de um bem de consumo[406].

Assim, o diploma, é aplicável, em primeiro lugar, com as necessárias adaptações, aos bens de consumo fornecidos no âmbito de um contrato de prestação de serviços[407], em particular de empreitada[408]. Exclui-se, no entanto, a responsabilidade do profissional se a falta de conformidade decorrer dos materiais fornecidos pelo consumidor (artigo 22º, nº 4 *in fine*)[409].

Tem sido entendimento na doutrina que as empreitadas de recuperação, conservação ou reparação de bens que o consumidor já possuía ficam excluídas do âmbito de aplicação do DL, exceto se forem inseridas, no bem, peças novas[410].

gem relativamente ao outro contraente, em termos de informação e conhecimento técnico, é dizer, em situação de desconhecimento equivalente à de um consumidor pessoa singular e atuassem fora do âmbito da sua atividade e não tivessem em vista dar um fim profissional aos bens ou serviços adquiridos pelo facto desses bens ou serviços se encontrarem fora do domínio da sua especialidade.

Se é certo que até à entrada em vigor do diploma referido os ecos legislativos respeitantes a uma noção ampla de consumidor (enquanto pessoas coletivas) ainda se podiam escutar, também é certo que atualmente se tornaram praticamente inaudíveis.

406 Releva que seja fornecido ao consumidor um bem novo de que este não dispusesse anteriormente ou que, já dispondo de tal bem, o profissional o transforme por forma a que seja considerado um bem distinto. Cfr. Morais Carvalho, Jorge, *Manual de Direito do Consumo*, 6ª ed., Almedina, Coimbra, 2019, pág. 273.

407 Cfr. Ac. Rel. Lisboa de 1/2/2018. Processo 13/13.2TBSVC.L1-2 e Ac. Rel. Porto de 15/12/2016. Processo 103/14.4T8PFR.P1.

408 Cfr. Romano Martinez, Pedro, "Empreitada de Bens de Consumo – A transposição da Directiva nº 199/44/CE pelo Decreto-Lei nº 67/2003", *Estudos do Instituto do Direito do Consumo*, Vol. II, Almedina, Coimbra, 2004, págs. 11 e ss.

409 Não deixa de parecer estranho e pouco coerente que a norma que preveja a exclusão da responsabilidade do profissional, no caso da falta de conformidade decorrer dos materiais fornecidos pelo consumidor, e que abrange apenas bens imóveis fornecidos num contrato de empreitada, não tenha paralelo quanto a bens móveis.

410 Cfr. Morais Carvalho, Jorge, *Manual de Direito do Consumo*, 6ª ed., Almedina, Coimbra, 2019, págs. 273 e 274 e Calvão da Silva, João, *Venda de Bens de Consumo*, 4ª ed. Almedina, Coimbra, 2010, pág. 66.

Por sua vez, na jurisprudência[411], sustentou-se que a redação do artigo 1º-A, nº 2, do revogado DL 67/2003, de 8 de abril, permitia abranger, não apenas, a empreitada de construção, mas também a empreitada de reparação ou modificação devendo ser qualificado como empreitada de consumo o contrato celebrado por quem destinasse a obra encomendada a um uso não profissional e alguém que exercesse, com carácter profissional, uma determinada atividade económica, a qual abrangesse a realização da obra em causa, mediante remuneração.

Na verdade, na primitiva redação do DL 67/2003, de 8 de abril, o artigo 1º, nº 2 determinava que o seu regime legal era aplicável com as necessárias adaptações, aos contratos de fornecimento de bens de consumo a fabricar ou a produzir. Era, então, entendimento comum que a norma apenas relevava quanto a contratos de empreitada cuja prestação consistisse na realização de uma obra de criação de coisa nova, não se aplicando aos contratos que tivessem por objeto a simples reparação, limpeza, modificação, manutenção ou destruição duma coisa já existente. Com a redação da norma (artigo 3º nº 1 al. b)), dada pelo DL 84/2021, de 18 de outubro, parece-nos que para se qualificar determinado contrato, enquanto contrato de empreitada de consumo, deve verificar-se, cumulativamente, dois elementos: 1) Existência de relação de consumo e 2) transmissão de um bem de consumo, no âmbito do contrato de empreitada, independentemente de se tratar de um bem novo ou usado.

Portanto, deve admitir-se que empreitadas de construção, recuperação, conservação ou reparação de bens que o consumidor já possuía se podem qualificar como empreitadas de consumo, desde que se verifique a transmissão de um bem novo ou usado, no âmbito de uma relação de consumo, aplicando-se as normas do diploma. Veja-se a título de exemplo um consumidor que se dirige a uma oficina de reparação de automóveis com um problema no turbo da sua viatura. O profissional sugere, para que a prestação do serviço de reparação seja menos dispendiosa, um turbo recondicionado. À luz da primitiva redação da norma em análise, não seria de admitir tratar-se de uma empreitada de consumo. Com a norma em vigor, trata-se de uma empreitada de consumo.

[411] Cfr. Ac. Rel. Porto de 12/10/2017. Processo 392/13.1TVPRT.P1; Ac. Rel. Guimarães de 14/2/2019. Processo 995/16.2T8BGC.G2; Ac. Rel. Guimarães de 12/7/2016. Processo 59/12.8TBPCR.G1 e Ac. Rel. Lisboa de 9/2/2010. Processo 72/08.0TBPST.L1-7.

Por seu turno, o DL aplica-se, igualmente, à locação[412] de bens de consumo, englobando-se, no âmbito do diploma, não só o arrendamento de imóveis, mas também o aluguer de móveis, o aluguer de longa duração, a locação financeira[413] mobiliária e a imobiliária e a locação com cláusula de aquisição no fim do período de pagamento de todas as rendas[414].

Uma das novidades introduzidas pelo DL 84/2021, de 18 de outubro, relativamente ao revogado DL 67/2003, de 8 de abril, foi a previsão da sua aplicação aos conteúdos ou serviços digitais que estejam incorporados em bens, ou que com eles estejam interligados, na aceção da subal. ii) da al. c) do artigo 2º (bens com elementos digitais), e sejam fornecidos com os bens nos termos de um contrato de compra e venda, independentemente dos conteúdos ou serviços digitais serem fornecidos pelo profissional ou por um terceiro (artigo 3º nº 1, al. c))[415-416].

Assim, considera-se um bem com elementos digitais qualquer bem corpóreo que incorpore ou esteja interligado com um conteúdo ou serviço digital, de tal modo que a falta destes impeça os bens de desempenharem as suas funções. Não deve interpretar-se a subal. ii) da al. c) do artigo 2º no sentido de se considerar que a falta de conformidade do elemento digital impeça a realização da totalidade das funções do bem, mas alguma(s) daquelas que sejam razoavelmente expectáveis pelo consumidor. Caso contrário o âmbito de aplicação do diploma, relativamente a bens com elementos digitais, seria, praticamente, nulo. Veja-se, a título de exemplo, um automóvel com uma aplicação de GPS instalada. Na realidade, uma falta de conformidade da aplicação não afeta as funções principais do automóvel. No entanto, deve considerar-se o automóvel com aplicação de GPS instalada um bem com elementos digitais, na medida em que a falta de conformidade do elemento digital impede a navegação via satélite,

412 Cfr. Artigo 1022º do CC.

413 Cfr. DL 149/95, de 24 de junho.

414 Cfr. Calvão da Silva, João, *Venda de Bens de Consumo*, 4ª ed. Almedina, Coimbra, 2010, págs. 66 e 67.

415 Veja-se, a título de exemplo, um automóvel com aplicação de GPS instalada, ou um computador com programas instalados ou o software de um smartphone ou smartwatch.

416 Note-se que que o conteúdo poderá estar pré-instalado ou, nos termos do contrato, ser instalados em momento posterior. Neste sentido, cfr. Cfr. Morais Carvalho, Jorge, *Compra e Venda e Fornecimento de Conteúdos e Serviços Digitais*, Almedina, Coimbra, 2022, pág. 25.

uma das funções legitimamente esperadas pelo consumidor, aquando da celebração do contrato.

Assim, deve considerar-se bem com elementos digitais atendendo à circunstância dos elementos digitais serem fornecidos com o bem desde que interligados ou incorporados, por remissão ao disposto na segunda parte do artigo 3º, nº 1, al. c), excluindo-se da noção caso os conteúdos os serviços digitais não sejam fornecidos no âmbito do contrato de compra e venda. Imagine-se que se celebra um contrato compra e venda de um computador sem sistema operativo e, posteriormente, com um terceiro, um contrato de fornecimento do sistema operativo[417].

Como referimos anteriormente, até à publicação da Diretiva (UE) 2019/770 existia um vazio legal a nível europeu respeitante à consagração de direitos dos consumidores em caso de não fornecimento ou não conformidade dos conteúdos ou serviços digitais. Passou, pois, a aplicar-se, no que concerne ao fornecimento de conteúdos ou serviços digitais, a contratos que estipulem um único ato de fornecimento, uma série de atos individuais de fornecimento e, ainda, um fornecimento contínuo. Veja-se, a título de exemplo, a compra de livros digitais (ebook), a subscrição de publicações periódicas digitais e a subscrição de um serviço de streaming, assegurando, por sua vez, que o consumidor que faculta dados pessoais para usufruir de um conteúdo ou serviço digital passe a estar protegido por um conjunto de direitos, caso ocorra o não fornecimento ou falta de conformidade.

Desta forma, o DL 84/2021, de 18 de outubro aplica-se aos contratos de fornecimento de conteúdos ou serviços digitais, nas seguintes situações (artigo 3º, nº 3):

- O profissional forneça ou se comprometa a fornecer conteúdos ou serviços digitais ao consumidor e o consumidor pague ou se comprometa a pagar o respetivo preço[418];
- O profissional forneça ou se comprometa a fornecer conteúdos ou serviços digitais ao consumidor e o consumidor faculte ou se com-

[417] Em sentido idêntico cfr. Morais Carvalho, Jorge, *Compra e Venda e Fornecimento de Conteúdos e Serviços Digitais*, Almedina, Coimbra, 2022, pág. 25.

[418] Veja-se, a título de exemplo, a compra de um ebook, atualizações de software, subscrição de publicações periódicas digitais, download de um jogo ou aplicação, subscrição de um serviço de streaming em qualquer dos casos mediante o pagamento de um preço.

prometa a facultar dados pessoais ao profissional, exceto quando os dados pessoais se destinarem ao tratamento exclusivo pelo profissional para o fornecimento dos conteúdos ou serviços digitais em conformidade com o DL ou ao cumprimento pelo profissional dos requisitos legais a que está sujeito, não se procedendo ao tratamento desses dados para quaisquer outros fins[419];
- Os conteúdos ou serviços digitais sejam desenvolvidos de acordo com as especificações do consumidor[420];
- O suporte material seja utilizado exclusivamente como meio de disponibilização dos conteúdos digitais[421-422].

Por fim, os artigos 9º e 30º do DL 84/2021, de 18 de outubro, estendem, ainda, o seu âmbito de aplicação, por um lado, às situações de falta de conformidade em virtude de instalação incorreta desde que tal instalação seja assegurada pelo profissional ou efetuada sob a sua responsabilidade, ou, quando realizada pelo consumidor, se deva a deficiências nas instruções de instalação fornecidas pelo profissional ou no caso de bens com elementos digitais, a instalação incorreta se deva a deficiências nas instruções de instalação fornecidas pelo profissional ou pelo fornecedor do conteúdo ou serviço digital e, por outro, às faltas de conformidade resultantes da

[419] Veja-se, a título de exemplo, o download gratuito de uma aplicação mediante o qual o consumidor disponibiliza o acesso a localização, fotos ou contactos.

[420] Veja-se, a título de exemplo, o contrato celebrado entre um consumidor e uma empresa de web design, mediante o qual esta se obriga a projetar um website de acordo com as especificidades manifestadas, para que aquele possa implementar o seu blog pessoal.

[421] Veja-se, a título de exemplo, um CD de música ou que contenha um programa de computador.

[422] Pese embora a Diretiva (UE) 2019/771 exclua do seu âmbito de aplicação qualquer suporte material que sirva exclusivamente de portador de conteúdos digitais (artigo 3º, nº 4 al. a)), o legislador nacional não adotou a mesma solução. Assim, se é certo que as normas relativas ao fornecimento de conteúdos digitais se aplicam quando tais conteúdos sejam disponibilizados em suporte material e tal suporte material seja utilizado exclusivamente para os fornecer, o que afasta a aplicação das normas relativas a bens com elementos digitais, também é certo que ao suporte material, em caso de falta de conformidade deste, que impeça, por ex. o acesso aos conteúdos digitais, deve considerar-se que existe falta de conformidade do conteúdo. Em sentido semelhante, cfr. Passinhas, Sandra, O Novo Regime da Compra e Venda de Bens de Consumo – Exegese do Novo Regime Legal, *Revista de Direito Comercial*, dezembro de 2021, pág. 1475.

integração incorreta dos conteúdos ou serviços digitais no ambiente digital quando a integração tiver sido realizada pelo profissional ou sob a sua responsabilidade ou os conteúdos ou serviços se destinarem a ser integrados pelo consumidor e a integração incorreta se dever a deficiências nas instruções fornecidas pelo profissional.

Cabe ainda realçar o disposto no artigo 49º do DL 84/2021, de 18 de outubro. Deste modo, a verificação de um uso profissional dos bens, conteúdos ou serviços digitais pelo consumidor, desde que a finalidade comercial não seja predominante no contexto global do contrato, não prejudica a aplicação do regime previsto no diploma.

Quanto às exclusões relativas ao âmbito de aplicação do DL 84/2021, de 18 de outubro (artigo 4º), o diploma não se aplica:

- A bens vendidos por via de penhora ou qualquer outra forma de execução judicial ou levada a cabo por uma autoridade pública;
- À compra e venda de animais;
- Serviços de comunicações eletrónicas, tal como definidos no ponto 4) do artigo 2º da Diretiva (UE) 2018/1972[423], do Parlamento Europeu e do Conselho, de 11 de dezembro de 2018, com exceção dos serviços de comunicações interpessoais independentes do número, tal como definidos no ponto 7) do artigo 2º da mesma Diretiva[424];
- Serviços de cuidados de saúde, tal como definidos na alínea b) do artigo 3º da Lei 52/2014, de 25 de agosto[425];

[423] O serviço oferecido em geral mediante remuneração através de redes eletrónicas de comunicações, que engloba, com exceção de serviços que prestem ou exerçam controlo editorial sobre conteúdos transmitidos através de redes e serviços de comunicações eletrónicas, os seguintes tipos de serviços:
a) O «serviço de acesso à Internet», na aceção do artigo 2º, segundo parágrafo, ponto 2, do Regulamento (UE) 2015/2120;
b) O «serviço de comunicações interpessoais»; e
c) Os serviços que consistem total ou principalmente no envio de sinais, tais como os serviços de transmissão utilizados para a prestação de serviços máquina a máquina e para a radiodifusão;

[424] Serviço de comunicações interpessoais que não estabelece a ligação, ou que não permite a comunicação, com recursos de numeração atribuídos publicamente, a saber, com um número ou números incluídos nos planos nacionais ou internacionais de numeração.

[425] Os cuidados prestados por profissionais de saúde aos doentes com o objetivo de avaliar, manter ou reabilitar o seu estado de saúde, incluindo a prescrição, a dispensa e o fornecimento de medicamentos e dispositivos médicos.

- Jogo e aposta online, conforme definido na alínea o) do artigo 4º do DL 66/2015, de 29 de abril[426];
- Serviços financeiros, tal como definidos na alínea c) do artigo 2º do DL 95/2006, de 29 de maio[427];
- Software oferecido pelo profissional no âmbito de uma licença de acesso livre e gratuito, em que não seja exigida contraprestação ao consumidor, desde que os dados pessoais fornecidos sejam exclusivamente tratados pelo profissional para melhorar a segurança, a compatibilidade ou a interoperabilidade do software específico;
- Fornecimento de conteúdos digitais que sejam disponibilizados ao público por outro meio que não a transmissão de sinal, no contexto de uma representação ou de um evento, designadamente projeções cinematográficas digitais;
- Conteúdos digitais fornecidos em conformidade com a Lei 26/2016, de 22 de agosto por organismos do setor público.

3.2. Conformidade

Em sede de cumprimento dos contratos de compra e venda de bens de consumo (e equiparados), assim como da generalidade dos contratos de consumo, assume especial relevância a expressão conformidade com o contrato[428]. Neste sentido, o vendedor deve entregar ao consumidor bens e fornecer os conteúdos e serviços digitais que sejam conformes com o contrato[429], por um lado e, por outro, adequados à legítima expectativa do consumidor (artigo 5º, 22º nº 1, 27º), é dizer, ajustados aos requisitos de conformidade previstos no DL 84/2021, de 18 de outubro.

[426] Jogos de fortuna ou azar, as apostas desportivas à cota e as apostas hípicas, mútuas e à cota, em que são utilizados quaisquer mecanismos, equipamentos ou sistemas que permitam produzir, armazenar ou transmitir documentos, dados e informações, quando praticados à distância, através de suportes eletrónicos, informáticos, telemáticos e interativos, ou quaisquer outros meios.

[427] Qualquer serviço bancário, de crédito, de seguros, de investimento ou de pagamento e os relacionados com a adesão individual a fundos de pensões abertos.

[428] Cfr. Engrácia Antunes, José, *Direito do Consumo,* Almedina, Coimbra, 2019, pág. 158.

[429] A respeito cfr. Morais Carvalho, Jorge e Pinto Monteiro, António, "Direitos do Consumidor em Caso de Falta de Conformidade do Bem com o Contrato", *Revista de Legislação e de Jurisprudência,* Ano 145º, nº 3994, 2016, págs. 237 e ss e Calvão da Silva, João, *Venda de Bens de Consumo,* 4ª ed. Almedina, Coimbra, 2010, págs. 80 e ss.

Como veremos, a formulação da noção de conformidade, nos moldes previstos no diploma, permite reunir as situações mais comuns de vício, incluindo os de direito[430], de falta de qualidade, diferença de identidade, isto é, entrega de um bem distinto do acordado[431] e diferença de quantidade[432], introduzindo-se, por sua vez, entre outros, as atualizações, a funcionalidade, a compatibilidade, a interoperabilidade como novos critérios de conformidade.

Quanto ao revogado DL 67/2003, de 8 de abril, no seu artigo 2º, nº 2, fixava-se um elenco de presunções, de forma meramente enunciativa, que traduziam as situações mais comuns de falta de conformidade[433].

A formulação dessas presunções era, no diploma, feita pela negativa, é dizer, presumia-se a não conformidade do bem com o contrato caso se verificasse pelo menos uma das situações, no artigo descritas. Já no homónimo artigo da revogada Diretiva 1999/44/CE, de 25 de maio (artigo 2º, nº 2), tal formulação era feita pela positiva, presumindo-se que os bens de consumo seriam conformes com o contrato, se cumulativamente, se verificassem todos os factos aí descritos[434]. Segundo a Diretiva, caberia ao consumidor ilidir alguma das presunções provando a falta de confor-

[430] Os vícios de direito são expressamente consagrados face ao regime anterior e que passam a relevar para se aferir da falta de conformidade. Cfr. Morais Carvalho, Jorge, "Venda de Bens de Consumo e Fornecimento de Conteúdos e Serviços Digitais – As Diretivas 2019/771 e 2019/770 e o seu Impacto no Direito Português", *RED*, nº 3, 2019, pág. 75.

[431] A noção de conformidade acolhida pelo DL 67/2003, de 8 de abril dispensa, ao contrário do que ainda acontece com o regime da Venda de Coisas Defeituosas do CC, o recurso ao regime do erro para invocar a desconformidade relativa à diferença de identidade, em particular, e às demais situações de falta de conformidade (caso o consumidor pretenda anular o contrato). Basicamente, o erro é reduzido à falta de conformidade com o referido diploma. Cfr. Ac. Rel. Coimbra de 25/6/2013. Processo 92/11.7T2SVV.C1 e Ac. Rel. Coimbra de 15/5/2012. Processo 70/11.6TBTCS.C1.

[432] Neste sentido cfr. Morais Carvalho, Jorge, *Manual de Direito do Consumo*, 6ª ed., Almedina, Coimbra, 2019, pág. 277 e Ferreira de Almeida, Carlos, *Direito do Consumo*, Almedina, Coimbra, 2005, págs. 161.

[433] Cfr. Calvão da Silva, João, *Venda de Bens de Consumo*, 4ª ed. Almedina, Coimbra, 2010, pág. 83.

[434] Cfr. Mota Pinto, Paulo, "Conformidade e Garantias na Venda de Bens de Consumo – a Directiva 1999/44/CE e o Direito Português", *Estudos de Direito do Consumidor*, nº 2, 2000, pág. 225; Morais Carvalho, Jorge, *Manual de Direito do Consumo*, 6ª ed., Almedina, Coimbra, 2019, págs. 280 e ss e Calvão da Silva, João, *Venda de Bens de Consumo*, 4ª ed. Almedina, Coimbra, 2010, pág. 84.

midade. Já relativamente à redação dada pelo legislador português, no revogado DL 67/2003, de 8 de abril, a única e possível interpretação era a de que as presunções previstas no artigo 2º, nº 2 eram inilidíveis[435] pois, se o consumidor provasse a falta de conformidade, não seria de admitir que o profissional viesse a provar a conformidade por remissão a algum dos factos índice de um bem, relativamente ao qual já se havia provado ser desconforme[436].

O DL 84/2021, de 18 de outubro, na senda das Diretivas que transpõe, procede a uma separação dos critérios de conformidade por grupos autónomos (os relativos aos bens móveis, aos imóveis e aos conteúdos ou serviços digitais) e em subjetivos (resultantes diretamente da relação contratual entre consumidor e profissional) e objetivos (que apenas indiretamente fazem parte do contrato, uma vez que estão relacionados, principalmente, com a legítima expectativa do consumidor), constituindo uma das principais inovações no que respeita à avaliação da conformidade do bem com o contrato. Não se trata de alterações de fundo aos critérios, pese embora se acrescentem requisitos de funcionalidade, compatibilidade e interoperabilidade para conteúdos e serviços digitais e para bens com elementos digitais[437].

Quanto aos requisitos subjetivos de conformidade dos bens móveis, o artigo 6º do DL 84/2021, de 18 de outubro faz depender a mencionada conformidade dos seguintes fatores:

- Correspondência à descrição, ao tipo, à quantidade e à qualidade e deter a funcionalidade (na aceção do artigo 2º, al. j)), a compatibilidade (na aceção do artigo 2º, al. f)), a interoperabilidade (na aceção do artigo 2º, al. l)) e as demais características previstas no contrato de compra e venda. A conformidade do bem afere-se, desta forma,

[435] Em sentido semelhante cfr. Engrácia Antunes, José, *Direito do Consumo*, Almedina, Coimbra, 2019, pág. 158. Em sentido inverso cfr. Ac. Rel. Coimbra de 20/11/2012. Processo 6646/05.3TBLRA.C1; Ac. Rel. Guimarães de 1/2/2018. Processo 783/15.3T8FAF.G1. No sentido de não dever considerar-se um elenco de presunções cfr. Morais Carvalho, Jorge, *Manual de Direito do Consumo*, 6ª ed., Almedina, Coimbra, 2019, pág. 281 e ss.

[436] Cfr. Morais Carvalho, Jorge, *Manual de Direito do Consumo*, 6ª ed., Almedina, Coimbra, 2019, pág. 281.

[437] Cfr. Morais Carvalho, Jorge, "Venda de Bens de Consumo e Fornecimento de Conteúdos e Serviços Digitais – As Diretivas 2019/771 e 2019/770 e o seu Impacto no Direito Português", *RED*, nº 3, 2019, pág. 75.

por remissão a um conjunto de características previstas no contrato de compra e venda;
- Adequação a qualquer finalidade específica a que o consumidor os destine, de acordo com o previamente acordado entre as partes. Para além do uso habitual (enquanto critério de conformidade objetivo), o legislador entendeu particularizar, e estabelecer a falta de conformidade, se o bem não se adequar a uma utilização específica (e fora da esfera do referido uso habitual), desde que tal especificidade tenha sido previamente acordada pelas partes[438] (veja-se, por ex., um consumidor que pretenda adquirir uma máquina de lavar roupa, mas que, simultaneamente, a seque);
- Entrega conjunta com todos os acessórios e instruções, inclusivamente de instalação, tal como estipulado no contrato de compra e venda;
- Fornecimento com todas as atualizações, tal como estipulado no contrato de compra e venda[439].

No que concerne aos dois últimos critérios, trata-se de uma inovação relativamente ao diploma anterior. Assim, por um lado, a conformidade passa a aferir-se em função da entrega de todos os acessórios e instruções, em particular as que digam respeito à instalação e, por outro, a depender do fornecimento de todas as atualizações, em ambos os casos nos moldes estabelecidos no contrato.

No que concerne aos requisitos objetivos de conformidade dos bens móveis o artigo 7º do DL 84/2021, de 18 de outubro acrescenta que os estes devem:

- Ser adequados ao uso a que os bens da mesma natureza se destinam. Relevam, portanto, todas as utilizações habituais dadas ao bem,

[438] Cfr. Engrácia Antunes, José, *Direito do Consumo*, Almedina, Coimbra, 2019, pág. 160 e Morais Carvalho, Jorge, *Manual de Direito do Consumo*, 6ª ed., Almedina, Coimbra, 2019, pág. 291.

[439] A consagração deste critério de conformidade resultou do alargamento do âmbito de aplicação do DL 84/2021, de 18 de outubro, relativamente ao revogado regime homónimo, aos conteúdos ou serviços digitais que estejam incorporados em bens, ou que com eles estejam interligados.

devendo, a conformidade, aferir-se objetivamente e não por remissão à intenção de um consumidor individualmente considerado, mas ao uso ou usos comuns desse bem[440];

- Corresponder à descrição e possuir as qualidades da amostra ou modelo que o profissional tenha apresentado ao consumidor antes da celebração do contrato, sempre que aplicável. Releva, por um lado, todo o tipo de declaração dirigida ao público, através de qualquer forma de comunicação comerciais, incluindo a publicidade, excluindo-se, naturalmente, as pouco precisas ou pouco objetivas, devendo tal declaração do vendedor ser interpretada em harmonia com o artigo 236º do CC (veja-se, por ex. uma comunicação de um vendedor de carne, descrevendo a sua carne como a mais tenra de Portugal)[441] e, por outro, a vinculação do vendedor às qualidades do bem que tenha apresentado como amostra ou modelo, relativamente ao consumidor, devendo a coisa vendida ser de qualidade equivalente à referida amostra ou modelo[442] (veja-se, por ex., quando se verifique falta de coincidência de uma fotografia num catálogo ou de um modelo em exibição com o bem posteriormente vendido);
- Ser entregues juntamente com os acessórios, incluindo a embalagem, instruções de instalação ou outras instruções que o consumidor possa razoavelmente esperar receber, sempre que aplicável. Verifica-se, pois, um paralelo com o critério de conformidade subjetivo respeitante à entrega conjunta com todos os acessórios e instruções, inclusivamente de instalação, tal como estipulado no contrato de compra e venda. No entanto, o legislador foi mais longe na medida em que a conformidade do bem se afere não apenas em função da entrega conjunta com todos os acessórios e instruções,

[440] Cfr. Morais Carvalho, Jorge, *Manual de Direito do Consumo*, 6ª ed., Almedina, Coimbra, 2019, pág. 288 e ss e Menezes Leitão, Luís, "O Novo Regime da Venda de Bens de Consumo", *Estudos do Instituto do Direito do Consumo*, Vol. II, Almedina, Coimbra, 2004, pág. 48.

[441] Cfr. Engrácia Antunes, José, *Direito do Consumo*, Almedina, Coimbra, 2019, pág. 159; Calvão da Silva, João, *Venda de Bens de Consumo*, 4ª ed. Almedina, Coimbra, 2010, págs. 85 e ss e Morais Carvalho, Jorge, *Manual de Direito do Consumo*, 6ª ed., Almedina, Coimbra, 2019, págs. 285 e ss.

[442] Menezes Leitão, Luís, "O Novo Regime da Venda de Bens de Consumo", *Estudos do Instituto do Direito do Consumo*, Vol. II, Almedina, Coimbra, 2004, pág. 48.

tal como estipulado no contrato de compra e venda, mas, do mesmo modo, em função da legítima expectativa do consumidor em receber os acessórios, incluindo a embalagem, instruções de instalação ou outras instruções;

- Corresponder à quantidade e possuir as qualidades e outras características, inclusive no que respeita à durabilidade, funcionalidade, compatibilidade e segurança, habituais e expectáveis nos bens do mesmo tipo considerando, designadamente, a sua natureza e qualquer declaração pública feita pelo profissional, ou em nome deste, ou por outras pessoas em fases anteriores da cadeia de negócio, incluindo o produtor, nomeadamente na publicidade ou na rotulagem[443]. Releva, para se aferir da conformidade, as próprias características essenciais e a performance do bem que deve ser apto a satisfazer os fins legitimamente esperados pelo consumidor (no esteio do artigo 236º do CC)[444], não se olvidando que as informações concretas e objetivas contidas nas mensagens publicitárias de determinado bem, serviço ou direito se devem considerar integradas no conteúdo dos contratos que se venham a celebrar após a sua emissão (artigo 7º, nº 5 da LDC)[445].

Em todo o caso, a falta de conformidade não relevará para a aplicação do regime se, aquando da celebração do contrato, o consumidor tenha sido inequivocamente informado de que uma característica particular do bem se desvia dos requisitos estabelecidos no artigo 7º, nº 1 e tenha aceitado, separadamente, de forma expressa e inequívoca, esse desvio (artigo 7º, nº 3), recaindo o ónus da prova do fornecimento da informação sobre

[443] O profissional não fica vinculado às declarações públicas se demonstrar que não tinha, nem podia razoavelmente ter, conhecimento da declaração pública em causa, se no momento da celebração do contrato, a declaração pública em causa tinha sido corrigida de forma igual ou comparável à forma por que tinha sido feita ou se a decisão de contratar não poderia ter sido influenciada por aquela declaração (artigo 7º, nº 2).

[444] MOTA PINTO, Paulo, "Conformidade e Garantias na Venda de Bens de Consumo – a Directiva 1999/44/CE e o Direito Português", *Estudos de Direito do Consumidor,* nº 2, 2000, págs. 240 e ss.

[445] Cfr. ENGRÁCIA ANTUNES, José, *Direito do Consumo,* Almedina, Coimbra, 2019, pág. 160 e MORAIS CARVALHO, Jorge, *Manual de Direito do Consumo,* 6ª ed., Almedina, Coimbra, 2019, págs. 292 e ss.

o vendedor (artigo 342º, nº 2 do CC). Trata-se de uma inovação benéfica para o consumidor na medida em que se faz recair sobre o profissional um dever de informar inequivocamente o consumidor acerca uma eventual falta de conformidade ao passo que, ao abrigo do regime anterior, a falta de conformidade não relevava para aplicação do regime se, aquando da celebração do contrato, o consumidor a conhecesse ou não pudesse razoavelmente ignorá-la[446] após a realização de um exame diligente, independentemente de informação expressa fornecida pelo profissional da falta de conformidade.

O artigo 8º do DL 84/2021, de 18 de outubro acrescenta ainda uma panóplia de requisitos adicionais de conformidade relativamente aos bens com elementos digitais que se prendem, fundamentalmente, com a nova questão das atualizações[447], consagrando-se, quanto a estas, um dever de comunicação e fornecimento.

Assim, para além dos requisitos de conformidade constantes dos artigos anteriores, o profissional tem o dever de assegurar que as atualizações, incluindo as de segurança, necessárias para colocar os bens em conformidade, são comunicadas e fornecidas ao consumidor, durante o período razoavelmente esperado pelo consumidor, tendo em conta o tipo e finalidade dos bens e dos elementos digitais, bem como as circunstâncias e natureza do contrato de compra e venda, sempre que o mesmo estipule um único ato de fornecimento do conteúdo ou serviço digital.

Por outro lado, tratando-se do fornecimento contínuo de conteúdo ou serviço digital até dois anos, o dever de comunicação e fornecimento das atualizações mencionado no número anterior vigora pelo período de dois anos.

Por sua vez, no caso do fornecimento contínuo de conteúdo ou serviço digital que seja superior a dois anos, o dever de comunicação e fornecimento das atualizações vigora pelo período de duração do contrato.

De realçar que caso o consumidor não proceda à instalação, num prazo razoável, das atualizações fornecidas, o profissional não é responsável por

[446] Excluíam-se, portanto, os defeitos visíveis ou aparentes. Cfr. Calvão da Silva, João, *Venda de Bens de Consumo*, 4ª ed. Almedina, Coimbra, 2010, pág. 93.

[447] Cfr. Morais Carvalho, Jorge, "Venda de Bens de Consumo e Fornecimento de Conteúdos e Serviços Digitais – As Diretivas 2019/771 e 2019/770 e o seu Impacto no Direito Português", *RED*, nº 3, 2019, pág. 77.

qualquer falta de conformidade que resulte exclusivamente da falta de atualização em causa, se o profissional tiver informado o consumidor da disponibilidade da atualização e das consequências da sua não instalação e a não instalação ou a instalação incorreta da atualização pelo consumidor não tenha resultado de deficiências nas instruções de instalação fornecidas ao consumidor.

Em conformidade com artigo 8º, nº 5, exclui-se a responsabilidade do profissional se, aquando da celebração do contrato, o consumidor tenha sido inequivocamente informado de que uma característica particular do bem se desviava dos requisitos constantes do nº 1, do referido artigo ou dos requisitos objetivos de atualização, e tenha aceitado, separadamente, de forma expressa e inequívoca, esse desvio, recaindo o ónus da prova do fornecimento da informação sobre o profissional (artigo 342º, nº 2 do CC).

Ainda na senda da falta de conformidade do bem, o artigo 9º, equipara-a à falta de conformidade que resulte da instalação incorreta quando a instalação seja assegurada pelo profissional ou efetuada sob a sua responsabilidade ou quando realizada pelo consumidor e a instalação incorreta se deva a deficiências nas instruções de instalação fornecidas pelo profissional ou no caso de bens com elementos digitais, a instalação incorreta se deva a deficiências nas instruções de instalação fornecidas pelo profissional ou pelo fornecedor do conteúdo ou serviço digital[448].

Outra inovação relativamente ao diploma anterior passa pela consagração inequívoca dos vícios de direito como critério para se aferir a falta de conformidade[449]. Desta forma, e em conformidade com o artigo 10º, caso uma restrição que resulte de violação de quaisquer direitos de terceiros, em particular direitos de propriedade intelectual, impeça ou limite a utilização dos bens, nos termos dos artigos 6º a 8º, o consumidor tem direito aos meios de ressarcimento por falta de conformidade previstos no artigo 15º (exceto nas situações previstas em legislação especial nos termos da

[448] Ampliam-se e estendem-se, desta forma, a regras relativas à venda de bens de consumo aos serviços de instalação desses bens. Cfr. MENEZES LEITÃO, Luís, "O Novo Regime da Venda de Bens de Consumo", *Estudos do Instituto do Direito do Consumo*, Vol. II, Almedina, Coimbra, 2004, pág. 53 e CALVÃO DA SILVA, João, *Venda de Bens de Consumo*, 4ª ed. Almedina, Coimbra, 2010, págs. 94 e 95.

[449] Cfr. Morais Carvalho, Jorge, "Venda de Bens de Consumo e Fornecimento de Conteúdos e Serviços Digitais – As Diretivas 2019/771 e 2019/770 e o seu Impacto no Direito Português", *RED*, nº 3, 2019, pág. 75.

qual se determine a invalidade ou a resolução do contrato de compra e venda).

Quanto aos requisitos de conformidade dos bens imóveis[450], o artigo 22º, nº 1 do DL 84/2021, de 18 de outubro faz recair sobre o profissional o dever genérico de entregar ao consumidor os bens imóveis que sejam conformes com o contrato de compra e venda e que apresentem características de qualidade, de segurança, de habitabilidade, de proteção ambiental e de funcionalidade de modo a assegurar a aptidão dos mesmos ao uso a que se destinam durante o período de vida útil técnica e economicamente razoável[451].

Por sua vez, o nº 2, estabelece um elenco de presunções de não conformidade sempre que os bens imóveis[452]:

- Não sejam conformes com a descrição que deles é feita pelo profissional ou não possuam as qualidades do bem que o profissional tenha apresentado ao consumidor como amostra ou modelo. Releva, à semelhança com o critério homónimo para os bens móveis, por um lado, todo o tipo de declaração dirigida ao público, através de qualquer forma de comunicação comerciais, incluindo a publicidade, excluindo-se, naturalmente, as pouco precisas ou pouco objetivas, devendo tal declaração do vendedor ser interpretada em harmonia

[450] De realçar que o DL 84/2021, de 18 de outubro, relativamente ao anterior regime, não traz propriamente novidades substanciais quanto aos requisitos de conformidade dos bens imóveis para além da sua autonomização quanto aos dos bens móveis. Por outro lado, contrariamente aos requisitos de conformidade dos bens móveis e dos conteúdos e serviços digitais, não se procede à separação entre requisitos subjetivos e objetivos.

[451] Segundo o artigo 22º, nº 3, as características de qualidade, de segurança, de habitabilidade, de proteção ambiental e de funcionalidade mencionadas no nº 1 são descritas na ficha técnica da habitação a que se refere o artigo 4º do DL 68/2004, de 25 de março.

[452] Não deixa de ser curioso que a conformidade dos bens móveis e dos conteúdos e serviços digitais se formule pela positiva por remissão a determinados critérios e, que, relativamente à conformidade dos bens imóveis se mantenha a solução do regime anterior, isto é, uma formulação pela negativa com recurso a um elenco de presunções de não conformidade, é dizer, presume-se a não conformidade do bem com o contrato caso se verifique pelo menos uma das situações, no artigo descritas. Tratam-se, como referimos anteriormente, de presunções inilidíveis pois, se o consumidor provar a falta de conformidade, não será de admitir que o profissional venha a provar a conformidade por remissão a algum dos factos índice de um bem, relativamente ao qual já se havia provado ser desconforme.

com o artigo 236º do CC[453] e, por outro, a vinculação do vendedor às qualidades do bem que tenha apresentado como amostra ou modelo, relativamente ao consumidor, devendo a coisa vendida ser de qualidade equivalente à referida amostra ou modelo[454];

- Não sejam adequados ao uso específico para o qual o consumidor os destine, desde que o profissional tenha sido informado de tal uso aquando da celebração do contrato e o tenha aceite. Assim, o bem não será conforme se não se adequar a uma utilização específica (e fora da esfera do referido uso habitual), desde que tal especificidade tenha sido previamente acordada pelas partes;
- Não sejam adequados às utilizações habitualmente dadas aos bens do mesmo tipo, isto é, todas as utilizações habituais dadas ao bem, devendo, a conformidade, aferir-se objetivamente e não por remissão à intenção de um consumidor individualmente considerado, mas ao uso ou usos comuns desse bem[455];
- Não apresentarem as qualidades e o desempenho habituais nos bens do mesmo tipo e que o consumidor pode razoavelmente esperar, atendendo à natureza do bem e, eventualmente, às declarações públicas sobre as suas características concretas feitas pelo profissional, pelo produtor ou pelo seu representante, nomeadamente na publicidade. Releva, pois, para se aferir da conformidade, as próprias características essenciais e a performance do bem que deve ser apto a satisfazer os fins legitimamente esperados pelo consumidor (no esteio do artigo 236º do CC)[456], não se olvidando que as informações concretas e objetivas contidas nas mensagens publicitárias

[453] Cfr. Engrácia Antunes, José, *Direito do Consumo*, Almedina, Coimbra, 2019, pág. 159; Calvão da Silva, João, *Venda de Bens de Consumo*, 4ª ed. Almedina, Coimbra, 2010, págs. 85 e ss e Morais Carvalho, Jorge, *Manual de Direito do Consumo*, 6ª ed., Almedina, Coimbra, 2019, págs. 285 e ss.

[454] Menezes Leitão, Luís, "O Novo Regime da Venda de Bens de Consumo", *Estudos do Instituto do Direito do Consumo*, Vol. II, Almedina, Coimbra, 2004, pág. 48.

[455] Cfr. Morais Carvalho, Jorge, *Manual de Direito do Consumo*, 6ª ed., Almedina, Coimbra, 2019, pág. 288 e ss e Menezes Leitão, Luís, "O Novo Regime da Venda de Bens de Consumo", *Estudos do Instituto do Direito do Consumo*, Vol. II, Almedina, Coimbra, 2004, pág. 48.

[456] Mota Pinto, Paulo, "Conformidade e Garantias na Venda de Bens de Consumo – a Directiva 1999/44/CE e o Direito Português", *Estudos de Direito do Consumidor*, nº 2, 2000, págs. 240 e ss.

de determinado bem, serviço ou direito se devem considerar integradas no conteúdo dos contratos que se venham a celebrar após a sua emissão (artigo 7º, nº 5 da LDC)[457].

De realçar que não se considera existir falta de conformidade caso o consumidor tivesse conhecimento dessa falta de conformidade aquando da celebração do contrato, não a pudesse razoavelmente ignorar ou se aquela decorrer dos materiais fornecidos pelo consumidor.

Não deixa de ser estranha a divergência nesta matéria entre o regime aplicável aos bens móveis e aos imóveis. Se, relativamente aos primeiros, a falta de conformidade não relevará para a aplicação do regime se, aquando da celebração do contrato, o consumidor tiver sido inequivocamente informado de que uma característica particular do bem se desvia dos requisitos estabelecidos no artigo 7º, nº 1 e tenha aceitado, separadamente, de forma expressa e inequívoca, esse desvio (artigo 7º, nº 3), já quanto aos segundos a solução é igual à do diploma anterior, é dizer, a falta de conformidade não relevará para aplicação do regime se, aquando da celebração do contrato, o consumidor a conhecer ou não a puder, razoavelmente, ignorar[458] após a realização de um exame diligente, independentemente de informação expressa fornecida pelo profissional da existência da falta de conformidade. Assim, no que concerne aos bens móveis, o ónus da informação da existência da falta de conformidade, aquando da celebração do contrato, recai sobre o profissional, ao passo que, relativamente aos bens imóveis, cabe ao consumidor levar a cabo um exame diligente, não se aplicando o regime se este não puder, razoavelmente, ignorar tal falta de conformidade, no momento da celebração do contrato.

Por fim, no que diz respeito aos requisitos de conformidade de conteúdos e serviços digitais, o DL 84/2021, de 18 de outubro adota uma sistematização e conteúdo semelhantes à da dos bens móveis, fazendo a divisão entre subjetivos (artigo 28º) e objetivos (artigo 29º).

[457] Cfr. Engrácia Antunes, José, *Direito do Consumo,* Almedina, Coimbra, 2019, pág. 160 e Morais Carvalho, Jorge, *Manual de Direito do Consumo,* 6ª ed., Almedina, Coimbra, 2019, págs. 292 e ss.

[458] Excluíam-se, portanto, os defeitos visíveis ou aparentes. Cfr. Calvão da Silva, João, *Venda de Bens de Consumo,* 4ª ed. Almedina, Coimbra, 2010, pág. 93.

Não que se criem novos requisitos significativos, mas adaptam-se aos conteúdos e serviços digitais os aplicáveis aos bens móveis e imóveis, em virtude do alargamento do âmbito de aplicação do DL 84/2021, de 18 de outubro ao fornecimento de conteúdos e serviços digitais, acrescentando-se, tal como para os bens com elementos digitais, requisitos de funcionalidade, compatibilidade e interoperabilidade[459].

Quanto aos primeiros, subjetivos, serão conformes com o contrato os conteúdos ou serviços digitais que:

- Correspondam à descrição, à quantidade e à qualidade e detenham a funcionalidade (na aceção do artigo 2º, al. j)), a compatibilidade (na aceção do artigo 2º, al. f)), a interoperabilidade (na aceção do artigo 2º, al. l)) e as demais características previstas no contrato;
- Sejam adequados a qualquer finalidade específica a que o consumidor os destine e que tenha sido comunicada ao profissional, o mais tardar no momento da celebração do contrato, e relativamente à qual o profissional tenha manifestado concordância;
- Sejam fornecidos juntamente com todos os acessórios e instruções, inclusivamente de instalação, e apoio ao cliente, tal como estipulado no contrato;
- Sejam atualizados, de acordo com o estipulado no contrato.

A conformidade afere-se pois, em primeiro lugar, por remissão a um conjunto de características previstas no contrato, em segundo, pela adequação a uma utilização específica (e fora da esfera do referido uso habitual), desde que tal especificidade tenha sido previamente acordada pelas partes, em terceiro, em função da entrega de todos os acessórios e instruções, em particular as que digam respeito à instalação, e apoio ao cliente, por um lado, e, por outro, pelo fornecimento de todas as atualizações, em ambos os casos nos moldes estabelecidos no contrato.

Quanto às atualizações, em concreto, cabe sublinhar que sempre que contratualmente se estipule um único ato de fornecimento ou uma série de atos individuais de fornecimento, o profissional deve assegurar que tais

[459] Cfr. Morais Carvalho, Jorge, "Venda de Bens de Consumo e Fornecimento de Conteúdos e Serviços Digitais – As Diretivas 2019/771 e 2019/770 e o seu Impacto no Direito Português", *RED*, nº 3, 2019, pág. 75.

atualizações, incluindo as de segurança, necessárias para manter os conteúdos ou serviços digitais em conformidade, são comunicadas e fornecidas ao consumidor, durante o período razoavelmente esperado pelo mesmo, tendo em conta o tipo e finalidade dos conteúdos ou serviços digitais, as circunstâncias e natureza do contrato (artigo 29º, nº 3)[460].

Se, por outro lado, o contrato previr o fornecimento contínuo de conteúdos ou serviços digitais, o dever de comunicação e fornecimento das atualizações vigora pelo período durante o qual os conteúdos ou serviços digitais devam ser fornecidos (artigo 29º, nº 4).

Por sua vez, caso o consumidor não proceda à instalação, num prazo razoável, das atualizações fornecidas, o profissional não é responsável por qualquer falta de conformidade que resulte exclusivamente da omissão do dever de proceder à instalação, desde que o profissional tenha informado o consumidor da disponibilidade da atualização e das consequências da sua não instalação e a não instalação ou a instalação incorreta da atualização pelo consumidor não tiver resultado de deficiências nas instruções de instalação fornecidas pelo profissional (artigo 29º, nº 5)[461].

No que toca aos segundos, objetivos, serão conformes com o contrato os conteúdos ou serviços digitais que:

- Sejam adequados ao uso a que os conteúdos ou serviços digitais do mesmo tipo se destinam. À semelhança do homónimo critério de conformidade previsto para os bens móveis, relevam todas as utilizações habituais dadas aos conteúdos ou serviços digitais, devendo, a conformidade, aferir-se objetivamente e não por remissão à intenção de um consumidor individualmente considerado, mas ao uso ou usos comuns desse conteúdo ou serviço;
- Correspondam à quantidade e possuam as qualidades e as características de desempenho, inclusive no que respeita à funcionalidade, compatibilidade, acessibilidade, continuidade e segurança, habi-

[460] Cfr. Morais Carvalho, Jorge, "Venda de Bens de Consumo e Fornecimento de Conteúdos e Serviços Digitais – As Diretivas 2019/771 e 2019/770 e o seu Impacto no Direito Português", *RED*, nº 3, 2019, pág. 77.

[461] Cfr. Morais Carvalho, Jorge, "Venda de Bens de Consumo e Fornecimento de Conteúdos e Serviços Digitais – As Diretivas 2019/771 e 2019/770 e o seu Impacto no Direito Português", *RED*, nº 3, 2019, págs. 77 e 78.

tuais e expectáveis em conteúdos ou serviços digitais do mesmo tipo, considerando, designadamente, a sua natureza e qualquer declaração pública feita pelo profissional, ou em seu nome, ou por outras pessoas em fases anteriores da cadeia de negócio, incluindo o produtor, nomeadamente na publicidade ou na rotulagem. Releva, por um lado, todo o tipo de declaração dirigida ao público, através de qualquer forma de comunicação comerciais, incluindo a publicidade e, por outro, a vinculação do profissional às qualidades e características, nomeadamente as respeitantes a funcionalidade, compatibilidade, acessibilidade, continuidade e segurança, habituais e expectáveis em conteúdos ou serviços digitais do mesmo tipo. De realçar que o profissional não fica vinculado às declarações públicas se demonstrar que não tinha, nem podia razoavelmente ter, conhecimento da declaração pública em causa ou se no momento da celebração do contrato, a declaração pública em causa tiver sido corrigida de forma igual ou equivalente à forma por que tinha sido feita ou a decisão de contratar não puder ter sido influenciada por aquela declaração (artigo 29º, nº 2);
- Sejam fornecidos com os acessórios e as instruções que o consumidor possa razoavelmente esperar receber em função dos conteúdos ou serviços digitais adquiridos. A conformidade do conteúdo ou serviço digital afere-se, não apenas em função da entrega conjunta com todos os acessórios e instruções, tal como estipulado no contrato (requisito subjetivo), mas, do mesmo modo, em função da legítima expectativa do consumidor em receber tais acessórios e instruções de instalação;
- Sejam conformes às versões de teste ou pré-visualizações disponibilizadas pelo profissional antes da celebração do contrato. No que concerne a este critério, a conformidade afere-se em função do conteúdo ou serviço digital fornecido ter qualidade equivalente àquela apresentada pelo profissional como versão de teste ou pré-visualização, vinculando, por sua vez, o profissional a tal qualidade.

Cabe realçar que, por um lado, sempre que o contrato estipule um fornecimento contínuo de conteúdos ou serviços digitais, estes devem ser conformes durante o período correspondente ao da duração do contrato (artigo 29º, nº 6) e, por outro que não se verificará falta de conformidade se no momento da celebração do contrato o consumidor tiver sido inequivocamente informado de que uma característica particular dos conteúdos ou serviços digitais se desviava dos requisitos objetivos de conformidade e tenha aceitado, separadamente, de forma expressa e inequívoca, esse desvio. Assim, em conformidade com artigo 29º, nº 7, exclui-se a responsabilidade do profissional se, aquando da celebração do contrato, o consumidor tiver sido inequivocamente informado de que uma característica particular dos conteúdos ou serviços digitais se desviava dos requisitos constantes dos nºs 1 e 3, do referido artigo, e tenha aceitado, separadamente, de forma expressa e inequívoca, esse desvio, recaindo o ónus da prova do fornecimento da informação sobre o profissional (artigo 342º, nº 2 do CC).

Ainda no que concerne à falta de conformidade o artigo 30º, equipara-a à que resulte da integração incorreta dos conteúdos ou serviços digitais no ambiente digital quando a integração tiver sido realizada pelo profissional ou sob a sua responsabilidade ou os conteúdos ou serviços se destinarem a ser integrados pelo consumidor e a integração incorreta se dever a deficiências nas instruções fornecidas pelo profissional. Assim instalação corresponde, neste tipo de contratos, à integração no ambiente digital do consumidor[462].

Como referimos anteriormente, o diploma introduziu uma inovação relativamente ao diploma anterior que passa pela consagração inequívoca dos vícios de direito como critério para se aferir da falta de conformidade[463] dos bens móveis. Na mesma senda, e em conformidade com o artigo 31º, em relação aos conteúdos e serviços digitais, caso uma restrição resultante de uma violação de quaisquer direitos de terceiros, em especial direitos de propriedade intelectual, impeça ou limite a utilização dos conteúdos ou serviços digitais, nos termos dos artigos 27º a 29º, o consumidor tem direito aos meios de ressarcimento por falta de conformidade previstos no artigo 35º (exceto nas situações previstas em legislação especial nos termos da qual se determine a invalidade ou a resolução do contrato de compra e venda).

[462] Cfr. Morais Carvalho, Jorge, "Venda de Bens de Consumo e Fornecimento de Conteúdos e Serviços Digitais – As Diretivas 2019/771 e 2019/770 e o seu Impacto no Direito Português", *RED*, nº 3, 2019, pág. 78.

[463] Cfr. Morais Carvalho, Jorge, "Venda de Bens de Consumo e Fornecimento de Conteúdos e Serviços Digitais – As Diretivas 2019/771 e 2019/770 e o seu Impacto no Direito Português", *RED*, nº 3, 2019, pág. 75.

3.3. Entrega do Bem e Obrigação de Fornecimento de Conteúdos e Serviços Digitais

O profissional tem o dever de entregar o bem e de fornecer os conteúdos e serviços digitais que cumpram os requisitos de conformidade, nos termos dos artigos 5º, 22º e 27º do DL 84/2021, de 18 de outubro.

No que concerne aos bens móveis, o artigo 11º do diploma consagrou, especificamente, determinados aspetos relativos ao momento da entrega do bem e à transferência do risco por perda ou dano, anteriormente consagrados nos artigos 9º-B e 9º-C da LDC[464].

Assim, o bem considera-se entregue ao consumidor quando este ou um terceiro por ele indicado, que não o transportador, adquira a posse física do bem, por um lado e, por outro, nos casos em que o contrato de compra e venda preveja a instalação do bem por conta do profissional, considera-se realizada a obrigação de entrega quando a instalação se encontrar concluída (artigo 11º, nºs 1 e 2).

Por sua vez, quanto aos bens com elementos digitais, considera-se que o bem é entregue quando a componente física dos bens seja entregue e o ato único de fornecimento seja efetuado ou a componente física dos bens seja entregue e o fornecimento contínuo do conteúdo ou serviço digital seja iniciado (artigo 11º, nº 3).

No que concerne ao momento da entrega, cabe realçar que o profissional deve realizar a obrigação de entrega na data ou dentro do período especificado pelo consumidor (salvo convenção em contrário). Na falta de estipulação relativamente à data para a entrega do bem, o profissional deve entregar o bem sem demora injustificada e, no limite, 30 dias após a celebração do contrato (artigo 11º, nºs 4 e 5).

Na pendência do incumprimento da obrigação de entrega dos bens na data acordada ou no prazo máximo de 30 dias, não tendo existido estipulação quanto àquela, o consumidor tem o direito de solicitar ao profissional a entrega num prazo adicional adequado às circunstâncias. Subsistindo o incumprimento da obrigação de entrega dentro do prazo adicional o consumidor pode resolver o contrato (artigos 11º, nºs 6 e 7).

O diploma (artigo 11º, nº 8) dispensa a necessidade de o consumidor conceder um prazo adicional para a entrega do bem, podendo resolver

[464] Ambos revogados por força do artigo 54º, al. a) do DL 84/2021, de 18 de outubro.

imediatamente o contrato, independentemente de tal prazo adicional, em três situações:

- Sempre que o profissional se recuse a entregar os bens;
- Se o prazo fixado para a entrega constituir elemento essencial atendendo a todas as circunstâncias subjacentes à celebração do contrato;
- Caso o consumidor tenha informado o profissional, antes da celebração do contrato, de que a entrega dentro de um determinado prazo ou em determinada data é essencial.

Se o consumidor exercer o direito de resolução do contrato o profissional fica constituído no dever de restituir ao consumidor a totalidade do montante pago até 14 dias após o exercício do referido direito de resolução. Em caso de incumprimento do dever de restituir nos termos descritos o consumidor tem o direito à devolução em dobro do montante pago, sem prejuízo da indemnização por danos patrimoniais e não patrimoniais a que haja lugar (artigo 11º, nºs 9 e 10).

Cabe sublinhar que o ónus da prova do cumprimento da obrigação de entrega, nos termos descritos, recai sobre o profissional (artigo 11º, nº 11).

Por sua vez, em conformidade com o artigo 11º, nº 12, no que diz respeito ao risco de perda ou dano, nos contratos em que o profissional envie os bens para o consumidor, transfere-se para o consumidor quando este ou um terceiro por ele indicado, que não o transportador, adquira a posse física dos bens. Ao invés do regime geral previsto no artigo 796º do CC, apenas no momento da entrega se transfere para o consumidor o risco de perecimento ou deterioração do bem, respondendo o vendedor, antes de tal momento, pelo perecimento ou deterioração[465]. Se, por outro lado, o consumidor confiar o transporte a pessoa diferente da proposta pelo profissional, o risco transfere-se para o consumidor com a entrega do bem ao transportador (artigo 11º, nº 13).

Quanto aos conteúdos e serviços digitais, o artigo 29º, nº 1 constitui o profissional na obrigação de os fornecer ao consumidor sem demora

[465] Cfr. CALVÃO DA SILVA, João, *Venda de Bens de Consumo*, 4ª ed. Almedina, Coimbra, 2010, págs. 99 e ss e MORAIS CARVALHO, Jorge, *Manual de Direito do Consumo*, 6ª ed., Almedina, Coimbra, 2019, págs. 310 e ss.

injustificada. A realização de tal obrigação ocorre com a disponibilização ao consumidor dos conteúdos digitais ou dos meios adequados para aceder aos conteúdos digitais ou para os descarregar, por um lado, ou com a disponibilização ao consumidor do acesso aos conteúdos digitais ou a uma instalação física ou virtual escolhida pelo consumidor para o efeito, por outro e, por fim, com a disponibilização ao consumidor do acesso ao serviço digital ou a uma instalação física ou virtual escolhido pelo consumidor para o efeito.

3.4. Falta de Conformidade e Ónus da Prova

Tendo o profissional o dever de entregar o bem e de fornecer os conteúdos e serviços digitais que cumpram os requisitos de conformidade, nos termos dos artigos 5º, 22º e 27º do DL 84/2021, de 18 de outubro, como se disse, responderá perante o consumidor pela falta de conformidade existente no momento da entrega do bem (artigos 12º, nº 1 e 23º, nº 1) ou do fornecimento, nos moldes do artigo 29º, dos conteúdos ou serviços digitais (artigo 32º, nº 2 al. a)).

Portanto, em relação aos bens móveis e imóveis a conformidade afere-se no momento da entrega o que, por sua vez, não deve interpretar-se como exonerando o vendedor pela falta de conformidade no momento da entrega, se a celebração do contrato for anterior a tal entrega, e no momento da celebração não existir desconformidade[466], aplicando-se o mesmo raciocínio os conteúdos e serviços digitais.

Quanto ao revogado DL 67/2003, de 8 de abril, o artigo 3º dispunha que o vendedor responderia perante o consumidor pela falta de conformidade que existisse no momento da entrega do bem, presumindo-se, tal falta de conformidade existente no momento da entrega, quando se manifestasse num prazo de dois ou de cinco anos a contar da data de entrega de coisa móvel ou imóvel, respetivamente. Responsabilizava-se, pois, o vendedor por qualquer falta de conformidade que se manifestasse num prazo de dois[467] ou de cinco anos a contar da data de entrega de coisa móvel

[466] Cfr. MORAIS CARVALHO, Jorge, *Manual de Direito do Consumo*, 6ª ed., Almedina, Coimbra, 2019, pág. 310.

[467] O legislador português estabeleceu um prazo mais alargado que o de 6 meses previsto na Diretiva 1999/44/CE de 25 de maio (artigo 5º, nº 3) liberando o consumidor do ónus da prova da existência da falta de conformidade no momento da entrega por mais tempo.

ou imóvel, respetivamente, presumindo-a já existente nessa data. Cabia, pois, ao consumidor fazer prova da desconformidade, dentro do prazo de garantia (e de denúncia do defeito), para que operasse a presunção. Tal disposição, permitia liberar o consumidor de fazer prova da desconformidade no momento da entrega[468]. Caberia ao vendedor, de forma a ilidir a presunção, fazer dupla prova, por um lado, da inexistência da falta de conformidade no momento da entrega e, por outro, revelando-se a falta de conformidade em momento posterior, que esta tivesse resultado de facto que não lhe fosse imputável[469-470].

No atual DL 84/2021, de 18 de outubro, o regime apresenta algumas semelhanças e diferenças relativamente ao anterior.

A saber, no que diz respeito aos bens móveis (onde se incluem os bens com elementos digitais de ato único de fornecimento de conteúdo ou serviço digital), o vendedor responde perante o consumidor pela falta de conformidade que exista no momento da entrega do bem, presumindo-se, tal falta de conformidade existente no momento da entrega, quando se manifeste num prazo de dois anos a contar do referido momento da entrega[471-472] (artigo 13º, nº 1). Assim, pese embora se responsabilize o vendedor por qualquer falta de conformidade que se manifeste num prazo de três anos a contar do momento da entrega (artigo 12º, nº 1), a presunção de não conformidade apenas aproveita ao consumidor nos dois anos posteriores à entrega. Decorrido o referido prazo, recai sobre o consumidor o ónus da prova da existência da falta de conformidade no momento da entrega (artigo 13º, nº 4).

[468] Cfr. Calvão da Silva, João, *Venda de Bens de Consumo*, 4ª ed. Almedina, Coimbra, 2010, págs. 101 e ss.

[469] Cfr. Morais Carvalho, Jorge, *Manual de Direito do Consumo*, 6ª ed., Almedina, Coimbra, 2019, págs. 315 e ss.

[470] Cfr. Ac. Rel. Guimarães de 17/1/2019. Processo 201/15.7T8BAO.G1; Ac. Rel. Lisboa de 12/3/2009. Processo 993/06-2 e Ac. Rel. Guimarães de 26/1/2017. Processo 1446/15.5T8CHV.G1.

[471] O legislador português estabeleceu um prazo mais alargado que o de 1 ano previsto no artigo 11º, nº 1 da Diretiva (EU) 2019/771 liberando o consumidor do ónus da prova da existência da falta de conformidade no momento da entrega por mais tempo.

[472] Tratando-se de bem móvel usado e em relação ao qual as partes tenham acordado a redução do prazo de garantia para dezoito meses, o prazo relativo à presunção de falta de conformidade no momento da entrega é de um ano (artigo 13º nº 3).

Cabe, pois, ao consumidor fazer prova da desconformidade, dentro do prazo de dois anos, para que opere a presunção. Tal disposição, permite liberar o consumidor de fazer prova da desconformidade no momento da entrega[473]. Cabe ao vendedor, de forma a ilidir a presunção, fazer dupla prova, por um lado, da inexistência da falta de conformidade no momento da entrega e, por outro, revelando-se a falta de conformidade em momento posterior, que esta tivesse resultado de facto que não lhe fosse imputável[474-475].

No que diz respeito aos bens com elementos digitais em que o contrato estipule o fornecimento contínuo de conteúdos ou serviços digitais durante um determinado período, o ónus da prova relativo à determinação da conformidade do conteúdo ou serviço digital, durante o período referido na parte final da al. a) e na al. b) do nº 2 do artigo 12º, incumbe ao profissional relativamente a qualquer falta de conformidade que se manifeste no estipulado nas referidas alíneas (artigo 14º). Por outras palavras, recai sobre o profissional o ónus da prova da conformidade, tratando-se de bens com elementos digitais, durante o prazo de três anos a contar da data em que os bens com elementos digitais foram entregues, quando o contrato estipule o fornecimento contínuo do conteúdo ou serviço digital durante um período até três anos[476] ou durante todo o período do contrato, quando este estipule o fornecimento contínuo do conteúdo ou serviço digital durante um período superior a três anos. Libera-se, pois, nos casos descritos, o consumidor de fazer prova da existência da desconformidade no momento da entrega, uma vez que o artigo 14º faz recair o ónus da prova da existência de conformidade sobre o profissional. O consumidor deve provar e existência da falta de conformidade, dentro dos prazos

[473] Cfr. Calvão da Silva, João, *Venda de Bens de Consumo*, 4ª ed. Almedina, Coimbra, 2010, págs. 101 e ss.

[474] Cfr. Morais Carvalho, Jorge, *Manual de Direito do Consumo*, 6ª ed., Almedina, Coimbra, 2019, págs. 315 e ss.

[475] Cfr. Ac. Rel. Guimarães de 17/1/2019. Processo 201/15.7T8BAO.G1; Ac. Rel. Lisboa de 12/3/2009. Processo 993/06-2 e Ac. Rel. Guimarães de 26/1/2017. Processo 1446/15.5T8CHV.G1.

[476] O legislador português estabeleceu um prazo mais alargado que o de 2 anos previsto no artigo 11º, nº 3 da Diretiva (EU) 2019/771 liberando o consumidor do ónus da prova da existência da falta de conformidade no momento da entrega por mais tempo.

previstos, e esta presume-se existente no momento da entrega, cabendo, por sua vez, ao profissional ilidir tal presunção.

Quanto aos bens imóveis, o vendedor responde perante o consumidor pela falta de conformidade que exista no momento da entrega do bem, presumindo-se, tal falta de conformidade como existente no momento da entrega, quando se manifeste num prazo de dez ou cinco a contar do referido momento da entrega (artigo 23º, nº 1). Assim, responsabiliza-se o vendedor por qualquer falta de conformidade que se manifeste num prazo de 10 anos, em relação às faltas de conformidade respeitantes a elementos construtivos estruturais[477], ou de 5 anos, em relação às restantes faltas de conformidade, ambos a contar do momento da entrega, presumindo-se existentes, durante todos os prazos referidos, no momento da entrega do bem (artigo 23º, nº 4). Cabe, pois, ao consumidor fazer prova da desconformidade, dentro do prazo de dez ou cinco anos, para que opere a presunção. Tal disposição, permite liberar o consumidor de fazer prova da desconformidade no momento da entrega[478] durante todo o prazo de garantia. Cabe ao vendedor, de forma a ilidir a presunção, fazer dupla prova, por um lado, da inexistência da falta de conformidade no momento da entrega e, por outro, revelando-se a falta de conformidade em momento posterior, que esta tivesse resultado de facto que não lhe fosse imputável[479-480].

Quanto aos conteúdos e serviços digitais, o profissional responde perante o consumidor por qualquer falta de conformidade que exista, por um lado, no momento do fornecimento ou que se manifeste no prazo de dois anos, nos contratos em que seja estipulado um único ato de fornecimento ou uma série de atos individuais de fornecimento e, por outro, quando ocorra ou se manifeste no período durante o qual os conteúdos

[477] A título de exemplo, podem considerar-se defeitos estruturais os que se manifestem em paredes e tetos, canalizações ou pavimentos. Serão defeitos não estruturais aqueles que se manifestem eventualmente em portas ou janelas que, em conformidade com o artigo 203º, nº 4 do CC se devem considerar partes integrantes dos imóveis.

[478] Cfr. Calvão da Silva, João, *Venda de Bens de Consumo*, 4ª ed. Almedina, Coimbra, 2010, págs. 101 e ss.

[479] Cfr. Morais Carvalho, Jorge, *Manual de Direito do Consumo*, 6ª ed., Almedina, Coimbra, 2019, págs. 315 e ss.

[480] Cfr. Ac. Rel. Guimarães de 17/1/2019. Processo 201/15.7T8BAO.G1; Ac. Rel. Lisboa de 12/3/2009. Processo 993/06-2 e Ac. Rel. Guimarães de 26/1/2017. Processo 1446/15.5T8CHV.G1.

ou serviços digitais devam ser fornecidos, nos contratos em que seja estipulado um fornecimento contínuo. Assim, na segunda situação, caso as partes tenham acordado um fornecimento contínuo durante um determinado período, o vendedor é responsável se a desconformidade se manifestar durante todo esse período[481].

No que concerne ao ónus da prova do fornecimento dos conteúdos e serviços digitais, nos termos do artigo 26º, o mesmo recai sobre o profissional (artigo 33º, nº 1).

Por sua vez, nos contratos em que seja estipulado um único ato de fornecimento ou uma série de atos individuais de fornecimento, o ónus da prova de que o conteúdo ou serviço digital fornecido estava em conformidade no momento do fornecimento recai sobre o profissional relativamente às faltas de conformidade que se manifestem durante o prazo de um ano a partir do momento do fornecimento (artigo 33º, nº 2). Assim, durante o prazo de um ano a contar do momento do fornecimento, o consumidor é dispensado de provar a existência da falta de conformidade existente no momento do fornecimento, devendo apenas invocar e provar a existência da não conformidade. Por outras palavras, o consumidor, invocando e provando a falta de conformidade durante o prazo referido, presume-se que esta existia no momento do fornecimento, cabendo ao profissional ilidir tal presunção.

Decorrido o referido prazo, recai sobre o consumidor o ónus da prova da existência da falta de conformidade no momento do fornecimento.

Por outro lado, nos contratos em que seja estipulado um fornecimento contínuo, o ónus da prova de que o conteúdo ou serviço digital fornecido se encontra em conformidade recai sobre o profissional nas faltas de conformidade que ocorram ou se manifestem no período durante o qual devam ser fornecidos os conteúdos ou serviços digitais (artigo 33º, nº 3). Libera-se, pois, o consumidor do ónus da prova da existência da falta de conformidade por todo o período durante o qual devam ser fornecidos os conteúdos ou serviços digitais.

[481] Cfr. Morais Carvalho, Jorge, "Venda de Bens de Consumo e Fornecimento de Conteúdos e Serviços Digitais – As Diretivas 2019/771 e 2019/770 e o seu Impacto no Direito Português", *RED*, nº 3, 2019, pág. 78.

3.5. Direitos do Consumidor

No que diz respeito aos direitos do consumidor em virtude da falta de conformidade[482], o artigo 4º, nº 1 do revogado DL 67/2003, de 8 de abril, estabelecia que aquele teria direito a que esta fosse reposta sem encargos, por meio de reparação ou de substituição, redução adequada do preço ou resolução do contrato.

Contrariamente à revogada Diretiva 1999/44/CE, de 25 de maio, o diploma português não estabelecia uma hierarquia ou priorização relativamente aos direitos. Portanto, o consumidor poderia escolher qualquer um deles, apenas com as limitações impostas pelo nº 5 do artigo 4º, que se prendiam, por um lado, com a impossibilidade (nomeadamente quando se trate de coisa infungível) e, por outro, com o abuso de direito (artigo 334º do CC)[483-484].

No que concerne ao DL 84/2021, de 18 de outubro, pese embora não tenha trazido grandes alterações no que concerne ao elenco aos direitos do consumidor, propriamente ditos, na pendência da falta de conformidade, veio estabelecer, na senda das Diretivas que transpõe, uma hierarquia quanto ao seu exercício[485], sempre que se trate de bens móveis ou conteúdos e serviços digitais, bem como consagrar um direito de rejeição relativamente aos primeiros[486].

[482] De realçar que num desvio ao regime geral previsto no artigo 914º do CC, o consumidor tem direito à reposição da conformidade independentemente de culpa do vendedor, não relevando, assim, que o vendedor invoque o desconhecimento sem culpa da desconformidade, Cfr. Ac. Rel. Guimarães de 31/1/2019. Processo 1618/17.8T8BRG.G1.

[483] Neste sentido cfr. Morais Carvalho, "Direitos do Consumidor na Compra de Bens de Consumo", *Estudos de Direito do Consumidor*, nº 12, 2017, pág. 38. No sentido da existência da hierarquia dos direitos cfr. Calvão da Silva, João, *Venda de Bens de Consumo*, 4ª ed. Almedina, Coimbra, 2010, págs. 105 e ss.

[484] A posição dominante acolhida na jurisprudência foia a de desconsiderar a existência de hierarquia. Cfr. Ac. Rel. Coimbra de 15/12/2016. Processo 1638/11.6TBACB.C1; Ac. Rel. Lisboa de 29/4/2014. Processo 2491/11.5 YXLSB.L1-6; Ac. Rel. Lisboa de 17/12/2015. Processo 1473/11.1YXLSB.L1-2 e Ac. Rel. Guimarães de 14/2/2019. Processo 995/16.2T8BGC.G2.

[485] Tal hierarquia conduz a uma diminuição do nível de proteção do consumidor, na medida em o regime anterior previa a possibilidade de o consumidor poder exercer qualquer um deles, estando apenas sujeito aos limites referidos. Cfr. G. Howells, C. Twigg-Flesner e Wilhelmsson, T., Rethinking EU Consumer Law, 2018, pág. 186.

[486] De realçar que independentemente dos deveres que recaem sobre o profissional ou produtor, decorrentes da falta de conformidade, o produtor é obrigado a disponibilizar as

Quanto à falta de conformidade de bens imóveis, o regime manteve-se igual ao anterior.

Assim, o consumidor tem direito, em caso de falta de conformidade, e nos termos dos artigos 15º, 24º e 35º, à:

- Reposição da conformidade dos bens móveis, imóveis, conteúdos digitais ou serviços digitais (através de reparação ou substituição no caso de bens);
- Redução do preço;
- Resolução do contrato.

Tratando-se de falta de conformidade de bens móveis, conteúdos e serviços digitais e atendendo à hierarquia estabelecida nos artigos 15º e 35º do DL 84/2021, de 18 de outubro, o consumidor terá direito, em primeiro lugar, à reposição da conformidade do bem, por via de reparação ou substituição (artigos 15º nº 2 e 35º nº 2) sendo impostos limites para o seu exercício que se prendem com a impossibilidade do direito ou a desproporcionalidade dos custos (artigos 15º nº 2 e 35º nº 2)[487-488-489].

peças necessárias à reparação dos bens adquiridos pelo consumidor, durante o prazo de 10 anos após a colocação em mercado da última unidade do respetivo bem (artigo 21º). Vincula-se, pois, o produtor à disponibilização de peças, durante o período referido, de forma que, em caso de falta de conformidade, o profissional a possa repor durante o prazo de garantia.

[487] Cfr. Morais, Jorge, "Venda de Bens de Consumo e Fornecimento de Conteúdos e Serviços Digitais – As Diretivas 2019/771 e 2019/770 e o seu Impacto no Direito Português", *RED*, nº 3, 2019, pág. 82.

[488] Para além dos direitos que assistem ao consumidor, previstos no nº 1 do artigo 35º, acresce que a possibilidade de recusar o pagamento de qualquer parte remanescente do preço ou de parte do preço até que o profissional cumpra as obrigações previstas decorrentes do diploma (artigo 35º, nº 11).

[489] Quanto aos bens móveis os limites ao exercício dos direitos de reparação e substituição devem aferir-se em função do valor que os bens teriam se não se verificasse a falta de conformidade, da relevância da falta de conformidade e da possibilidade de recurso ao meio de reposição da conformidade alternativo sem inconvenientes significativos para o consumidor. No que concerne aos conteúdos e serviços digitais tais limites aferem-se atendendo ao valor que os conteúdos ou serviços digitais teriam se não se verificasse a falta de conformidade e à relevância da falta de conformidade.

Por sua vez, nos termos dos artigos 15º, nº 4 e 35º, nº 4, o consumidor tem direito à resolução do contrato[490] ou à redução proporcional do preço sempre que o profissional:

- Não tenha efetuado a reparação ou a substituição do bem;
- Tenha recusado repor a conformidade dos bens face a impossibilidade ou daquela resultar custos desproporcionados;
- Declare, ou resulte evidente das circunstâncias, que não vai repor os bens em conformidade num prazo razoável ou sem grave inconveniente para o consumidor[491];

  ou,
- A falta de conformidade tenha reaparecido apesar da tentativa do profissional de repor os bens em conformidade;
- Ocorra uma nova falta de conformidade; ou
- A gravidade da falta de conformidade justifique a imediata redução do preço ou a resolução do contrato de compra e venda.

Por sua vez, o artigo 39º, nº 1 permite ao profissional alterar os conteúdos ou serviços digitais para além do necessário para os manter em conformidade, caso se verifiquem as seguintes condições:

- O contrato permita e estipule uma razão válida para tal alteração;
- A alteração não implique custos adicionais para o consumidor;
- O consumidor seja informado de forma clara e compreensível da alteração; e,
- Caso a alteração tenha um impacto negativo no acesso ou na utilização dos conteúdos ou serviços digitais, o consumidor seja informado com antecedência razoável, num suporte duradouro das características e do momento das alterações;
- Do seu direito de resolver o contrato; Da possibilidade de manter os conteúdos ou serviços digitais inalterados.

[490] De realçar que o consumidor pode, igualmente, resolver o contrato em caso de não fornecimento dos conteúdos ou serviços digitais, em consonância com o disposto no artigo 34º.

[491] Relativamente aos bens móveis o prazo limite para a realização de operações de reparação ou substituição é de 30 dias, salvo nas situações em que a natureza e complexidade dos bens, a gravidade da falta de conformidade e o esforço necessário para a conclusão da reparação ou substituição justifiquem um prazo superior (artigo 18º nº 3).

Assim, caso a alteração tenha um impacto negativo no acesso ou na utilização dos conteúdos ou serviços digitais, o consumidor tem o direito a resolver o contrato, exceto quando tal se revele desproporcionado ou o profissional permita ao consumidor manter os conteúdos ou serviços digitais inalterados sem custos adicionais e em conformidade (artigo 39º, nºs 2 e 6), a título gratuito, no prazo de 30 dias a contar da data de receção da notificação ou do momento em que os conteúdos ou serviços digitais foram alterados pelo profissional, consoante o que ocorra mais tarde. De realçar que em caso de resolução do contrato pelo consumidor, aplica-se o disposto no nº 9 do artigo 35º e nos artigos 36º a 38º, no que diz respeito ao modo e efeitos da resolução, respetivamente (artigo 39º, nº 5).

O DL 84/2021, de 18 de outubro introduz uma novidade relativamente ao regime anterior que se prende com a atribuição de um direito de rejeição ao consumidor tendo aplicabilidade apenas relativamente a faltas de conformidade de bens móveis. Assim, segundo o artigo 16º, em caso de falta de conformidade que se manifeste no prazo de 30 dias após a entrega do bem, o consumidor pode solicitar a imediata substituição ou a resolução do contrato.

No que concerne aos direitos do consumidor em virtude de falta de conformidade dos bens imóveis, o regime não estabeleceu qualquer diferença em comparação com o anterior. Portanto, segundo com o artigo 24º, nºs 1 e 2, o consumidor pode optar por qualquer um dos direitos, apenas com as limitações impostas que se prendem, por um lado, com a impossibilidade (nomeadamente quando se trate de coisa infungível) e, por outro, com o abuso de direito (artigo 334º do CC)[492-493].

Cabe proceder a uma análise de algumas vicissitudes associadas a cada um dos direitos atribuídos ao consumidor em caso de falta de conformidade.

[492] Neste sentido cfr. MORAIS CARVALHO, "Direitos do Consumidor na Compra de Bens de Consumo", *Estudos de Direito do Consumidor*, nº 12, 2017, pág. 38. No sentido da existência da hierarquia dos direitos cfr. CALVÃO DA SILVA, João, *Venda de Bens de Consumo*, 4ª ed. Almedina, Coimbra, 2010, págs. 105 e ss.

[493] A posição dominante acolhida na jurisprudência é a de desconsiderar a existência de hierarquia. Cfr. Ac. Rel. Coimbra de 15/12/2016. Processo 1638/11.6TBACB.C1; Ac. Rel. Lisboa de 29/4/2014. Processo 2491/11.5 YXLSB.L1-6; Ac. Rel. Lisboa de 17/12/2015. Processo 1473/11.1YXLSB.L1-2 e Ac. Rel. Guimarães de 14/2/2019. Processo 995/16.2T8BGC.G2.

3.5.1. Reparação e Substituição

Quanto à reparação ou substituição do bem, tratando-se de um bem imóvel, conteúdo ou serviço digital estas devem ser realizadas dentro de um prazo razoável[494], tendo em conta a natureza do defeito, e tratando-se de um bem móvel, num prazo máximo de 30 dias[495] (salvo nas situações em que a natureza e complexidade dos bens, a gravidade da falta de conformidade e o esforço necessário para a conclusão da reparação ou substituição justifiquem um prazo superior), em ambos os casos sem grave inconveniente para o consumidor (artigos 18º, nº 3, 24º nº 3 e 35º, nº 3, al. a)).

O incumprimento do prazo legitima o consumidor a optar pelo exercício do direito de resolução ou de redução proporcional do preço, no respeitante a bens móveis (artigo 15º, nº 4 al. a) subal. ii e iv)) e conteúdos ou serviços digitais (artigo 35º, nº 4 al. a) subal. ii)) e, no caso de bens imóveis, a optar pelo exercício do direito de qualquer outro dos direitos.

Da reparação ou substituição não deve resultar quaisquer custos para o consumidor (artigos 15º, nº 2 al. a), 24º, nº 1 e 35º, nº 3 al. b)), nomeadamente que se traduzam em despesas de despesas de transporte, de mão-de-obra e material.

3.5.2. Resolução do Contrato e Redução Proporcional do Preço

O artigo 4º, nº 4 do revogado DL 67/2003, de 8 de abril estabelecia que os direitos de resolução do contrato e de redução do preço podiam ser exercidos mesmo que o bem tivesse perecido ou se tivesse deteriorado por motivo não imputável ao consumidor. A mesma possibilidade é agora consagrada, relativamente aos bens móveis, no artigo 15º, nº 9[496] do DL

[494] Apenas se alude a um conceito vago, o prazo razoável. Como explica Morais Carvalho, deve, no caso, proceder-se à análise da situação concreta, que permita concluir sobre o prazo normal para efetuar aquela reparação ou substituição. Cfr. Morais Carvalho, "Direitos do Consumidor na Compra de Bens de Consumo", Estudos de Direito do Consumidor, nº 12, 2017, pág. 46.

[495] O prazo máximo de 30 dias deve ser interpretado no sentido de não causar grave inconveniente ao consumidor, pois, este terá direito à reparação ou substituição em prazo inferior se os 30 dias se revelarem excessivos, causando-lhe grave inconveniente.

[496] Desde logo a norma afasta-se do regime geral previsto no artigo 432º, nº 2 do CC que estabelece que a parte que, por circunstâncias não imputáveis ao outro contraente, não estiver em condições de restituir o que houver recebido não tem o direito de resolver o contrato. Por outras palavras, perecendo ou deteriorando-se o bem, o consumidor poderá resolver o contrato independentemente da falta de conformidade ser ou não imputável ao vendedor.

84/2021, de 18 de outubro. Pese embora relativamente aos bens imóveis tal possibilidade não esteja expressamente consagrada, por uma questão de coerência consideramos que a estes se deve estender.

Por sua vez, o consumidor não poderá optar pela resolução se a falta de conformidade revestir escassa importância pois tal constituiria abuso de direito (artigo 802º do CC conjugado com o artigo 15, nº 6, 24º, nº 2 e 35º, nºs 7 e 8)[497], cabendo ao profissional o ónus da prova de que a falta de conformidade é mínima.

Apesar da resolução do contrato ter efeito retroativo (434º, nº 1 do CC), parece-nos que deva acarretar uma redução do preço a restituir pelo vendedor em virtude da utilização do bem[498], pois, se assim não fosse, a restituição integral do preço (e a correspondente devolução do bem), com o uso e desgaste entretanto sofrido, constituiria, na realidade, enriquecimento sem causa (artigo 473º do CC) por parte do consumidor e, igualmente, violador da boa fé contratual[499].

Quanto ao modo de exercício do direito de resolução, os artigos 20º, nºs 1 e 2 e 35º, nºs 9 e 10 do DL 84/2021, de 18 de outubro estabelece que o mesmo deve ser exercido através de declaração ao profissional, por carta, correio eletrónico, ou por qualquer outro meio suscetível de prova, nos termos gerais, na qual o consumidor informa da sua decisão de pôr termo ao contrato de compra e venda.

No que diz respeito aos efeitos da resolução do contrato, tratando-se de bens móveis, o exercício do direito de resolução do contrato em relação a alguns dos bens, determina, segundo o artigo 20º, nº 4:

- A obrigação de o consumidor devolver os bens ao profissional, a expensas deste;
- A obrigação de o profissional reembolsar o consumidor do preço pago pelos bens após a sua receção ou de prova do seu envio, apresentada pelo consumidor.

[497] Cfr. Calvão da Silva, João, *Venda de Bens de Consumo,* 4ª ed. Almedina, Coimbra, 2010, pág. 109.

[498] Em sentido inverso cfr. Morais Carvalho, "Direitos do Consumidor na Compra de Bens de Consumo", *Estudos de Direito do Consumidor,* nº 12, 2017, pág. 54. No mesmo sentido cfr. Calvão da Silva, João, *Venda de Bens de Consumo,* 4ª ed. Almedina, Coimbra, 2010, pág. 109.

[499] Cfr. Ac. Rel. Guimarães de 1/2/2018. Processo 783/15.3T8FAF.G1 e Ac. Rel. Porto de 2/3/2015. Processo 9455/09.7TBMAI.P1.

Por sua vez, o profissional deve efetuar o reembolso através do mesmo meio de pagamento que tiver sido utilizado pelo consumidor na transação inicial, salvo havendo acordo expresso em contrário e desde que o consumidor não incorra em quaisquer custos como consequência do reembolso (artigo 20º, nº 5).

O reembolso de todos os pagamentos recebidos, incluindo custos de entrega do bem, deve ser efetuado no prazo máximo de 14 dias a contar da data em que o profissional for informado da decisão de resolução do contrato (artigo 20º, nº 6)[500].

Por sua vez, o artigo 20º, nº 7 consagra a possibilidade do profissional poder proceder à retenção do reembolso enquanto os bens não forem devolvidos ou o consumidor faça prova do seu envio, salvo nas situações em que incumba ao profissional a recolha do bem.

Por fim, o profissional deve proceder à remoção dos bens sempre que a resolução do contrato de compra e venda assim o exija, a título gratuito (artigo 20º nº 8). É dizer, recai sobre o profissional o dever de remover o bem do local onde tiver sido instalado.

No que concerne aos efeitos da resolução do contrato, tratando-se de conteúdos e serviços digitais, o profissional deve reembolsar o consumidor de todos os montantes pagos (artigo 36º, nº 1)).

Nos casos em que o contrato estipular o fornecimento contínuo ou de uma série de atos individuais de fornecimento de conteúdos ou serviços digitais em troca do pagamento de um preço e os conteúdos ou serviços digitais tiverem estado em conformidade durante um período anterior à resolução do contrato, o profissional deve reembolsar o consumidor, segundo o artigo 36º, nº 2):

- No montante proporcional do preço correspondente ao período durante o qual os conteúdos ou serviços digitais não estiveram em conformidade, e
- Sendo o caso, da parte do preço pago antecipadamente pelo consumidor, relativa ao período remanescente do contrato caso este não tivesse cessado.

[500] O atraso no reembolso constituirá o profissional na obrigação de reparar os danos causados ao consumidor.

Nos termos do artigo 38º, o reembolso dos pagamentos deve ser efetuado sem demora indevida e, em qualquer caso, no prazo de 14 dias a contar da data em que o profissional foi informado da decisão do consumidor de resolver o contrato (ou reduzir o preço) através do mesmo meio de pagamento utilizado pelo consumidor na transação inicial, salvo acordo expresso em contrário e desde que o consumidor não incorra em quaisquer custos como consequência do reembolso sendo que o profissional não pode impor ao consumidor qualquer encargo referente ao referido reembolso.

O profissional deve abster-se, uma vez resolvido o contrato, de utilizar quaisquer conteúdos, que não configurem dados pessoais, facultados ou criados pelo consumidor aquando da utilização dos conteúdos ou serviços digitais fornecidos, com exceção das situações previstas no artigo 36º, nº 3, devendo, por sua vez, a pedido do consumidor, disponibilizar-lhe quaisquer conteúdos fornecidos ou criados durante a utilização dos conteúdos ou serviços digitais, que não configurem dados pessoais, a título gratuito, sem entraves, num prazo razoável e num formato e dados de uso corrente que permita a sua leitura (artigo 36º nºs 3, 4 e 5).

O artigo 37º estabelece um conjunto de obrigações que recaem sobre o consumidor, na sequência da resolução do contrato de fornecimento de conteúdos e serviços digitais, que passam pela imposição de abstenção de utilizar os conteúdos ou serviços digitais e de os colocar à disposição de terceiros; pelo dever de devolver, sem demora injustificada, o suporte material ao profissional sempre que os conteúdos digitais tenham sido fornecidos em tal suporte, a expensas do profissional. O pedido do profissional deve ser efetuado no prazo de 14 dias a contar da data em que o mesmo tenha sido informado do exercício, pelo consumidor, do direito de resolução do contrato.

Por sua vez, o consumidor não pode ser responsabilizado pelo pagamento correspondente a qualquer utilização dos conteúdos ou serviços digitais no período anterior à resolução do contrato, durante o qual aqueles não estiveram em conformidade.

No que concerne à redução proporcional do preço (artigos 15º, nº 5, 19º e 35º, nºs 5 e 6), pode dizer-se que pressupõe o interesse do consumidor na manutenção do contrato. Portanto, o consumidor, ficando com o bem desconforme, opta pela redução do seu preço. Os critérios para se proceder à operação de redução devem atender à desvalorização do bem em virtude da sua desconformidade com o contrato. O vendedor reembolsará o consumidor no montante resultante da referida operação de redução de molde a reequilibrar as prestações[501].

3.5.3. Indemnização e Exceção de Não Cumprimento

O DL 67/2003, de 8 de abril, não consagrava expressamente um direito do consumidor à reparação dos danos resultantes da falta de conformidade. No entanto, tal resultava da LDC tratando-se de um princípio de responsabilidade subjetiva que emergia do artigo 12º, nº 1 da LDC[502].

No DL 84/2021, de 18 de outubro, o direito do consumidor à reparação dos danos resultantes de falta de conformidade é consagrado expressamente no artigo 52º, nº 4.

Portanto, o vendedor é responsável pelo prejuízo que tenha causado ao consumidor, for falta culposa do cumprimento da obrigação de conformidade[503]. Tratando-se de responsabilidade civil contratual, a culpa presume-se (artigo 799º do CC), cabendo ao consumidor provar a falta de conformidade, o dano e o nexo de causalidade.

É de sublinhar que a privação do uso do bem durante operações de reparação ou substituição é, igualmente, indemnizável[504]. O consumidor terá de provar o dano resultante da privação e o nexo de causalidade entre este e a falta de conformidade.

Quanto ao prazo para a interposição da ação de indemnização devem ser os mesmos que os previstos nos artigos 17º, nº 1, 25º, nº 1, sob pena de incoerência do sistema[505].

[501] Cfr. MORAIS CARVALHO, "Direitos do Consumidor na Compra de Bens de Consumo", *Estudos de Direito do Consumidor*, nº 12, 2017, págs. 55 e 56.

[502] Cfr. Ac. Rel. Porto de 14/12/2017. Processo 3293/16.8T8MTS.P1 e Ac. Rel. Guimarães de 1/2/2018. Processo 783/15.3T8FAF.G1.

[503] Cfr. MORAIS CARVALHO, "Direitos do Consumidor na Compra de Bens de Consumo", *Estudos de Direito do Consumidor*, nº 12, 2017, págs. 59 e 60.

[504] Cfr. Ac. Rel. Évora de 5/3/2009. Processo 2612/08-3; Ac. Rel. Guimarães de 12/10/2017. Processo 250/16.8T8VRL.G1 e Ac. Rel. Porto de 9/7/2009. Processo 2027/08.5TJPRT.P1.

[505] Neste sentido cfr. Ac. STJ de 12/1/2010. Processo 2212/06.4TBMAI.P1.21; Ac. Rel. Guimarães de 1/2/2018. Processo 783/15.3T8FAF.G1 e Ac. Rel. Lisboa de 5/6/2012. Processo 3497/11.0TCLRS-A.L1-7. Em sentido contrário cfr. MORAIS CARVALHO, Jorge, *Manual de Direito do Consumo*, 6ª ed., Almedina, Coimbra, 2019, págs. 340 e 341.

Cabe ainda realçar a consagração da exceção de não cumprimento[506] prevista no artigo 15º, nº 6, relativamente a bens móveis, estabelecendo-se que o consumidor tem o direito de recusar o pagamento de qualquer parte remanescente do preço ao profissional até que este cumpra os deveres (previstos no diploma).

3.5.4. Transmissão dos Direitos

Uma das inovações introduzidas pelo legislador português relativamente à revogada Diretiva 1999/44/CE, de 25 de maio, foi a da transmissão dos direitos conferidos pelo revogado DL 67/2003, de 8 de abril ao consumidor a terceiro adquirente do bem. Desta forma, dissiparam-se as dúvidas em torno da questão. Assim, o artigo 4º, nº 6, introduzido pelo DL 84/2008, de 21 de maio, estabeleceu que os direitos atribuídos pelo ao consumidor se transmitiam a terceiro adquirente do bem[507-508]. Portanto, fazendo uso da prerrogativa conferida pelo artigo 8º da Diretiva 1999/44/CE, de 25 de maio, o legislador português estabeleceu uma proteção mais elevada ao consumidor[509].

À semelhança da revogada Diretiva 1999/44/CE, as Diretivas (UE) 2019/770 e 2019/771 não preveem a transmissão dos direitos conferidos ao consumidor a terceiro adquirente do bem. No entanto, o legislador português, na senda do regime anterior, consagrou tal prerrogativa no DL 84/2021, de 18 de outubro, em particular nos artigos 15º, nº 10, 24º, nº 4 e 35º, nº 12, relativamente a bens móveis, imóveis e conteúdos e serviços digitais, respetivamente.

3.6. Responsabilidade do Profissional e Prazos

Como vimos anteriormente, o profissional responderá perante o consumidor pela falta de conformidade existente no momento da entrega do bem (artigos 12º, nº 1 e 23º, nº 1) ou do fornecimento, nos moldes do artigo 29º, dos conteúdos ou serviços digitais (artigo 32º, nº 2 al. a)), mas tal responsabilidade está dependente de prazos para a manifestação da falta

[506] Cfr. Artigo 428º do CC.

[507] Sublinhe-se que o artigo 9º, nº 4, a propósito dos direitos conferidos pela garantia voluntária, se transmitem a terceiro adquirente do bem, exceto declaração em contrário.

[508] Cfr. Ac. Rel. Lisboa de 17/1/2017. Processo 826/07.4TCFUN.L1-1.

[509] Cfr. Calvão da Silva, João, *Venda de Bens de Consumo*, 4ª ed. Almedina, Coimbra, 2010, pág. 114.

de conformidade[510]: Prazos de garantia ou de conformidade, que analisaremos seguidamente.

3.6.1. Prazo de Garantia (ou de Conformidade)

Relativamente ao revogado DL 67/2003. De 8 de abril, o prazo de garantia legal era de dois anos[511], tratando-se de coisa móvel e, de cinco anos, tratando-se de coisa imóvel, a contar da data da respetiva entrega (artigo 5º, nº 1). Portanto, o consumidor podia exercer os direitos de reparação, substituição, redução adequada do preço ou resolução do contrato se a falta de conformidade se revelasse dentro dos prazos referidos. O legislador nacional ao ter feito coincidir os prazos de garantia previstos no artigo 5º, nº 1 e os prazos de presunção de existência de falta de conformidade no momento da entrega, estabelecidos no artigo 3º, nº 2, liberava o consumidor do ónus da prova da existência de falta de conformidade no momento da entrega, tendo, este, apenas de provar que a falta de conformidade se revelou dentro do respetivo prazo[512]. O prazo de presunção da existência de falta de conformidade dos bens móveis no momento da entrega era mais alargado do que o de 6 meses previsto na revogada Diretiva 1999/44/CE, de 25 de maio (artigo 5º, nº 3)[513], o que, por sua vez, liberava o consumidor do ónus da prova da existência da falta de conformidade no momento da entrega durante mais tempo, é dizer, ao abrigo da revogada Diretiva, decorridos seis meses da entrega do bem, o ónus da prova da falta de conformidade existente no momento da entrega recairia sobre o consumidor.

O atual diploma, DL 84/2021, de 18 de outubro estabelece um prazo de garantia de 3 anos para os bens móveis[514] (artigo 12º nº 1), e no caso de

[510] Cfr. Morais, Jorge, "Venda de Bens de Consumo e Fornecimento de Conteúdos e Serviços Digitais - As Diretivas 2019/771 e 2019/770 e o seu Impacto no Direito Português", *RED*, nº 3, 2019, pág. 78.

[511] Fora das relações de consumo, o prazo é de 6 meses, em conformidade com o artigo 916º, nº 2 do CC.

[512] Cfr. Morais Carvalho, Jorge, *Manual de Direito do Consumo*, 6ª ed., Almedina, Coimbra, 2019, págs. 336 e 337.

[513] Recorde-se que a Diretiva 1999/44/CE de 25 de maio exclui do seu âmbito de aplicação os bens imóveis.

[514] Onde se incluem os bens recondicionados e os usados caso as partes não tenham acordado na redução do prazo para 18 meses, no último caso (artigo 12º, nº 3).

bens com elementos digitais o prazo será, igualmente, de 3 anos a contar da data em que os bens com elementos digitais foram entregues, quando o contrato estipule um único ato de fornecimento do conteúdo ou serviço digital ou quando o contrato estipule o fornecimento contínuo do conteúdo ou serviço digital durante um período até três anos (artigo 12º, nº 2, al. a)). Por sua vez, ainda relativamente a bens com elementos digitais, o prazo de garantia durará durante o período do contrato, quando este estipule o fornecimento contínuo do conteúdo ou serviço digital durante um período superior a três anos.

O legislador português, lançando mão da prerrogativa prevista no artigo 10º, nº 3 da Diretiva (UE) 2019/771 estabeleceu um prazo de garantia mais longo que o de 2 anos previsto na Diretiva (artigo 10º, nºs 1 e 2).

Por outro lado, relativamente aos bens móveis (onde se incluem os bens com elementos digitais de ato único de fornecimento de conteúdo ou serviço digital), a falta de conformidade presume-se existente no momento da entrega, quando se manifeste num prazo de dois anos a contar do referido momento da entrega[515-516] (artigo 13º, nº 1). Assim, pese embora se responsabilize o vendedor por qualquer falta de conformidade que se manifeste num prazo de três anos a contar do momento da entrega (artigo 12º, nº 1), a presunção de não conformidade apenas aproveita ao consumidor nos dois anos posteriores à entrega. Uma vez decorrido o referido prazo, cabe ao consumidor provara existência da falta de conformidade no momento da entrega (artigo 13º, nº 4), uma vez que o prazo de garantia e o de presunção de desconformidade no momento da entrega não coincidem.

Compete, pois, ao consumidor fazer prova da desconformidade, dentro do prazo de dois anos, para que opere a presunção. Tal disposição, permite liberar o consumidor de fazer prova da desconformidade no momento da entrega[517] recaindo sobre o vendedor, de forma a ilidir a presunção, o ónus

[515] O legislador português estabeleceu um prazo mais alargado que o de 1 ano previsto no artigo 11º, nº 1 da Diretiva (EU) 2019/771 liberando o consumidor do ónus da prova da existência da falta de conformidade no momento da entrega por mais tempo.

[516] Tratando-se de bem móvel usado e em relação ao qual as partes tenham acordado a redução do prazo de garantia para dezoito meses, o prazo relativo à presunção de falta de conformidade no momento da entrega é de um ano (artigo 13º nº 3).

[517] Cfr. Calvão da Silva, João, *Venda de Bens de Consumo*, 4ª ed. Almedina, Coimbra, 2010, págs. 101 e ss.

de fazer dupla prova, por um lado da inexistência da falta de conformidade no momento da entrega e, por outro, revelando-se a falta de conformidade em momento posterior, que esta tivesse resultado de facto que não lhe fosse imputável[518-519].

O legislador português, também a este propósito lançou mão da prerrogativa prevista no artigo 10º, nº 2 da Diretiva (UE) 2019/771 alargando o prazo de 1 ano, aí previsto, para 2 anos relativamente à presunção de falta de conformidade no momento da entrega.

No que diz respeito aos bens com elementos digitais em que o contrato estipule o fornecimento contínuo de conteúdos ou serviços digitais durante um determinado período, o ónus da prova relativo à determinação da conformidade do conteúdo ou serviço digital, durante o período referido na parte final da al. a) e na al. b) do nº 2 do artigo 12º, incumbe ao profissional relativamente a qualquer falta de conformidade que se manifeste no estipulado nas referidas alíneas (artigo 14º). Por outras palavras, recai sobre o profissional o ónus da prova da conformidade, tratando-se de bens com elementos digitais, durante o prazo de três anos a contar da data em que os bens com elementos digitais foram entregues, quando o contrato estipule o fornecimento contínuo do conteúdo ou serviço digital durante um período até três anos[520] ou durante todo o período do contrato, quando este estipule o fornecimento contínuo do conteúdo ou serviço digital durante um período superior a três anos. Libera-se, pois, nos casos descritos, o consumidor de fazer prova da existência da desconformidade no momento da entrega, uma vez que o artigo 14º faz recair o ónus da prova da existência de conformidade sobre o profissional. O consumidor deve provar e existência da falta de conformidade, dentro dos prazos previstos, e esta presume-se existente no momento da entrega, cabendo, por sua vez, ao profissional ilidir tal presunção.

[518] Cfr. Morais Carvalho, Jorge, *Manual de Direito do Consumo*, 6ª ed., Almedina, Coimbra, 2019, págs. 315 e ss.

[519] Cfr. Ac. Rel. Guimarães de 17/1/2019. Processo 201/15.7T8BAO.G1; Ac. Rel. Lisboa de 12/3/2009. Processo 993/06-2 e Ac. Rel. Guimarães de 26/1/2017. Processo 1446/15.5T8CHV.G1.

[520] O legislador português estabeleceu um prazo mais alargado que o de 2 anos previsto no artigo 11º, nº 3 da Diretiva (EU) 2019/771 liberando o consumidor do ónus da prova da existência da falta de conformidade no momento da entrega por mais tempo.

Por sua vez, no que concerne aos bens móveis, o artigo 12º, nº 3 prevê a faculdade de redução do prazo de garantia legal a 18 meses, mediante a observância de dois pressupostos:

- Tratar-se de bem móvel usado;
  e
- Haver acordo das partes em reduzir tal prazo.

Como explica Calvão da Silva, a redução do prazo de garantia dos bens móveis usados, nos termos descritos, fundamenta-se na expectativa mais baixa que o consumidor terá relativamente à sua qualidade e performance[521].

Cabe realçar que, como novidade relativamente ao regime anterior, o atual diploma consagra que, em caso de reparação, ao consumidor assiste uma dilação de 6 meses do prazo de garantia por cada reparação, com o limite de quatro reparações, recaindo sobre o profissional o dever de fornecer ao consumidor, aquando da entrega do bem reparado, tal informação (artigo 18º, nº 4)[522].

Associada à vicissitude relativa à prorrogação do prazo de garantia, e numa solução igual à já prevista no diploma anterior, prevê-se a sua suspensão a partir da data da denúncia da falta de conformidade e durante o período em que o consumidor estiver privado do uso dos bens, recomeçando a contagem após a reposição da conformidade e desde a entrega do bem ao consumidor[523-524].

[521] Cfr. Calvão da Silva, João, *Venda de Bens de Consumo*, 4ª ed. Almedina, Coimbra, 2010, pág. 116. Defendendo uma posição contrária, de que a valia de um bem usado pode, justamente, fundar-se no facto de ser antigo, não se podendo concluir por uma menor exigência de qualidade cfr. Mota Pinto, Alexandre, "Venda de Bens de Consumo e Garantias – O Direito Vivido nos Tribunais", *I Congresso de Direito do Consumo*, Almedina, Coimbra, 2016, pág. 194.

[522] Portanto, ao prazo de garantia de 3 anos pode acrescer, no limite, 24 meses (acrescendo ainda os períodos em que o consumidor se encontrar privado do uso do bem para efeito de operações de reparação ou substituição).

[523] Consagra-se uma interrupção do prazo de garantia, na medida em que tal prazo se reinicia a partir do momento da substituição do bem. Cfr. Calvão da Silva, João, Venda de Bens de Consumo, 4ª ed. Almedina, Coimbra, 2010, pág. 117.

[524] Cfr. Ac. Rel. Guimarães de 22/10/2015. Processo 193/13.7TBFAF.G1.

Em caso de substituição do bem originário, o profissional será responsável por qualquer falta de conformidade que ocorra no bem sucedâneo, nos termos previstos no artigo 12º, não podendo ser cobrado ao consumidor qualquer custo inerente à normal utilização do bem substituído. Por outras palavras, relativamente ao bem sucedâneo os prazos de garantia são os previstos no artigo 12º.

No que concerne aos bens imóveis, o vendedor responde perante o consumidor pela falta de conformidade que exista no momento da entrega do bem e nos 10 ou 5 anos posteriores à entrega do bem, consoante se trate de faltas de conformidade relativas a elementos construtivos estruturais[525] ou respeitantes às restantes faltas de conformidade, respetivamente (artigo 23º, nº 1).

Por sua vez, presume-se, tal falta de conformidade como existente no momento da entrega, quando se manifeste num prazo de dez ou cinco a contar do referido momento da entrega (artigo 23º, nº 1). Portanto, responsabiliza-se o vendedor por qualquer falta de conformidade que se manifeste num prazo de 10 anos, em relação às faltas de conformidade respeitantes a elementos construtivos estruturais, ou de 5 anos, em relação às restantes faltas de conformidade, ambos a contar do momento da entrega, presumindo-se existentes, durante todos os prazos referidos, no momento da entrega do bem (artigo 23º, nº 4). Cabe, pois, ao consumidor fazer prova da desconformidade, dentro do prazo de dez ou cinco anos, para que opere a presunção. Tal disposição, permite liberar o consumidor de fazer prova da desconformidade no momento da entrega[526] durante todo o prazo de garantia. Cabe ao vendedor, de forma a ilidir a presunção, fazer dupla prova, por um lado, da inexistência da falta de conformidade no momento da entrega e, por outro, revelando-se a falta de conformidade em momento posterior, que esta tivesse resultado de facto que não lhe fosse imputável[527].

[525] O diploma prevê a possibilidade de o Governo poder aprovar, por portaria, uma lista exemplificativa dos elementos construtivos estruturais dos bens imóveis, de forma a clarificar-se o alcance do sentido de defeito construtivo estrutural (artigo 23º, nº 5).

[526] Cfr. Calvão da Silva, João, *Venda de Bens de Consumo*, 4ª ed. Almedina, Coimbra, 2010, págs. 101 e ss.

[527] Cfr. Ac. Rel. Guimarães de 17/1/2019. Processo 201/15.7T8BAO.G1; Ac. Rel. Lisboa de 12/3/2009. Processo 993/06-2 e Ac. Rel. Guimarães de 26/1/2017. Processo 1446/15.5T8CHV.G1.

Os prazos de garantia suspendem-se a partir da data da comunicação da falta de conformidade pelo consumidor ao profissional e durante o período em que o consumidor estiver privado do uso do bem para efeito de operações de reposição da conformidade.

Havendo substituição do bem imóvel, sucedâneo goza dos prazos de garantia de 10 ou 5 anos previstos no artigo 23º, nº 1 (artigo 23º, nº 2).

Quanto aos conteúdos e serviços digitais, o profissional responde perante o consumidor por qualquer falta de conformidade que exista, por um lado, no momento do fornecimento ou que se manifeste no prazo de dois anos, nos contratos em que seja estipulado um único ato de fornecimento ou uma série de atos individuais de fornecimento e, por outro, quando ocorra ou se manifeste no período durante o qual os conteúdos ou serviços digitais devam ser fornecidos, nos contratos em que seja estipulado um fornecimento contínuo. Assim, na segunda situação, caso as partes tenham acordado um fornecimento contínuo durante um determinado período, o vendedor é responsável se a desconformidade se manifestar durante todo esse período[528] (artigo 32º, nº 2).

Por sua vez, nos contratos em que seja estipulado um único ato de fornecimento ou uma série de atos individuais de fornecimento, o ónus da prova de que o conteúdo ou serviço digital fornecido estava em conformidade no momento do fornecimento recai sobre o profissional relativamente às faltas de conformidade que se manifestem durante o prazo de um ano a partir do momento do fornecimento (artigo 33º, nº 2). Assim, durante o prazo de um ano a contar do momento do fornecimento, o consumidor é dispensado de provar a existência da falta de conformidade existente no momento do fornecimento, devendo apenas invocar e provar a existência da não conformidade. Por outras palavras, o consumidor, invocando e provando a falta de conformidade durante o prazo referido, presume-se que esta existia no momento do fornecimento, cabendo ao profissional ilidir tal presunção.

Decorrido o referido prazo, recai sobre o consumidor o ónus da prova da existência da falta de conformidade no momento do fornecimento.

[528] Cfr. Morais Carvalho, Jorge, "Venda de Bens de Consumo e Fornecimento de Conteúdos e Serviços Digitais – As Diretivas 2019/771 e 2019/770 e o seu Impacto no Direito Português", *RED*, nº 3, 2019, pág. 78.

Por outro lado, nos contratos em que seja estipulado um fornecimento contínuo, o ónus da prova de que o conteúdo ou serviço digital fornecido se encontra em conformidade recai sobre o profissional nas faltas de conformidade que ocorram ou se manifestem no período durante o qual devam ser fornecidos os conteúdos ou serviços digitais (artigo 33º, nº 3). Libera-se, pois, o consumidor do ónus da prova da existência da falta de conformidade por todo o período durante o qual devam ser fornecidos os conteúdos ou serviços digitais, devendo, tão-somente, comunicar a sua existência.

3.6.2. Prazos Para o Exercício dos Direitos

3.6.2.1. Denúncia da Falta de Conformidade

O revogado DL 67/2003, de 8 de abril fazia recair sobre o consumidor o ónus de denunciar a falta de conformidade num prazo de dois meses[529], caso se tratasse de bem móvel, ou de um ano, se se tratasse de bem imóvel, a contar da data em que a tivesse detetado (artigo 5º-A, nº 2), sob pena de caducidade dos direitos atribuídos pelo artigo 4º, nº 1 (artigo 5º-A, nº 1)[530].

É nosso entender, que os prazos de denúncia da falta de conformidade, tinham uma tripla função:

- Primeira, informativa[531];
- Segunda, evitar o agravamento do defeito e, consequentemente, o eventual aumento de prejuízos desnecessários para o vendedor com a reposição da conformidade;
- Terceira, garantir a reposição da conformidade num curto espaço de tempo[532].

Com o novo diploma, os prazos para efetuar a denúncia, sob pena de caducidade dos direitos do consumidor, desapareceram. Em abono da

[529] Fora das relações de consumo o prazo é de 30 dias (artigo 916º, nº 2 do CC).

[530] Cfr. Ac. Rel. Porto de 14/12/2017. Processo 3293/16.8T8MTS.P1; Ac. Rel. Coimbra de 15/12/2016. Processo 1638/11.6TBACB.C1 e Ac. Rel. Guimarães de 1/2/2018. Processo 783/15.3T8FAF.G1.

[531] Cfr. Morais Carvalho, Jorge, *Manual de Direito do Consumo*, 6ª ed., Almedina, Coimbra, 2019, pág. 341.

[532] Cfr. Romano Martinez, Pedro, "Empreitada de Bens de Consumo – A transposição da Directiva nº 199/44/CE pelo Decreto-Lei nº 67/2003", *Estudos do Instituto do Direito do Consumo*, Vol. II, Almedina, Coimbra, 2004, pág. 33.

verdade, parece-nos uma solução mais prejudicial para o profissional que benéfica para o consumidor, na medida em que a denúncia tardia pode acarretar um agravamento do defeito, onerando-se, por sua vez, desnecessariamente o profissional pelos prejuízos resultantes de tal agravamento.

3.6.2.2. Caducidade do Direito de Ação

No respeitante ao revogado DL 67/2003, de 8 de abril, os prazos de caducidade do direito de ação eram de dois ou três anos[533] a contar da data da denúncia[534], consoante se tratasse de bem móvel ou imóvel, respetivamente[535].

Com a entrada em vigor do DL 84/2021, de 18 de outubro os prazos relativos aos bens móveis e imóveis mantêm-se (artigos 17º, nº 1 e 25º, nº 1).

Curiosamente, o diploma não contempla prazo de caducidade do direito de ação relativamente ao regime dos conteúdos e serviços digitais. Tratando-se, em nossa opinião uma lacuna, deve ser integrada por recurso à analogia. Nesse sentido, o prazo a considerar deve ser o mesmo aplicável aos bens móveis (com elementos digitais) de dois anos.

De realçar que os prazos de caducidade do direito de ação se suspendem desde a data de comunicação da falta de conformidade ao profissional até à conclusão das operações de reparação ou substituição e durante o período temporal em que durar a tentativa de resolução extrajudicial do conflito de consumo que opõe o consumidor ao profissional ou ao produtor[536] (artigos 17º, nº 2 e 25º, nº 2).

[533] O DL 67/2003, de 8 de abril, antes de alterado e republicado pelo DL 84/2008, de 21 de maio, previa no seu artigo 5º, nº 4, um prazo para interposição da ação de, somente, seis meses, independentemente da natureza do bem. Com a referida alteração, procurou-se harmonizar o regime com a Diretiva 1999/44/CE de 25 de maio. Cfr. CALVÃO DA SILVA, João, *Venda de Bens de Consumo*, 4ª ed. Almedina, Coimbra, 2010, pág. 122.

[534] Fora das relações de consumo o prazo para a interposição da ação é, por interpretação extensiva do artigo 917º do CC, de 6 meses.

[535] Cfr. Ac. Rel. Porto de 5/3/2018. Processo 177/15.0T8CPV-A.P1 e Ac. Rel. Guimarães de 12/10/2017. Processo 4001/15.6T8VCT.G1.

[536] Excetua-se a arbitragem, na medida em que, sendo um MRAL adjudicatório, o litígio ficará resolvido por esta via, pelo que não fará sentido falar-se em suspensão do prazo para interposição da ação judicial caso as partes decidam recorrer a este meio.

3.7. Responsabilidade do Produtor

Como analisámos anteriormente, o produtor responde objetivamente pelos danos resultantes de morte e lesão pessoal e pelos causados em coisa distinta da defeituosa.

Para além do princípio de responsabilidade civil objetiva, previsto no artigo 12º, nº 2 da LDC e 8º do DL 383/89, de 6 de novembro, o consumidor pode optar por exigir ao produtor a reposição da conformidade do bem com o contrato (artigo 40º, nº 1). Portanto, o consumidor pode exigir a reposição da conformidade ao vendedor, produtor ou a ambos[537-538]. Esta responsabilidade direta do produtor pela reposição da conformidade, apenas tem aplicação quanto aos direitos de reparação ou substituição pois, não existindo relação contratual entre consumidor e produtor, não faria sentido a extensão do âmbito do artigo à resolução do contrato ou redução adequada do preço[539], uma vez que estes devem ser exercidos junto do vendedor.

Por outro lado, a faculdade de exigir a reposição da conformidade diretamente ao produtor é excluída se se manifestar impossível ou desproporcionada tendo em conta o valor que o bem teria se não existisse falta de conformidade, a importância desta e a possibilidade de a solução alternativa ser concretizada sem grave inconveniente para o consumidor (artigo 40º, nº 1).

A responsabilidade direta do produtor está, logicamente, dependente da possibilidade de lhe ser imputável a falta de conformidade (veja-se, por ex., defeitos de fabrico)[540]. Neste sentido, o artigo 40º, nº 2 consagra um conjunto de factos que permitem excluir a responsabilidade do produtor, legitimando, consequentemente, a sua oposição ao exercício dos direitos pelo consumidor, a saber:

[537] Cfr. MORAIS CARVALHO, Jorge, *Manual de Direito do Consumo*, 6ª ed., Almedina, Coimbra, 2019, págs. 347 e 345.

[538] No caso de bens recondicionados o consumidor apenas pode exigir diretamente do produtor a sua reparação ou substituição nos casos em que o produtor seja o responsável pelo recondicionamento do bem (artigo 40º, nº 3).

[539] Cfr. CALVÃO DA SILVA, João, *Venda de Bens de Consumo*, 4ª ed. Almedina, Coimbra, 2010, pág. 130.

[540] Cfr. MORAIS CARVALHO, Jorge, *Manual de Direito do Consumo*, 6ª ed., Almedina, Coimbra, 2019, págs. 349 e 350 e CALVÃO DA SILVA, João, *Venda de Bens de Consumo*, 4ª ed. Almedina, Coimbra, 2010, pág. 132.

- A não conformidade resulte exclusivamente de declarações do profissional sobre o bem, conteúdo e serviço digital e sua utilização, ou de má utilização;
- Não ter colocado o bem, conteúdo ou serviço digital em circulação;
- Possa considerar-se, tendo em conta as circunstâncias, que a não conformidade não existia quando colocou o bem, conteúdo ou serviço digital no mercado;
- Não tenha produzido o bem, conteúdo ou serviço digital nem para venda ou fornecimento, nem para qualquer outra forma de distribuição com fins lucrativos, ou não o tenha fabricado ou distribuído no quadro da sua atividade profissional;
- Tenham decorrido mais de 10 anos sobre a colocação do bem, conteúdo ou serviço digital no mercado.

O DL 84/2021, 18 de outubro, introduziu um regime de responsabilidade do prestador de mercado em linha (artigo 44º).

Assim, o prestador de mercado em linha, na aceção do artigo 2º als. m) e n) que, atuando para fins relacionados com a sua atividade, seja parceiro contratual do profissional que disponibiliza o bem, conteúdo ou serviço digital é solidariamente responsável, perante o consumidor, pela falta de conformidade daqueles nos termos do diploma. Por sua vez, considera-se que o prestador de mercado em linha é parceiro contratual do profissional sempre que exerça influência predominante na celebração do contrato, o que se verifica, designadamente, nas seguintes situações:

- O contrato é celebrado exclusivamente através dos meios disponibilizados pelo prestador de mercado em linha;
- O pagamento é exclusivamente efetuado através de meios disponibilizados pelo prestador de mercado em linha;
- Os termos do contrato celebrado com o consumidor são essencialmente determinados pelo prestador de mercado em linha ou o preço a pagar pelo consumidor é passível de ser influenciado por este;
- A publicidade associada é focada no prestador de mercado em linha e não nos profissionais.

3.8. Garantias Comerciais (Voluntárias)

O artigo 2º al. k) define garantia voluntária (ou comercial) como o compromisso ou declaração, de carácter gratuito ou oneroso, assumido pelo profissional, pelo produtor, ou por qualquer intermediário («o garante») perante o consumidor, para além das obrigações legais do profissional de garantia de conformidade, de reembolsar o preço pago, substituir, reparar ou ocupar-se de qualquer modo de um bem, conteúdo ou serviço digital no caso de este não ser conforme com as especificações ou qualquer outro elemento[541].

Conjugando o artigo 2º al. k) como o artigo 43º, cumpre tecer alguns comentários.

Em primeiro lugar, a garantia voluntária acresce à garantia legal, não a podendo afetar[542], e vincula juridicamente o seu emitente[543] ao reembolso do preço pago, substituição, reparação ou ocupação de qualquer modo de um bem de consumo, conteúdo ou serviço digital no caso de este não corresponder às condições enumeradas na declaração de garantia ou na respetiva publicidade.

Em segundo lugar, pode ter caráter gratuito ou oneroso.

Em terceiro lugar, deve ser entregue ao consumidor por escrito ou em qualquer outro suporte duradouro a que aquele tenha acesso até ao momento da entrega do bem (artigo 43, nº 5) impondo-se que seja redigida de forma clara e inteligível em língua portuguesa, contendo obrigatoriamente as seguintes menções (artigo 43º, nº 6): Declaração de que o consumidor goza dos direitos previstos no diploma e de que tais direitos não são afetados pela garantia[544]; Informação clara e expressa acerca do objeto da garantia comercial, benefícios atribuídos ao consumidor por meio do exercício da garantia, bem como as condições para a atribuição desses benefícios, incluindo a enumeração de todos os encargos, nomeadamente os relativos às despesas de transporte, de mão-de-obra e de material, e ainda os prazos e a forma de exercício da garantia, incluindo a quem incumbe provar a falta de conformidade e o prazo

[541] Cfr. Ac. Rel. Coimbra de 1/3/2016. Processo 1684/08.7TBCBR.C1.

[542] Cfr. Morais Carvalho, Jorge, *Manual de Direito do Consumo*, 6ª ed., Almedina, Coimbra, 2019, pág. 354.

[543] Cfr. Calvão da Silva, João, *Venda de Bens de Consumo*, 4ª ed. Almedina, Coimbra, 2010, pág. 150.

[544] Cfr. Ac. Rel. Lisboa de 31/5/2007. Processo 3862/2007-6.

aplicável a tal ónus; O nome e o endereço do garante; O procedimento a seguir pelo consumidor para executar a garantia comercial; A designação dos bens aos quais a garantia comercial se aplica; Duração e âmbito territorial.

De realçar que a violação do disposto nos nºs 5 e 6 não acarreta a invalidade da garantia comercial podendo o consumidor continuar a invocá-la e a exigir a sua aplicação (artigo 43º, nº 8). Parece-nos uma solução adequada, uma vez que, a invalidade da garantia seria prejudicial para o consumidor e benéfica para o seu emitente que dela se desonerava.

Em quarto lugar, a garantia comercial pode transmitir-se a terceiro adquirente do bem, nos termos do artigo 43º, nº 7. A principal diferença relativamente ao regime anterior prende-se com a imperatividade da transmissão da garantia comercial a terceiro, uma vez que no DL 67/2003, de 8 de abril tal transmissão dependia da vontade das partes.

As garantias voluntárias têm como principal finalidade o aumento da confiança do consumidor conduzindo, consequentemente, ao aumento do volume de negócios[545].

3.9. Imperatividade

O artigo 51º, nº 1 estabelece a nulidade do acordo ou de cláusula contratual mediante o qual se excluam ou limitem os direitos do consumidor previstos no presente diploma[546]. O artigo consagra, portanto, por um lado, a inderrogabilidade das normas previstas no diploma e, por outro, a exclusão da faculdade de renúncia prévia aos direitos, por este, atribuídos[547].

Por sua vez, o nº 2 do artigo 51º manda aplicar à nulidade referida o disposto nos artigos 16º, nºs 2 e 3 da LDC. Trata-se de uma nulidade atípica, uma vez que, só pode ser invocada pelo consumidor ou seus representantes, podendo, no entanto, o consumidor optar pela manutenção do contrato, devendo a cláusula considerar-se substituída pela norma imperativa em vigor[548].

[545] Cfr. Ferreira de Almeida, Carlos, *Direito do Consumo*, Almedina, Coimbra, 2005, pág. 177.

[546] O artigo ressalva ainda a aplicação do regime das CCG.

[547] Cfr. Calvão da Silva, João, *Venda de Bens de Consumo*, 4ª ed. Almedina, Coimbra, 2010, pág. 155.

[548] Cfr. Ac. Rel. Coimbra de 25/10/2011. Processo 35110.6TBPCV.C1.

4. Serviços Públicos Essenciais

4.1. Objeto e Âmbito de Aplicação

O contrato celebrado entre qualquer entidade pública ou privada e um utente, que tenha como objeto a prestação de serviços públicos essenciais rege-se pela LSPE e, simultaneamente, pelas Leis que regulam cada serviço público, em particular (veja-se, por ex. a LCE)[549]. No esteio do artigo 9º, nº 8 da LDC, a LSPE cria no ordenamento jurídico alguns mecanismos destinados a proteger o utente de serviços públicos essenciais. Note-se que os sujeitos do contrato de prestação de serviços públicos são, por um lado, um profissional e, por outro, um utente. Portanto, o âmbito subjetivo de aplicação do diploma tem um espectro alargado e estende-se, não apenas aos contratos de consumo, mas aos celebrados com determinado utente como tal definido no artigo 1º, nº 3, enquanto pessoa singular ou coletiva a quem o prestador do serviço se obriga a prestá-lo[550].

Trata-se de contratos de natureza privada[551] (independentemente de o prestador ser uma entidade pública ou privada (artigo 1º, nº 4)) porque, pese embora a nomenclatura, são celebrados, maioritariamente, entre um

[549] Cfr. Falcão, Pedro, *Novos Estudos Sobre Serviços Públicos Essenciais*, Petrony Editora, 2018; Abreu, Marcelino, *Lei dos Serviços Públicos Essenciais (Anotada e Comentada)*, Nova Causa, 2019; Almeida, Mariana e Dias Simões, Fernando, *Lei dos Serviços Públicos Essenciais – Anotada e Comentada*, Almedina, Coimbra, 2012; Cardoso, Elionora, *Os Serviços Públicos Essenciais: A sua problemática no ordenamento jurídico português*, Coimbra Editora, Coimbra, 2010 e Amaral da Costa, Ricardo, "Os Serviços Públicos Essenciais – Perspetiva Geral, *Revista Portuguesa de Direito do Consumo*, nº 70, 2012, págs. 51 e ss.

[550] Cfr. Falcão, Pedro, *Novos Estudos Sobre Serviços Públicos Essenciais*, Petrony Editora, 2018, pág. 17.

[551] "Em primeiro lugar, porque a mesma lei eliminou todos os vestígios de poderes autoritários do fornecedor, substituindo-os por regras de proteção do utente. Em segundo lugar (para quem não aceite este critério como decisivo), porque as regras de organização, de funcionamento e de atuação concorrencial, próprias de alguns dos atuais fornecedores de serviços (máxime de gás e de telefone), são incompatíveis com a integração na atividade administrativa. (...) Em terceiro lugar, porque a natureza administrativa dos contratos não seria compatível com o princípio da neutralidade, que admitindo embora a natureza pública de alguns fornecedores, não pode conviver com certos princípios da atividade administrativa, tais como a tutela e o recurso hierárquico". Cfr. Ferreira de Almeida, Carlos, "Serviços Públicos, Contratos Privados", *Estudos em Homenagem à Professora Doutora Isabel de Magalhães Colaço*, vol. II, Almedina, Coimbra, 2002, pág. 122.

utente e uma empresa privada[552], e reconduzem-se ao contrato de compra e venda e de prestação de serviços[553]. Assim, são competentes para dirimir os litígios resultantes da prestação de serviços públicos essenciais os tribunais comuns e não os administrativos[554-555].

A designação serviços públicos essenciais tem vindo a ser criticada pela doutrina[556] devendo ser interpretada no sentido de se tratar de serviços de interesse geral, pelo facto de visarem, por um lado, satisfazer necessidades básicas da generalidade dos cidadãos, revelando-se essenciais para a vida desses cidadãos e, por outro, por serem prestados quer por entidades públicas, quer privadas, desviando-se da ideia de serviço público em sentido subjetivo, enquanto conjunto de atividades levadas a cabo pela Administração Pública[557]. Portanto, serviços públicos essenciais são os serviços de interesse geral que se encontram consagrados na LSPE[558] de forma expressa e taxativa[559], em concreto, no artigo 1º, nº 2, a saber:

- Serviço de fornecimento de água[560];

[552] Nos últimos anos, assiste-se à crescente atribuição a privados da gestão de serviços públicos ou mesmo com a privatização definitiva deste tipo de serviços. Cfr. Ferraz Coutinho, Juliana, *O Público e o Privado na Organização Administrativa (da relevância do sujeito à especialidade da função)*, Almedina, Coimbra, 2017, pág. 667 e Falcão, Pedro, "A Tutela do Prestador de Serviços Públicos Essenciais no Ordenamento Jurídico Português", *Estudos de Direito do Consumidor*, Coimbra, nº 12, 2017, págs. 401 e 402.

[553] Cfr. Engrácia Antunes, José, *Direito do Consumo*, Almedina, Coimbra, 2019, pág. 201.

[554] Cfr. Ac. STA de 29/1/2015. Processo 26/14-70 e Ac. Rel. Porto de 15/5/2018. Processo 63246/17.4YIPRT.P1. Em sentido contrário cfr. Ac. Rel. Guimarães de 25/10/2018. Processo 47668/18.8YIPRT.G1.

[555] Cfr. artigo 4º, nº 4, al. e), da Lei nº 114/2019, de 12 de setembro.

[556] Ferreira de Almeida, Carlos, "Serviços Públicos, Contratos Privados", *Estudos em Homenagem à Professora Doutora Isabel de Magalhães Colaço*, vol. II, Almedina, Coimbra, 2002, págs. 117 e ss.

[557] Cfr. Falcão, Pedro, "A Tutela do Prestador de Serviços Públicos Essenciais no Ordenamento Jurídico Português", *Estudos de Direito do Consumidor*, Coimbra, nº 12, 2017, pág. 396.

[558] Cfr. Cardoso, Elionora, *Os Serviços Públicos Essenciais: A sua problemática no ordenamento jurídico português*, Coimbra Editora, Coimbra, 2010, pág. 52.

[559] Cfr. Miranda Barbosa, Ana Mafalda, "Acerca do Âmbito da Lei dos Serviços Públicos Essenciais: Taxatividade ou Carácter Exemplificativo do Artigo 1º, nº 2 da Lei nº 23/96, de 26 de Julho?", *Estudos de Direito do Consumidor*, nº 6, 2004, págs. 401 e ss e Morais Carvalho, Jorge, *Manual de Direito do Consumo*, 6ª ed., Almedina, Coimbra, 2019, págs. 359 e ss.

[560] Cfr. DL 194/2009, de 20 de agosto que estabelece o regime jurídico dos serviços municipais de abastecimento público de água, de saneamento de águas residuais e de gestão de resíduos urbanos.

- Serviço de fornecimento de energia elétrica[561];
- Serviço de fornecimento de gás natural e gases de petróleo liquefeitos canalizados[562];
- Serviço de comunicações eletrónicas[563];
- Serviços postais[564];
- Serviço de recolha e tratamento de águas residuais[565];
- Serviços de gestão de resíduos sólidos urbanos[566];
- Serviço de transporte de passageiros[567]

4.2. A Tutela do Utente

A tutela reforçada do utente levada a cabo pela LSPE resulta, principalmente, da essencialidade dos serviços para os seus destinatários, por um lado, e, por outro, da necessidade de promover o equilíbrio da relação jurídica[568]. Assim, a prestação do serviço deve ser norteada atendendo a um conjunto substancial de deveres:

- O dever de boa-fé (artigo 3º) que vincula de forma genérica o prestador de serviço a proceder de boa-fé e em conformidade com os ditames que decorram da natureza pública do serviço, tendo igual-

[561] Cfr. DL 172/2006, de 23 de agosto que desenvolve os princípios gerais relativos à organização e ao funcionamento do sistema elétrico nacional.

[562] Cfr. DL 140/2006, de 26 de julho que desenvolve os princípios gerais relativos à organização e ao funcionamento do Sistema Nacional de Gás Natural.

[563] Cfr. LCE que estabelece o regime jurídico aplicável às redes e serviços de comunicações eletrónicas e aos recursos e serviços conexos e define as competências da autoridade reguladora nacional neste domínio.

[564] Cfr. Lei 17/2012, de 26 de abril que estabelece o regime jurídico aplicável à prestação de serviços postais.

[565] Cfr. DL 194/2009, de 20 de agosto que estabelece o regime jurídico dos serviços municipais de abastecimento público de água, de saneamento de águas residuais e de gestão de resíduos urbanos.

[566] Cfr. DL 194/2009, de 20 de agosto que estabelece o regime jurídico dos serviços municipais de abastecimento público de água, de saneamento de águas residuais e de gestão de resíduos urbanos.

[567] Cfr. Lei 52/20015, de 9 de junho que estabelece o regime jurídico do serviço público de transporte de passageiros.

[568] Cfr. Falcão, Pedro, "A Tutela do Prestador de Serviços Públicos Essenciais no Ordenamento Jurídico Português", *Estudos de Direito do Consumidor*, Coimbra, nº 12, 2017, pág. 402.

mente em conta a importância dos interesses dos utentes que se pretende proteger;

- O dever de informação (artigo 4º) que obriga o prestador a informar e esclarecer[569] o utente sobre todos as condições em que o serviço é, ou virá a ser prestado, fornecendo-lhe todos os esclarecimentos que se justifiquem. Acresce ainda o dever de informar diretamente, de forma atempada e eficaz, os destinatários sobre as tarifas aplicáveis, disponibilizando-lhes informação clara e completa sobre essas tarifas;
- O dever de continuidade (artigo 5º, nº 1) que proíbe a suspensão do serviço sem pré-aviso adequado, salvo caso fortuito ou de força maior, visando a proteção do utente contra uma inesperada suspensão da prestação do serviço[570].
- O dever de qualidade (artigo 7º) que vincula o prestador a elevados padrões de qualidade, devendo tais padrões aferir-se, principalmente, em função do grau de satisfação do utente, especialmente quando a fixação do preço varie em função desses padrões. A norma pretende, pois, evitar que a concorrência seja prejudicial ao utente/consumidor, na medida em que veda que determinada empresa concorrente, para conseguir vantagem, possa baixar o elevado padrão de qualidade[571].

Por sua vez, o dever principal do utente traduz-se no pagamento do preço. Ao pagamento do preço aplicam-se um conjunto de mecanismos que têm, igualmente, o propósito de tutelar os interesses do utente[572]:

- Direito a quitação parcial (artigo 6º) que obriga o prestador a aceitar o pagamento parcial de um serviço prestado, mesmo que conjuntamente faturado com outro(s), salvo se forem indissociáveis;
- Proibição da imposição e da cobrança de consumos mínimos (artigo 8º, nº 1) e de qualquer importância, nos temos do nº 2 do artigo

[569] Cfr. Morais Carvalho, Jorge, *Manual de Direito do Consumo*, 6ª ed., Almedina, Coimbra, 2019, pág. 363.

[570] Cfr. Almeida, Mariana e Dias Simões, Fernando, *Lei dos Serviços Públicos Essenciais – Anotada e Comentada*, Almedina, Coimbra, 2012, pág. 89.

[571] Cfr. Ac. Rel. Porto de 26/1/2006. Processo 0537124.

[572] Cfr. Engrácia Antunes, José, *Direito do Consumo*, Almedina, Coimbra, 2019, pág. 205.

8º, a título de preço, aluguer, amortização ou inspeção periódica de contadores ou outros instrumentos de medição dos serviços utilizados; Qualquer outra taxa de efeito equivalente à utilização das medidas referidas na alínea anterior, independentemente da designação utilizada; Qualquer taxa que não tenha uma correspondência direta com um encargo em que a entidade prestadora do serviço efetivamente incorra, com exceção da contribuição para o audiovisual; Qualquer outra taxa não subsumível às alíneas anteriores que seja contrapartida de alteração das condições de prestação do serviço ou dos equipamentos utilizados para esse fim, exceto quando expressamente solicitada pelo consumidor;

- Direito a fatura detalhada (artigo 9º). O consumidor tem direito a fatura mensal que discrimine especificamente os valores que apresenta, os serviços prestados e as tarifas correspondentes a esses serviços (artigo 9º, nºs 1 e 2). No que concerne à prestação de serviços de comunicações eletrónicas, há a considerar algumas disposições da LCE a respeito, que complementam o disposto no artigo 9º, nº 3 da LSPE[573]. Neste sentido, o artigo 39º, nº 3 al. c) estabelece o direito de o assinante obter fatura detalhada, quando a solicite, acrescentando o nº 5 que cabe à ARN (ANACOM) definir o nível mínimo de detalhe e informação que, sem quaisquer encargos, as empresas devem assegurar aos assinantes que solicitem faturação detalhada. Portanto, a fatura detalhada deve ser disponibilizada sem qualquer encargo para o assinante[574].
- Prescrição e caducidade do direito ao recebimento do preço do serviço prestado (artigo 10º), com vista a evitar o sobreendividamento do utente, matéria que, pela sua importância, será desenvolvida em sede própria;

[573] Note-se que o envio da fatura por outra via que não a eletrónica pode implicar um custo adicional para o utente. Sendo a regra geral a da gratuitidade da disponibilização da fatura eletrónica, o envio da fatura em papel terá de ser gratuito se o destinatário não possuir conhecimentos informáticos ou acesso a tais meios que lhe permitam aceder à fatura eletrónica. Cfr. Morais Carvalho, Jorge, *Manual de Direito do Consumo*, 6ª ed., Almedina, Coimbra, 2019, págs. 372 e ss.

[574] Cfr. Morais Carvalho, Jorge, *Manual de Direito do Consumo*, 6ª ed., Almedina, Coimbra, 2019, pág. 373.

- Direito ao acerto de valores cobrados (artigo 12º) sempre que, em virtude do método de faturação utilizado, seja cobrado ao utente um valor que exceda o correspondente ao consumo efetuado.

Os artigos 13º e 14º reforçam, ainda, a tutela do utente. No que concerne ao primeiro (artigo 13º), estabelecendo o carater injuntivo dos direitos dos utentes previstos na LSPE, determina a nulidade de qualquer convenção ou disposição que exclua ou limite tais direitos[575]. Trata-se de uma nulidade atípica, na medida em que, apenas pode ser invocada pelo utente. Quanto ao segundo (artigo 14º), ressalva todas as disposições legais que, em concreto, se mostrem mais favoráveis ao utente.

4.3. Suspensão da Prestação do Serviço

A matéria relativa à suspensão da prestação do serviço é tratada no artigo 5º. Como referimos oportunamente a LSPE protege o utente contra interrupções inesperadas e sem aviso-prévio[576], salvo por motivo de força maior, consagrando no seu nº 1 o dever de continuidade que recai sobre o prestador.

A suspensão da prestação do serviço, para além dos referidos motivos de força maior, só poderá ocorrer se verificados, cumulativamente, de três requisitos[577]:

- Mora do utente (artigo 5º, nº 2);
- Aviso prévio, por escrito, com a antecedência mínima de 20 dias relativamente à data em que a suspensão venha a ter lugar (artigo 5º, nº 2);
- Justificação do motivo da suspensão e informação ao utente dos meios de que dispõe para evitar a suspensão do serviço e, bem assim, para a retoma do mesmo (artigo 5º, nº 3).

[575] Cfr. Falcão, Pedro, "A Tutela do Prestador de Serviços Públicos Essenciais no Ordenamento Jurídico Português", *Estudos de Direito do Consumidor*, Coimbra, nº 12, 2017, pág. 403.

[576] Cfr. Almeida, Mariana e Dias Simões, Fernando, *Lei dos Serviços Públicos Essenciais – Anotada e Comentada*, Almedina, Coimbra, 2012, pág. 89.

[577] O princípio ou dever de continuidade não é absoluto, pois a LSPE consagra um conjunto de critérios objetivos que o limitam. Cfr. Gouveia, Rodrigo, *Os Serviços de Interesse Geral em Portugal*, Coimbra Editora, Coimbra, 2001, pág. 29.

O artigo 5º, nº 4, reforçando a posição do utente[578] estabelece que a prestação do serviço público não pode ser suspensa em consequência de falta de pagamento de qualquer outro serviço, ainda que incluído na mesma fatura, salvo se forem funcionalmente indissociáveis. Portanto, caso os serviços sejam dissociáveis, prestados e, em princípio, faturados conjuntamente, a falta de pagamento de um deles, não legitima a suspensão do outro. Imagine-se, por ex., a contratação conjunta de um serviço de fornecimento de água e de um serviço de fornecimento de gás, o não pagamento da parte da fatura relativa ao serviço de fornecimento de gás, não legitima a suspensão da prestação do serviço de fornecimento de água.

No que concerne ao artigo 5º, nº 5, e quanto à suspensão de serviços de comunicações eletrónicas prestados a consumidores, aplica-se o regime previsto na LCE, em particular, as disposições do artigo 52º-A. Portanto, na pendência de um contrato de consumo, cujo objeto seja a prestação de serviços de comunicações eletrónicas, a interrupção (e resolução) deve obedecer ao disposto do artigo 52º-A da LCE.

O referido artigo estabelece um prazo de aviso prévio de 30 dias relativamente à data em que a suspensão venha a ter lugar (52º-A, nº 1) e, portanto, mais favorável ao consumidor[579-580]. Por sua vez, o nº 2, determina que o aviso prévio deve ser comunicado por escrito ao consumidor no prazo de 10 dias após a data de vencimento da fatura, devendo indicar, especificamente, a consequência do não pagamento, nomeadamente a suspensão do serviço e a resolução automática do contrato, e informá-lo dos meios ao seu dispor para as evitar.

O prestador deve, obrigatoriamente, no prazo de 10 dias, suspender o serviço, por um período de 30 dias, sempre que, decorrido o prazo de 30 dias após o aviso prévio, o consumidor não tenha procedido ao pagamento ou não tenha celebrado com a empresa qualquer acordo de pagamento

[578] Cfr. Morais Carvalho, Jorge, *Manual de Direito do Consumo*, 6ª ed., Almedina, Coimbra, 2019, pág. 367.

[579] Cfr. Falcão, Pedro, "A Tutela do Prestador de Serviços Públicos Essenciais no Ordenamento Jurídico Português", *Estudos de Direito do Consumidor*, Coimbra, nº 12, 2017, pág. 404.

[580] Para Morais Carvalho, o regime do artigo 52º-A da LCE é, genericamente, menos favorável ao consumidor, na medida em que, obriga o prestador, mesmo contra a sua vontade, a desencadear os mecanismos conducentes à suspensão e resolução do serviço. Cfr. Morais Carvalho, Jorge, *Manual de Direito do Consumo*, 6ª ed., Almedina, Coimbra, 2019, pág. 368 e ss.

por escrito com vista à regularização dos valores em dívida (artigo 52º-A, nº 3).

Decorridos os 30 dias de suspensão do serviço, sem que o consumidor tenha procedido ao pagamento da totalidade dos valores em dívida, ou sem que tenha sido celebrado um acordo de pagamento por escrito, o contrato considera-se automaticamente resolvido (artigo 52º-A, nº ????).

Não raras vezes na doutrina se sustenta que o legislador, ao consagrar a resolução automática do contrato, pretendeu proteger o consumidor contra o sobreendividamento[581]. Não acompanhamos esse entendimento, na medida em que, após a suspensão da prestação do serviço sustem-se o aumento da dívida, uma vez que deixa de ser devido o pagamento do preço. Eco de tal pretensão do legislador faz-se, no entanto, sentir no nº 10 do artigo 52º-A que estabelece que o incumprimento da suspensão do serviço dentro dos prazos referidos no artigo 52º-A, determina a não exigibilidade, ao consumidor, das contraprestações devidas pela prestação do serviço e a responsabilidade pelo pagamento das custas processuais devidas pela cobrança do crédito. Portanto, o prestador que não suspenda o serviço, dentro do prazo máximo de 10 dias após o decurso dos 30 dias posteriores ao aviso prévio, continuando a prestá-lo, não pode exigir ao consumidor o pagamento relativo ao serviço prestado após o decurso de tais prazos.

De referir que, por um lado, a suspensão do serviço não tem lugar nas situações em que os valores da fatura sejam objeto de reclamação por escrito junto da empresa, com fundamento na inexistência ou na inexigibilidade da dívida, até à data em que deverá ter início a suspensão (artigo 5º-A, nº 4) e que, por outro, o consumidor pode fazer cessar a suspensão, procedendo ao pagamento dos valores em dívida ou à celebração de um acordo de pagamento por escrito, casos em que deve ser reposta a prestação do serviço imediatamente ou, quando tal não seja tecnicamente possível, no prazo de cinco dias úteis a contar da data do pagamento ou da celebração do acordo de pagamento (artigo 5º-A, nº 6).

[581] A título de exemplo cfr. FALCÃO, Pedro, "A Tutela do Prestador de Serviços Públicos Essenciais no Ordenamento Jurídico Português", *Estudos de Direito do Consumidor*, Coimbra, nº 12, 2017, pág. 414 e MORAIS CARVALHO, Jorge, *Manual de Direito do Consumo*, 6ª ed., Almedina, Coimbra, 2019, pág. 369.

4.4. Prescrição e Caducidade do Direito ao Recebimento do Serviço Prestado

Parte substancial dos litígios de consumo dizem respeito à prestação de serviços públicos essenciais[582]. Com vista a evitar o sobreendividamento do utente, o artigo 10º da LPSE consagra prazos curtos de prescrição e caducidade[583] para o exercício do direito do prestador ao recebimento do preço relativo ao serviço prestado.

O artigo 10º, nº 1 estabelece que o direito de crédito do prestador de serviços públicos essenciais, deve ser exercido no prazo de seis meses, sob pena de prescrição extintiva[584], começando tal prazo a correr a partir da data da prestação do serviço e não após a data da emissão da fatura. Como os serviços são discriminados em fatura com periodicidade mensal, por força do nº 1 do artigo 306º do CC, o prazo de seis meses há de incidir sobre o preço de todo o serviço prestado durante o período mensal a que se refere cada fatura. Em conformidade com o artigo 323º, nºs 1 e 2 do CC a prescrição interrompe-se pela citação ou notificação judicial de qualquer ato que exprima, direta ou indiretamente, a intenção de exercer o direito[585]. O nº 4 do artigo 10º, reforçando o disposto no nº 1, determina que o prazo[586] para a propositura da ação ou da injunção pelo prestador

[582] Cfr. MOREIRA, Teresa, "Regulação e Proteção dos Consumidores – Algumas Notas", *I Congresso de Direito do Consumo*, Almedina, Coimbra, 2016, pág. 263.

[583] A caducidade pode, em termos genéricos, definir-se como a extinção ou perda de um direito ou de uma ação pelo decurso do tempo, ou ainda, pela verificação de uma circunstância que, naturalmente (por ex. a morte), desencadeia a extinção do direito. A prescrição, projetada em proveito do devedor e destinada a censurar o desleixo do titular, estorva o direito e apesar de não o extinguir legitima o sujeito passivo a opor-se à sua realização. A caducidade do prazo é interrompida com a entrada da ação ou injunção, a prescrição é com a citação que se interrompe; A prescrição não opera *ipso jure* devendo ser invocada pelo interessado e a caducidade, extinguindo o direito, é de conhecimento oficioso e opera *ipso jure* (artigo 333º do CC). Cfr. Ac. STJ de 6/4/2017. Processo 1161/14.7T2AVR.P1.S1; Ac. STJ de 22/10/2015. Processo 273/13.9YHLSB.L1.S1.

[584] Cfr. MORAIS CARVALHO, Jorge, *Manual de Direito do Consumo*, 6ª ed., Almedina, Coimbra, 2019, pág. 375.

[585] Cfr. Ac. Rel. Lisboa de 25/5/2017. Processo 28927-16.0YIPRT.L1-6.

[586] Trata-se de um prazo de caducidade que ao contrário do prazo de prescrição se interrompe na data de entrada da ação judicial ou injunção (artigo 331º do CC). Cfr. Ac. Rel. Porto de 12/1/2015. Processo 98356/13.0YIPRT.P1.

de serviços é de seis meses, contados após a prestação do serviço ou do pagamento inicial, consoante os casos.

O nº 2 do artigo 10º, versa sobre a caducidade do direito de crédito do prestador do serviço, a receber a diferença entre a quantia inicialmente paga pelo mesmo e a efetivamente devida, direito esse que caduca no prazo de seis meses a contar da data em que o utente efetuou o pagamento inicial[587]. Portanto, tendo o utente pago apenas uma parcela do valor da fatura, o prestador tem direito a exercer o direito ao recebimento da diferença, no prazo de 6 meses, sob pena de caducidade, a contar do momento do pagamento parcial. O pagamento parcial interrompe o prazo de prescrição estabelecido no nº 1 do artigo 10º[588], e inutiliza todo o tempo decorrido anteriormente, começando a correr novo prazo a partir do ato interruptivo, isto é, no caso, o mesmo prazo de seis meses.

Portanto, a prescrição diz respeito ao crédito originário que tem por objeto o preço correspondente ao serviço prestado; A caducidade refere-se ao crédito derivado que tem por objeto a diferença entre o valor já pago pelo utente e o valor correspondente ao serviço realmente prestado (como por ex. quando a faturação se baseia em estimativa)[589].

Foi surgido, ao longo dos anos, por parte de alguns municípios, o entendimento de que o prazo de prescrição do direito ao recebimento do serviço prestado deve ser de oito anos. Assentavam a sua argumentação no artigo 15º, nº 1 da Lei nº 53-E/2006, de 29 de dezembro que estabelece que as dívidas por taxas às autarquias locais prescrevem no prazo de oito anos a contar da data em que o facto tributário ocorreu. Tal visão, afastaria a aplicação do prazo prescricional de seis meses previsto na LSPE.

Discordamos, totalmente, deste entendimento. Como referimos, os contratos de prestação de serviços públicos essenciais são de natureza privada e reconduzem-se ao contrato de compra e venda e de prestação de serviços. Assim, o valor pago pelo utente é um preço e não uma taxa, até porque não assume a natureza de dívida fiscal e não deriva de uma relação jurídico-tributária, mas de uma relação de direito

587 Cfr. Ac. Rel. Lisboa de 5/4/2016. Processo 93017/13.2YIPRT.L2-7.

588 Cfr. Ac. Rel. Lisboa de 5/4/2016. Processo 93017/13.2YIPRT.L2-7.

589 Cfr. Sentença CICAP de 22/5/2015. Processo 62/2015.

privado em que a autarquia não está, em tal relação, dotada de *ius imperii*[590].

Ainda de referir que as entidades públicas que prestam serviços públicos essenciais dispõem do livro de reclamações tradicional em detrimento do livro amarelo, o que reforça a nossa ideia. Parece-nos, que a Lei nº 114/ /2019, de 12 de setembro veio terminar com a questão, ao consagrar, no artigo 4º, nº 4, al. e), que fica excluída do âmbito da jurisdição administrativa e fiscal a apreciação de litígios emergentes das relações de consumo relativas à prestação de serviços públicos essenciais, incluindo a respetiva cobrança coerciva.

De realçar que caso as partes optem por recorrer a um MRAL, (que não a arbitragem ou os julgados de paz[591]), os prazos estabelecidos no artigo 10º, nºs 1 e 4 se suspendem, retomando-se a sua contagem se o litígio não se dirimir por esta via. Ainda quanto à resolução de litígios de consumo neste domínio, a Lei 6/2011, de 10 de março introduziu um mecanismo de arbitragem necessária que, por sua vez, legitima o utente pessoa singular, por sua opção expressa, a submeter o litígio à apreciação do tribunal arbitral dos centros de arbitragem de conflitos de consumo legalmente autorizados, independentemente de adesão do prestador do serviço público ao centro ou da celebração de convenção arbitral. Vincula-se, assim, o prestador de serviços à decisão do tribunal arbitral, se tal for a opção tomada pelo utente pessoa singular, por um lado, e, por outro, promove-se o recurso aos MRAL (artigo 15º da LPSE).

[590] Em sentido semelhante cfr. Ac. Rel. Porto de 1/7/2019. Processo 204/18.0YRPRT; Ac. STA de 7/11/2007. Processo 0728/07; Ac. STA de 7/5/2015. Processo 44/13-70.

[591] Nestes casos a citação interrompe o prazo de prescrição (artigo 323º, nº 1) uma vez que se trata de MRAL adjudicatórios. Cfr. Morais Carvalho, Jorge, *Manual de Direito do Consumo*, 6ª ed., Almedina, Coimbra, 2019, pág. 375.

5. Crédito ao Consumo

5.1. Objeto e Âmbito de Aplicação

O artigo 4º, nº 1, al. c) do DL 133/2009, de 2 de junho[592] define contrato de crédito ao consumo[593] por referência aos sujeitos da relação jurídica, ao objeto do negócio e aos subtipos deste tipo contratual.

Assim, ao contrato celebrado entre um profissional, enquanto pessoa singular ou coletiva (artigo 4º, nº 1, al. b)), e um consumidor na sua aceção restrita, enquanto pessoa singular (artigo 4º, nº 1, al. a)), mediante o qual, o primeiro concede ou promete conceder a ao segundo um crédito sob a forma de diferimento de pagamento, mútuo, utilização de cartão de crédito, ou qualquer outro acordo de financiamento semelhante aplica-se o diploma referido. Exclui-se, por sua vez, da noção, o contrato de prestação continuada de serviços ou de fornecimento de bens de um mesmo tipo em que o consumidor tenha o direito de efetuar o pagamento dos serviços ou dos bens à medida que são fornecidos (artigo 4º, nº 2).

Os contratos de crédito ao consumo são, pois, regulados pelo DL 133/2009, de 2 de junho que procedeu à transposição para a ordem jurídica interna da Diretiva nº 2008/48/CE, de 23 de abril, revogando, respetivamente, o DL 359/91, de 21 de setembro e a Diretiva nº 87/102/CEE, de 22 de dezembro[594]. Com a transposição, passou, por um lado, a recair sobre o credor a obrigatoriedade de avaliar a solvabilidade do consumidor previamente à concessão do crédito e, por outro, resultou o incentivo à realização de transações transfronteiriças, tendo-se atribuído uma

[592] Quanto ao tipo contratual em geral cfr. CASTELO, Higina, "Crédito ao Consumo e Diversidade de Tipos Contratuais", *Direito do Consumo – Coleção de Formação Contínua*, CEJ, 2014, págs. 103 e ss; ENGRÁCIA ANTUNES, José, *Direito do Consumo*, Almedina, Coimbra, 2019, págs. 206 e ss e MORAIS CARVALHO, Jorge, *Manual de Direito do Consumo*, 6ª ed., Almedina, Coimbra, 2019, págs. 384 e ss; FROTA, Ângela, "Crédito ao Consumidor", *EIDC*, vol. V, 2017, págs. 375 e ss; GRAVATO MORAIS, Fernando de, *Crédito aos Consumidores – Legislação Anotada*, Almedina, Coimbra, 2009 e FERREIRA DOS SANTOS, Susana, "Regime Jurídico dos Contratos de Crédito aos Consumidores: Algumas Notas", *Revista Luso-Brasileira de Direito do Consumo*, vol. III, nº 9, 2013, págs. 125 e ss.

[593] Cfr. CASTELO, Higina, "Crédito ao Consumo e Diversidade de Tipos Contratuais", *Direito do Consumo – Coleção de Formação Contínua*, CEJ, 2014, págs. 108 e ss; ENGRÁCIA ANTUNES, José, *Direito do Consumo*, Almedina, Coimbra, 2019, págs. 206 e 207 e MORAIS CARVALHO, Jorge, *Manual de Direito do Consumo*, 6ª ed., Almedina, Coimbra, 2019, pág. 375.

[594] Cfr. GRAVATO MORAIS, Fernando de, "Proteção do Consumidor a Crédito na Celebração e na Execução do Contrato", *RED – Revista Eletrónica de Direito*, nº 1, 2014, págs. 4 e ss.

maior eficácia do direito de arrependimento neste tipo de contratos de crédito.

Por sua vez, a taxa anual de encargos efetiva global (TAEG)[595] é objeto de uniformização mais adequada, sendo ainda instituída uma ficha específica e normalizada sobre informação europeia em matéria de crédito a consumidores relativa a descobertos e à conversão de dívidas. É, igualmente, implementada uma eficaz proteção dos consumidores em caso de contratos coligados, traduzida na repercussão de determinadas vicissitudes de um contrato no outro. Mantém-se a responsabilidade subsidiária de grau reduzido do credor, em caso de incumprimento ou de cumprimento defeituoso do contrato de compra e venda ou de prestação de serviços. No esteio do disposto nos artigos 934º a 936º do CC, são estabelecidas novas regras aplicáveis ao incumprimento do consumidor relativamente ao pagamento de prestações, impedindo-se que, de imediato, o credor possa invocar a perda do benefício do prazo ou a resolução do contrato. Proíbe-se, ainda, a consagração de taxas elevadas, sob pena de usura.

Muito embora determinados subtipos de contrato de crédito ao consumo possam subsumir-se à sua noção, o diploma, por força do artigo 2º, exclui-os do seu âmbito de aplicação[596], nomeadamente:

- Contratos de crédito garantidos por hipoteca sobre coisa imóvel ou por outro direito sobre coisa imóvel (al. a))[597];
- Contratos de crédito cuja finalidade seja a de financiar a aquisição ou a manutenção de direitos de propriedade sobre terrenos ou edifícios existentes ou projetados (al. b))[598];

[595] Veja-se a noção de TAEG prevista no artigo 4º, nº 1, al. i) do DL 133/2009, de 2 de junho que estabelece que corresponde ao custo total do crédito para o consumidor expresso em percentagem anual do montante total do crédito, acrescido, se for o caso, dos custos previstos no nº 4 do artigo 24º do mesmo diploma.

[596] Cfr. Castelo, Higina, "Crédito ao Consumo e Diversidade de Tipos Contratuais", *Direito do Consumo – Coleção de Formação Contínua*, CEJ, 2014, pág. 108.

[597] O DL 74-A/2017, de 23 de junho estabelece o regime dos contratos de crédito relativos a imóveis, nomeadamente, as regras aplicáveis ao crédito a consumidores garantido por hipoteca ou por outro direito sobre coisa imóvel.

[598] O DL 74-A/2017, de 23 de junho regula, ainda, os contratos de crédito para aquisição ou manutenção de direitos de propriedade sobre terrenos ou edifícios já existentes ou projetados ou para a aquisição ou construção de habitação própria permanente, secundária ou para arrendamento.

- Contratos de crédito cujo montante total de crédito seja inferior a 200 euros ou superior a 75 000 euros (al. c)). O artigo 2º, abre, no entanto, duas exceções estabelecendo, por um lado, que disposto nos artigos 1º a 4º, no artigo 23º e nos artigos 26º e ss é aplicável aos contratos de crédito na modalidade de ultrapassagem de crédito, mesmo que o montante total do crédito concedido seja inferior a 200 euros (nº 4) e, por outro, que se aplica aos contratos de crédito sem garantia hipotecária ou outro direito sobre coisa imóvel, cuja finalidade seja a realização de obras em imóveis e com um montante total de crédito superior a 75 000 euros[599];
- Contratos de locação de bens móveis de consumo duradouro que não prevejam o direito ou a obrigação de compra da coisa locada, seja no próprio contrato, seja em contrato separado (al. d))[600];
- Contratos de crédito em que o crédito seja concedido sem juros e outros encargos (al. f));
- Contratos de crédito em que o crédito deva ser reembolsado no prazo de três meses e pelo qual seja devido o pagamento de encargos insignificantes, com exceção dos casos em que o credor seja uma instituição de crédito (al. g));
- Contratos de crédito cujo crédito é concedido por um empregador aos seus empregados, a título subsidiário, sem juros ou com TAEG inferior às taxas praticadas no mercado, e que não sejam propostos ao público em geral (al. h));
- Contratos de crédito celebrados com empresas de investimento, tal como definidas no nº 1 do artigo 4º da Diretiva nº 2004/39/CE, de 21 de abril[601], relativa aos mercados de instrumentos financeiros, ou com instituições de crédito, tal como definidas no artigo 4º da

[599] A razão de ser da exclusão reside no facto de, por um lado, se pretender desonerar o profissional de excessivas obrigações resultantes da concessão de crédito de reduzido valor o que desincentivaria à celebração do contrato e, por outro, nos de valor elevado, o cuidado do consumidor, sendo maior, este não carece de especial proteção. Cfr. MORAIS CARVALHO, Jorge, *Manual de Direito do Consumo*, 6ª ed., Almedina, Coimbra, 2019, págs. 391 e 392.

[600] A propósito cfr. LEITE DE CAMPOS, Diogo, *A Locação Financeira*, AAFDL, 2013 e GRAVATO MORAIS, Fernando de, *Manual de Locação Financeira*, 2ª ed., Almedina, Coimbra, 2011.

[601] Qualquer pessoa coletiva cuja ocupação ou atividade habitual consista na prestação de um ou mais serviços de investimento a terceiros e/ou na execução de uma ou mais atividades de investimento a título profissional.

Diretiva nº 2006/48/CE, de 14 de junho[602], que tenham por objeto autorizar um investidor a realizar uma transação que incida sobre um ou mais dos instrumentos especificados na secção C do anexo I da Diretiva nº 2004/39/CE, de 21 de abril[603], sempre que a empresa de investimento ou a instituição de crédito que concede o crédito intervenha nessa transação (al. i));

[602] Uma empresa cuja atividade consiste em receber do público depósitos ou outros fundos reembolsáveis e em conceder créditos por sua própria conta ou uma instituição de moeda eletrónica na aceção da Diretiva nº 2000/46/CE de 18 de setembro.

[603] Valores mobiliários; Instrumentos do mercado monetário; Unidades de participação em organismos de investimento coletivo; Opções, futuros, *swaps*, contratos a prazo de taxa de juro e quaisquer outros contratos derivados relativos a valores mobiliários, divisas, taxas de juro ou de rendibilidades ou outros instrumentos derivados, índices financeiros ou indicadores financeiros que possam ser liquidados mediante uma entrega física ou um pagamento em dinheiro; Opções, futuros, *swaps*, contratos a prazo de taxa de juro e quaisquer outros contratos derivados relativos a mercadorias que devam ser liquidados em dinheiro ou possam ser liquidados em dinheiro por opção de uma das partes (por qualquer razão diferente do incumprimento ou outro fundamento para rescisão); Opções, futuros, *swaps* e quaisquer outros contratos derivados relativos a mercadorias que possam ser liquidados mediante uma entrega física, desde que sejam transacionados num mercado regulamentado e/ou num MTF; Opções, futuros, *swaps*, contratos a prazo e quaisquer outros contratos sobre derivados relativos a mercadorias, que possam ser liquidados mediante entrega física, não mencionados no ponto 6 e não destinados a fins comerciais, que tenham as mesmas características de outros instrumentos financeiros derivados, tendo em conta, nomeadamente, se são compensados ou liquidados através de câmaras de compensação reconhecidas ou se estão sujeitos ao controlo regular do saldo da conta margem; Instrumentos derivados para a transferência do risco de crédito; Contratos financeiros por diferenças (*financial contracts for diferences*); Opções, futuros, swaps, contratos a prazo de taxa de juro e quaisquer outros contratos sobre derivados relativos a variáveis climáticas, tarifas de fretes, licenças de emissão, taxas de inflação ou quaisquer outras estatísticas económicas oficiais, que devam ser liquidados em dinheiro ou possam ser liquidados em dinheiro por opção de uma das partes (por qualquer razão diferente do incumprimento ou outro fundamento para rescisão), bem como quaisquer outros contratos sobre derivados relativos a ativos, direitos, obrigações, índices e indicadores não mencionados na presente Secção e que tenham as mesmas características de outros instrumentos financeiros derivados, tendo em conta, nomeadamente, se são negociados num mercado regulamentado ou num MTF, se são compensados e liquidados através de câmaras de compensação reconhecidas ou se estão sujeitos ao controlo regular do saldo da conta margem.

- Contratos de crédito que resultem de transação em tribunal ou perante outra autoridade pública (al. j))[604];
- Contratos de crédito que se limitem a estabelecer o pagamento diferido de uma dívida preexistente, sem quaisquer encargos (al. l))[605];
- Contratos de crédito celebrados no âmbito da atividade prestamista, nos termos dos quais o consumidor deva entregar ao credor um bem em penhor e em que a responsabilidade do consumidor se limite exclusivamente a essa garantia (al. m));
- Contratos que digam respeito a empréstimos concedidos a um público restrito, ao abrigo de disposição legal de interesse geral, com taxas de juro inferiores às praticadas no mercado ou sem juros ou noutras condições mais favoráveis para os consumidores do que as praticadas no mercado e com taxas de juro não superiores às praticadas no mercado (al. n)).

5.2. Formação

O processo de formação dos contratos de crédito ao consumo obedece a um substancial conjunto de deveres pré-contratuais que recaem sobre o profissional e que analisaremos seguidamente.

5.2.1. Publicidade

No que concerne aos deveres publicitários, se o profissional (ou intermediário de crédito[606]) emitir uma mensagem, como tal definida no artigo 3º do CPub, com o intuito de promover uma proposta de concessão de crédito ao consumo, fica sujeito ao disposto no artigo 5º do DL 133/2009,

[604] Entende-se que o controlo por parte de juiz é suficiente para conferir adequada tutela ao consumidor. Cfr. Morais Carvalho, Jorge, *Manual de Direito do Consumo*, 6ª ed., Almedina, Coimbra, 2019, pág. 394.

[605] Parece-nos que será de admitir que a consagração do disposto na al. l) não desnecessária, uma vez que se enquadra no disposto na al. f).

[606] Definido no artigo 4º, nº 1, al. f) como pessoa, singular ou coletiva, que não atue na qualidade de credor e que, no exercício da sua atividade comercial ou profissional e contra remuneração pecuniária ou outra vantagem económica acordada:
- Apresenta ou propõe contratos de crédito a consumidores;
- Presta assistência a consumidores relativa a atos preparatórios de contratos de crédito diferentes dos referidos;
- Celebra contratos de crédito com consumidores em nome do credor.

de 2 de junho[607]. Desta forma, artigo 5º, nº 1 estabelece que, sem prejuízo das normas aplicáveis à atividade publicitária em geral e do disposto no DL 57/2008, de 26 de março, a publicidade ou qualquer comunicação comercial em que um credor se proponha conceder crédito ou se sirva de um intermediário de crédito para a celebração de contratos de crédito deve indicar a TAEG para cada modalidade de crédito, mesmo que este seja apresentado como gratuito, sem juros ou utilize expressões equivalentes. Para além da subordinação do profissional ao regime específico da publicidade relativa a contratos de crédito ao consumo, a parte inicial do artigo sujeita-o, de igual forma, às regras gerais do CPub e do regime jurídico das práticas comerciais desleais.

Por sua vez, o nº 2 do artigo 5º determina a obrigatoriedade de indicar todas as TAEG caso haja lugar à aplicação de diferentes TAEG, referindo o nº 3, que a indicação da TAEG que, pelo seu tratamento gráfico ou audiovisual, não seja, em termos objetivos, legível ou percetível pelo consumidor, não cumpre o disposto nos nºs 1 e 2.

Da conjugação dos nºs 4 e 5 do artigo mencionado, resulta que a publicidade a operações de crédito reguladas pelo diploma em que se indique uma taxa de juro ou outros valores relativos ao custo do crédito para o consumidor deve incluir informações normalizadas, especificando de modo claro, conciso, legível e destacado, por meio de exemplo representativo:

- A taxa nominal (TAN)[608], fixa ou variável ou ambas, juntamente com a indicação de quaisquer encargos aplicáveis incluídos no custo total do crédito para o consumidor;
- O montante total do crédito;
- A TAEG;
- A duração do contrato de crédito, se for o caso;
- O preço a pronto e o montante do eventual sinal, no caso de crédito sob a forma de pagamento diferido de bem ou de serviço específico; e,

[607] Cfr. Couto, Rute, "Preliminares Negociais", *Manual de Serviços Financeiros*, APDC, Coimbra, 2013, págs. 67 e ss.

[608] Taxa de juro expressa numa percentagem fixa ou variável aplicada numa base anual ao montante do crédito utilizado (artigo 4º, nº 1, al. j)).

- O montante total imputado ao consumidor e o montante das prestações, se for o caso.

De realçar, ainda, quanto a matéria de publicidade a contratos de crédito ao consumo, que caso a celebração de contrato relativo a um serviço acessório ao contrato de crédito, nomeadamente o seguro, for necessária para a obtenção do crédito ou para a obtenção do crédito nos termos e nas condições de mercado, e o custo desse serviço acessório não puder ser antecipadamente determinado, deve igualmente ser mencionada, de modo claro, conciso e visível, a obrigação de celebrar esse contrato, bem como a TAEG (artigo 5º, nº 6).

O Banco de Portugal define os um conjunto de princípios aos quais a publicidade aos produtos e serviços financeiros se sujeita, nomeadamente, os princípios da identificação, veracidade, transparência e equilíbrio[609].

5.2.2. Informações Pré-Contratuais e Dever de Assistência

Com o intuito de permitir ao consumidor uma tomada de decisão informada e esclarecida, e atendendo ao forte impacto que o recurso ao crédito pode ter na sua vida, os artigos 6º a 9º consagram uma ampla panóplia de deveres pré-contratuais de informação[610] que constituem, na sua essência, os elementos essenciais do negócio[611].

No que diz respeito às referidas informações pré-contratuais[612], com o intuito, já mencionado, de permitir ao consumidor tomar uma decisão informada e esclarecia, bem como dar-lhe a oportunidade de comparar diferentes ofertas, o artigo 6º, nºs 1 e 2, determina que na data de apresentação de uma oferta de crédito ou previamente à celebração do contrato de crédito[613], o profissional e, se for o caso, o intermediário de crédito

[609] Aviso do Banco de Portugal nº 10/2008.

[610] Cfr. Engrácia Antunes, José, *Direito do Consumo*, Almedina, Coimbra, 2019, pág. 209.

[611] Cfr. Morais Carvalho, Jorge, *Manual de Direito do Consumo*, 6ª ed., Almedina, Coimbra, 2019, pág. 406.

[612] Cfr. Couto, Rute, "Preliminares Negociais", *Manual de Serviços Financeiros*, APDC, Coimbra, 2013, págs. 75 e ss.

[613] De realçar que caso o contrato seja celebrado, por solicitação do consumidor, através de um meio de comunicação à distância que não permita o fornecimento das informações previstas no nº 3 do artigo 6º, nomeadamente no caso referido no nº 6, o credor deve facultar ao

devem, com base nos termos e nas condições oferecidas e, se for o caso, nas preferências expressas pelo consumidor e nos elementos por este fornecidos, prestar as informações necessárias, em papel ou noutro suporte duradouro, através da ficha sobre «Informação normalizada europeia em matéria de crédito a consumidores» (FIN)[614], constante do anexo II ao diploma composta por quatro partes essenciais:

- Elementos de identificação e de informação sobre o credor e/ou o intermediário do crédito;
- Descrição das principais características do crédito;
- Custo do crédito;
- Outros aspetos jurídicos.

Considera-se que o profissional cumpriu os requisitos de informação se tiver fornecido a FIN ao consumidor, devidamente preenchida (artigo 6º, nº 5)[615]. Todas as informações adicionais que o profissional queira prestar ao consumidor devem ser entregues em documento separado, elaborado de forma clara, concisa e legível, podendo constar em anexo à FIN (artigo 6º, nº 4).

As informações em causa devem especificar, em conformidade com o artigo 6º, nº 3, nomeadamente:

- O tipo de crédito;
- A identificação e o endereço geográfico do credor, bem como, se for o caso, a identificação e o endereço geográfico do intermediário de crédito envolvido;
- O montante total do crédito e as condições de utilização;
- A duração do contrato de crédito;

consumidor, na íntegra e imediatamente após a celebração do contrato de crédito, as informações pré-contratuais devidas através da FIN (artigo 6º, nº 7).

[614] Pretende-se, pois, uma uniformização ao nível da UE da FIN a que os consumidores possam aceder, independentemente, do país onde se encontrem. Cfr. Morais Carvalho, Jorge, *Manual de Direito do Consumo*, 6ª ed., Almedina, Coimbra, 2019, págs. 407 e 408.

[615] Os nºs 2 e 5 do artigo 6º conjugados, estabelecem uma presunção ilidível de cumprimento dos deveres pré-contratuais de informação se o profissional preencheu devidamente a FIN e a entregou ao consumidor. "informação normalizada europeia em matéria de crédito a consumidores". Cfr. Ac. Rel. Porto de 28/3/2012. Processo 614/11.3TBVCD.P1.

- Nos créditos sob a forma de pagamento diferido de um bem ou de um serviço específico e nos contratos coligados, o bem ou o serviço em causa, assim como o respetivo preço a pronto;
- A TAN, as condições aplicáveis a esta taxa e, quando disponíveis, quaisquer índices ou taxas de juro de referência relativos à TAN inicial, bem como os períodos, as condições e os procedimentos de alteração da taxa de juro; em caso de aplicação de diferentes taxas nominais, em função das circunstâncias, as informações antes referidas sobre todas as taxas aplicáveis;
- A TAEG e o montante total imputado ao consumidor, ilustrada através de exemplo representativo que indique todos os elementos utilizados no cálculo desta taxa; se o consumidor tiver comunicado ao credor um ou mais componentes do seu crédito preferido, tais como a duração do contrato de crédito e o montante total do crédito, o credor deve ter em conta esses componentes; se o contrato de crédito estipular diferentes formas de utilização com diferentes encargos ou taxas nominais, e o credor fizer uso dos pressupostos enunciados na alínea b) da parte II do anexo I ao diploma, que dele faz parte integrante, deve indicar que o recurso a outros mecanismos de utilização para este tipo de acordo de crédito pode resultar numa TAEG mais elevada;
- O tipo, o montante, o número e a periodicidade dos pagamentos a efetuar pelo consumidor e, se for o caso, a ordem pela qual os pagamentos devem ser imputados aos diferentes saldos devedores a que se aplicam taxas de juro diferenciadas para efeitos de reembolso;
- Se for o caso, os encargos relativos à manutenção de uma ou mais contas para registar simultaneamente operações de pagamento e de utilização do crédito, a menos que a abertura de conta seja facultativa, bem como os encargos relativos à utilização de meios que permitam ao mesmo tempo operações de pagamento e de utilização do crédito, quaisquer outros encargos decorrentes do contrato de crédito e as condições em que esses encargos podem ser alterados;
- Os custos notariais a pagar pelo consumidor pela celebração do contrato de crédito, se for o caso;
- A eventual obrigação de celebrar um contrato acessório ligado ao contrato de crédito, nomeadamente um contrato de seguro, se a

celebração de tal contrato for obrigatória para a obtenção do crédito ou para a obtenção do crédito nas condições oferecidas;

- A taxa de juros de mora, bem como as regras para a respetiva adaptação e, se for caso disso, os encargos devidos em caso de incumprimento;
- As consequências da falta de pagamento;
- As garantias exigidas, se for o caso;
- A existência do direito de livre revogação pelo consumidor;
- O direito de reembolso antecipado e, se for o caso, as informações sobre o direito do credor a uma comissão de reembolso antecipado e a forma de a determinar, nos termos do artigo 19º;
- O direito de o consumidor ser informado, imediata, gratuita e justificadamente, nos termos do nº 3 dos artigos 10º e 11º, do resultado da consulta de uma base de dados para verificação da sua solvabilidade;
- O direito de o consumidor obter, por sua solicitação e gratuitamente, uma cópia da minuta de contrato de crédito, salvo se, no momento em que é feita a solicitação, o credor não estiver disposto a proceder à celebração do contrato de crédito com o consumidor; e,
- O período durante o qual o credor permanece vinculado pelas informações pré-contratuais, se for o caso.

Compete ao profissional e/ou ao intermediário de crédito o ónus da prova do cumprimento dos deveres pré-contratuais de informação (artigo 6º, nº 11).

Como complemento e, paralelamente aos deveres de informação pré-contratuais, o diploma consagra um dever de assistência ou de "aconselhamento" no artigo 7º[616]. O dever de assistência tem o propósito de esclarecer o consumidor sobre aspetos que lhe permita avaliar se o contrato de crédito proposto se adapta, quer às suas necessidades, quer à sua situação financeira, cabendo, designadamente, fornecer as informações

[616] Cfr. Ferreira dos Santos, Susana, "Regime Jurídico dos Contratos de Crédito aos Consumidores: Algumas Notas", *Revista Luso-Brasileira de Direito do Consumo*, vol. III, nº 9, 2013, pág. 131; Couto, Rute, "Preliminares Negociais", *Manual de Serviços Financeiros*, APDC, Coimbra, 2013, págs. 77 e ss e Morais Carvalho, Jorge, *Manual de Direito do Consumo*, 6ª ed., Almedina, Coimbra, 2019, pág. 410.

pré-contratuais já mencionadas, explicitar as características essenciais dos produtos propostos, bem como descrever os efeitos específicos deles decorrentes, incluindo as consequências da respetiva falta de pagamento. Os esclarecimentos devem ser prestados antes da celebração do contrato, e entregues ao consumidor em suporte duradouro reprodutível e apresentados de forma clara, concisa e legível. O ónus da prova do cumprimento do dever de assistência recai sobre o credor ou sobre o intermediário do crédito (artigo 7º, nº 4).

Não se prevendo consequências jurídicas para a omissão dos deveres pré-contratuais de informação (artigo 6º) e de assistência (artigo 7º), deve entender-se que é no quadro das CCG que se deve encarar a sanção de tal omissão, designadamente no artigo 8º do DL 446/85, de 25 de outubro, consagrando-se a exclusão das cláusulas dos contratos singulares[617].

5.2.3. Dever de Avaliar a Solvabilidade do Consumidor

Uma das novidades introduzidas pelo DL 133/2009, de 2 de junho, relativamente ao revogado DL 359/91, de 21 de setembro foi, justamente, a da consagração do dever de o profissional avaliar a solvabilidade do consumidor, antes da celebração do contrato. Parece-nos que, tal dever, tem um propósito protecionista relativamente a ambos os sujeitos, promovendo a concessão responsável de crédito[618]. Por um lado, pretende evitar-se o sobreendividamento do consumidor[619] e, por outro, salvaguardar-se o profissional do eventual crédito malparado.

O artigo 10º, nº 1 determina, neste sentido, que antes da celebração do contrato de crédito, o profissional deve avaliar a solvabilidade do consumidor[620] com base em informações que para tal sejam consideradas

617 Cfr. Ac. Rel. Porto de 28/3/2012. Processo 614/11.3TBVCD.P1.

618 Couto, Rute, "Preliminares Negociais", *Manual de Serviços Financeiros*, APDC, Coimbra, 2013, pág. 78.

619 Cfr. Ac. TJUE de 27/3/2014. Processo C-565/12.

620 O Aviso do Banco de Portugal nº 4/2017 estabelece os procedimentos e critérios a observar na avaliação da solvabilidade dos consumidores pelas entidades habilitadas a exercer, a título profissional, a atividade de concessão de crédito em Portugal. De realçar os deveres gerais previstos no Aviso que determinam que as instituições devem proceder com diligência e lealdade, promovendo a concessão de crédito responsável, tendo em consideração a situação financeira, os objetivos e as necessidades dos consumidores e a natureza, montante e características do contrato de crédito.

suficientes, se for caso disso obtidas junto do consumidor que solicita o crédito e, se necessário, através da consulta a bases de dados de responsabilidades de crédito, enquadradas pela legislação em vigor e com cobertura e detalhe informativo adequados para fundamentar essa avaliação. Acrescenta, o nº 2, que o profissional pode, complementarmente, proceder à avaliação através da consulta da lista pública de execuções, a que se refere o DL 201/2003, de 10 de setembro, ou de outras bases de dados consideradas úteis. Portanto, no processo de avaliação da capacidade e da propensão de o consumidor cumprir as obrigações decorrentes do contrato de crédito o profissional pode recorrer a diversos elementos[621], a saber:

- Informações prestadas pelo consumidor;
- Lista pública de execuções/Registo informático de execuções (DL 201/2003, de 10 de setembro);
- Central de Responsabilidades de Crédito[622];
- Qualquer outra base de dados considerada útil.

A recusa da concessão de crédito que resulte da avaliação da solvabilidade do consumidor deve ser informada ao consumidor imediata, gratuita e justificadamente, bem como os elementos constantes das bases de dados consultadas, salvo se a prestação destas informações for proibida por disposição do direito comunitário ou nacional, ou se for contrária a objetivos de ordem pública ou de segurança pública (artigos 10º 3 e 11º, nº 3).

[621] Cfr. Gravato Morais, Fernando de, *Crédito aos Consumidores – Legislação Anotada*, Almedina, Coimbra, 2009, págs. 56 e ss; Ferreira dos Santos, Susana, "Regime Jurídico dos Contratos de Crédito aos Consumidores: Algumas Notas", *Revista Luso-Brasileira de Direito do Consumo*, vol. III, nº 9, 2013, págs. 131 e ss e Morais Carvalho, Jorge, *Manual de Direito do Consumo*, 6ª ed., Almedina, Coimbra, 2019, págs. 414 e ss.

[622] A Central de Responsabilidades de Crédito é uma base de dados, gerida pelo Banco de Portugal, com informação prestada pelas entidades participantes (instituições que concedem crédito) sobre os créditos concedidos. O Banco de Portugal centraliza as responsabilidades de crédito mensais comunicadas pelas diversas entidades participantes. Os montantes divulgados às entidades participantes referem-se às responsabilidades de cada devedor perante o conjunto dessas entidades, não sendo identificado o local onde foi concedido o crédito nem a entidade que o concedeu. Disponível em https://www.bportugal.pt/perguntas-frequentes/276.

Se, durante a vigência do contrato, as partes decidirem aumentar o montante total do crédito, o profissional deve atualizar a informação financeira de que dispõe relativamente ao consumidor e avaliar de novo a sua solvabilidade (artigo 10º, nº 4).

Parece-nos que, atendendo à importância do dever de avaliar a solvabilidade, até por motivos de interesse público, na medida em que a concessão irresponsável de crédito é uma das causas de crises económico-financeiras[623], parca é a sanção pelo seu incumprimento. Prevendo-se, tão-somente, no artigo 30º, a sanção contraordenacional, será de admitir que, tal, não parece ser suficiente para dissuadir o profissional que pretenda conceder crédito a todo o custo, descurando a avaliação da capacidade e da propensão de o consumidor cumprir as obrigações decorrentes do contrato de crédito. A solução que se afiguraria adequada à tutela efetiva do interesse do consumidor, em particular e, do interesse público, em geral, seria a da consagração inequívoca da invalidade do contrato.

5.2.4. Requisitos Contratuais

Como desvio ao princípio da liberdade de forma (artigo 219º do CC)[624], o artigo 12º, nº 1 determina que os contratos de crédito devem ser exarados em papel ou noutro suporte duradouro, em condições de inteira legibilidade. Acrescenta o nº 2 que todos os contraentes, incluindo os garantes, devem receber um exemplar, sendo que, no caso de contratos de crédito celebrados presencialmente, o exemplar deve ser entregue no momento da assinatura do contrato. Relativamente ao revogado DL 359/91, de 21 de setembro, que impunha a redução a escrito do contrato, o diploma em vigor acrescenta a possibilidade de ser exarado em qualquer outro suporte duradouro, na aceção do artigo 4º, nº 1 al. n)[625]. A inobservância da forma legal determina a nulidade do contrato, nos termos do artigo 13º, nº 1 e

[623] Cfr. Morais Carvalho, Jorge, *Manual de Direito do Consumo*, 6ª ed., Almedina, Coimbra, 2019, pág. 415.

[624] Cfr. Ferreira dos Santos, Susana, "Regime Jurídico dos Contratos de Crédito aos Consumidores: Algumas Notas", *Revista Luso-Brasileira de Direito do Consumo*, vol. III, nº 9, 2013, pág. 134.

[625] Cfr. Gravato Morais, Fernando de, "Proteção do Consumidor a Crédito na Celebração e na Execução do Contrato", *RED – Revista Eletrónica de Direito*, nº 1, 2014, pág. 5.

do artigo 220º do CC[626]. Por sua vez, da omissão do dever de entrega de exemplar ao garante, resulta a nulidade da garantia (artigo 13º, nº 2)[627].

O artigo 12º, nº 3 estabelece um conjunto de elementos que devem constar do contrato[628]. Além das menções constantes das alíneas a) a g), primeiro período, e h) do nº 3 do artigo 6º[629], o contrato de crédito deve especificar, de forma clara e concisa, os seguintes elementos:

- No caso de amortização do capital em contrato de crédito com duração fixa, o direito do consumidor a receber, a seu pedido e sem qualquer encargo, a todo o tempo e ao longo do período de vigência do contrato, uma cópia do quadro da amortização;
- Se houver lugar ao pagamento de despesas e de juros sem amortização do capital, um extrato dos períodos e das condições de

[626] Cfr. Ac. Rel. Coimbra de 4/4/2017. Processo 3753/13.2TJCBR.C1.

[627] Cfr. Menéres Campos, Isabel, "Notas breves sobre os mecanismos de garantia do cumprimento no crédito ao consumo", *Liber Amicorum Mário Frota – A Causa dos Direitos dos Consumidores*, Almedina, Coimbra, 2012, pág. 300.

[628] Note-se que o artigo 12º, nº 3 estabelece os elementos gerais que devem contar dos contratos de crédito ao consumo, dado que, em alguns subtipos se impõem menções específicas (artigos 12º, nº 5 e 15º).

[629] Nomeadamente:
- O tipo de crédito;
- A identificação e o endereço geográfico do credor, bem como, se for o caso, a identificação e o endereço geográfico do intermediário de crédito envolvido;
- O montante total do crédito e as condições de utilização;
- A duração do contrato de crédito;
- Nos créditos sob a forma de pagamento diferido de um bem ou de um serviço específico e nos contratos coligados, o bem ou o serviço em causa, assim como o respetivo preço a pronto;
- A taxa nominal, as condições aplicáveis a esta taxa e, quando disponíveis, quaisquer índices ou taxas de juro de referência relativos à taxa nominal inicial, bem como os períodos, as condições e os procedimentos de alteração da taxa de juro; em caso de aplicação de diferentes taxas nominais, em função das circunstâncias, as informações antes referidas sobre todas as taxas aplicáveis.
- A TAEG e o montante total imputado ao consumidor, ilustrada através de exemplo representativo que indique todos os elementos utilizados no cálculo desta taxa;
- O tipo, o montante, o número e a periodicidade dos pagamentos a efetuar pelo consumidor e, se for o caso, a ordem pela qual os pagamentos devem ser imputados aos diferentes saldos devedores a que se aplicam taxas de juro diferenciadas para efeitos de reembolso.

pagamento dos juros devedores e das despesas recorrentes e não recorrentes associadas;

- Se for o caso, os encargos relativos à manutenção de uma ou de mais contas para registar simultaneamente operações de pagamento e de utilização do crédito, a menos que a abertura de conta seja facultativa, bem como os encargos relativos à utilização de meios que permitam ao mesmo tempo operações de pagamento e de utilização do crédito, e quaisquer outros encargos decorrentes do contrato de crédito e das condições em que esses encargos podem ser alterados;
- A taxa de juros de mora aplicável à data da celebração do contrato de crédito, bem como as regras para a respetiva adaptação e, se for o caso, os encargos devidos em caso de incumprimento;
- As consequências da falta de pagamento;
- Se for o caso, a menção de que os custos notariais de celebração do contrato devem ser pagos pelo consumidor;
- As eventuais garantias e os eventuais seguros exigidos;
- A existência do direito de livre revogação pelo consumidor, o prazo, o procedimento previsto para o seu exercício, incluindo designadamente informações sobre a obrigação do consumidor pagar o capital utilizado e os juros, de acordo com o nº 4 do artigo 17º, bem como o montante dos juros diários;
- As informações relativas aos direitos decorrentes do artigo 18º, bem como as condições de exercício desses direitos;
- O direito de reembolso antecipado, o procedimento a seguir nesse caso, o modo e a forma de cálculo da redução a que se refere o nº 1 do artigo 19º e, se for o caso, as informações sobre o direito do credor a uma comissão de reembolso antecipado e a forma da sua determinação;
- O procedimento a adotar para a extinção do contrato de crédito;
- A existência ou a inexistência de procedimentos extrajudiciais de reclamação e de recurso acessíveis ao consumidor e, quando existam, o respetivo modo de acesso;
- Outros termos e condições contratuais, se for o caso;
- O nome e o endereço da autoridade de supervisão competente.

Da inobservância dos elementos contratuais não resultam as mesmas consequências. Assim, determina a nulidade dos contratos de crédito em geral, a omissão das menções referidas no proémio do nº 3 do artigo 12º, nomeadamente:

- Ao tipo de crédito;
- À identificação e endereço geográfico do credor, bem como, se for o caso, à identificação e endereço geográfico do intermediário de crédito envolvido;
- Ao montante total do crédito e às condições de utilização;
- À duração do contrato de crédito;
- Nos créditos sob a forma de pagamento diferido de um bem ou de um serviço específico e nos contratos coligados, ao bem ou o serviço em causa, assim como ao respetivo preço a pronto;
- À TAN, às condições aplicáveis a esta taxa e, quando disponíveis, a quaisquer índices ou taxas de juro de referência relativos à taxa nominal inicial, bem como aos períodos, às condições e aos procedimentos de alteração da taxa de juro; em caso de aplicação de diferentes taxas nominais, em função das circunstâncias, as informações antes referidas sobre todas as taxas aplicáveis.
- À TAEG e ao montante total imputado ao consumidor, ilustrada através de exemplo representativo que indique todos os elementos utilizados no cálculo desta taxa;
- Ao tipo, montante, número e periodicidade dos pagamentos a efetuar pelo consumidor e, se for o caso, à ordem pela qual os pagamentos devem ser imputados aos diferentes saldos devedores a que se aplicam taxas de juro diferenciadas para efeitos de reembolso.

Por sua vez, os contratos de crédito, em geral, são anuláveis se faltar algum dos elementos referidos nas alíneas a) a f), h) a m) e o) do nº 3 do artigo 12º, a saber:

- No caso de amortização do capital em contrato de crédito com duração fixa, o direito do consumidor a receber, a seu pedido e sem qualquer encargo, a todo o tempo e ao longo do período de vigência do contrato, uma cópia do quadro da amortização;
- Se houver lugar ao pagamento de despesas e de juros sem amortização do capital, um extrato dos períodos e das condições de pagamento dos juros devedores e das despesas recorrentes e não recorrentes associadas;

- Se for o caso, os encargos relativos à manutenção de uma ou de mais contas para registar simultaneamente operações de pagamento e de utilização do crédito, a menos que a abertura de conta seja facultativa, bem como os encargos relativos à utilização de meios que permitam ao mesmo tempo operações de pagamento e de utilização do crédito, e quaisquer outros encargos decorrentes do contrato de crédito e das condições em que esses encargos podem ser alterados;
- A taxa de juros de mora aplicável à data da celebração do contrato de crédito, bem como as regras para a respetiva adaptação e, se for o caso, os encargos devidos em caso de incumprimento;
- As consequências da falta de pagamento;
- Se for o caso, a menção de que os custos notariais de celebração do contrato devem ser pagos pelo consumidor;
- A existência do direito de livre revogação pelo consumidor, o prazo, o procedimento previsto para o seu exercício, incluindo designadamente informações sobre a obrigação do consumidor pagar o capital utilizado e os juros, de acordo com o nº 4 do artigo 17º, bem como o montante dos juros diários;
- As informações relativas aos direitos decorrentes do artigo 18º, bem como as condições de exercício desses direitos;
- O direito de reembolso antecipado, o procedimento a seguir nesse caso, o modo e a forma de cálculo da redução a que se refere o nº 1 do artigo 19º e, se for o caso, as informações sobre o direito do credor a uma comissão de reembolso antecipado e a forma da sua determinação;
- O procedimento a adotar para a extinção do contrato de crédito;
- A existência ou a inexistência de procedimentos extrajudiciais de reclamação e de recurso acessíveis ao consumidor e, quando existam, o respetivo modo de acesso;
- O nome e o endereço da autoridade de supervisão competente.

De realçar que determina, ainda, a inexigibilidade das garantias e dos seguros exigidos, se a sua menção não constar do contrato (artigo 13º, nº 4).

A inobservância da aposição dos elementos é imputável ao profissional, em virtude da presunção *juris tantum* estabelecida no 13º, nº 5, e somente o consumidor pode invocar a invalidade (não sendo, portanto, a nulidade de conhecimento oficioso[630])[631]. Caso consumidor pretenda provar a existência do contrato, o artigo 13º, nº 6, faculta-lhe a possibilidade de o fazer por qualquer meio, pese embora a sua invalidade (desde que não invocada). Desta forma, se o consumidor provar a existência do contrato, não invocando a sua invalidade, tratando-se de contrato de crédito para financiamento da aquisição de bens ou serviços mediante pagamento a prestações, a obrigação do consumidor quanto ao pagamento é reduzida ao preço a contado e o consumidor mantém o direito de realizar tal pagamento nos prazos convencionados; Nos restantes contratos, a obrigação do consumidor quanto ao pagamento é reduzida ao montante do crédito concedido e o consumidor mantém o direito a realizar o pagamento nas condições que tenham sido acordadas ou que resultem dos usos. Portanto, do contrato de crédito desaparecem os juros ou outros encargos, mantendo-se as condições de pagamento fracionado convencionadas (artigo 13º, nº 7)[632].

5.3. Conteúdos

O artigo 4º, nº 1, al. i) define TAEG como o custo total do crédito para o consumidor, expresso em percentagem anual do montante total desse crédito, acrescido, se for o caso, dos custos previstos no nº 4 do artigo 24º. A TAEG assume uma particular relevância relativamente ao conteúdo dos contratos de crédito ao consumo[633]. Assim, para além de constituir um requisito contratual, cuja inobservância acarreta a nulidade, antes de o consumidor se vincular, é fundamental que a decisão seja informada e esclarecia, até de forma a possa estar apto a comparar diferentes ofertas[634].

Esta taxa, e como resultado da conjugação dos artigos 24º, nºs 1 e 2 e 4º, nº 1, al. g), expressa o custo global do crédito para o consumidor, em

[630] Cfr. Ac. Rel. Porto de 19/1/2010. Processo 20/07.4TJPRT.P1 e Ac. Rel. Lisboa de 4/3/2010. Processo 257168/08.6YIPRT.L1-8.

[631] Cfr. Gravato Morais, Fernando de, "Proteção do Consumidor a Crédito na Celebração e na Execução do Contrato", *RED – Revista Eletrónica de Direito*, nº 1, 2014, pág. 7.

[632] Cfr. Ac. TJUE de 9/11/2016. Processo C-42/15.

[633] Cfr. Morais Carvalho, Jorge, *Manual de Direito do Consumo*, 6ª ed., Almedina, Coimbra, 2019, págs. 395 e ss e Engrácia Antunes, José, *Direito do Consumo*, Almedina, Coimbra, 2019, págs. 211 e ss.

[634] Em sentido semelhante cfr. Gravato Morais, Fernando de, *Crédito aos Consumidores – Legislação Anotada*, Almedina, Coimbra, 2009, pág. 110.

percentagem anual, e engloba todos os valores a pagar, tais como os juros, comissões, seguros, despesas, comissões de manutenção, eventual remuneração do intermediário de crédito, entre outros, e é calculada de acordo com a fórmula matemática constante da parte I do anexo I ao diploma com vista a uniformizar os elementos de cálculo[635].

Por sua vez, o cálculo da TAEG é efetuado pressupondo de que o contrato de crédito vigora pelo período acordado e de que as respetivas obrigações são cumpridas nas condições e nas datas especificadas no contrato (artigo 24º, nº 5). Sempre que dos contratos de crédito constem cláusulas que permitam alterar a taxa devedora e, se for caso disso, encargos incluídos na que não sejam quantificáveis no momento do respetivo cálculo, a TAEG é calculada no pressuposto de que a taxa nominal e os outros encargos se mantêm fixos em relação ao nível inicial e de que são aplicáveis até ao termo do contrato de crédito.

O real conhecimento, por parte do consumidor, da totalidade dos montantes que lhe são imputados, em virtude da concessão do crédito, é fundamental, dado que previne a indução em erro pela apresentação de um valor de juros reduzidos, mas elevado de encargos[636].

No concerne à usura[637], para além da aplicação do regime geral do CC (artigos 559º-A e 1146º), o artigo 28º, nºs 1 e 2 do diploma determina que é havido como usurário o contrato de crédito cuja TAEG, no momento da celebração do contrato, exceda em um quarto a TAEG média praticada pelas instituições de crédito no trimestre anterior, para cada tipo de contrato de crédito aos consumidores, bem como, o contrato de crédito cuja TAEG, no momento da celebração do contrato, embora não exceda o limite definido no número anterior, ultrapasse em 50% a TAEG média dos contratos de crédito aos consumidores (independentemente do subtipo) celebrados no trimestre anterior[638]. Exemplificando: Imagine-se que

[635] Cfr. Ac. Rel. Porto de 14/11/2017. Processo 474/15.5T8ESP.P1 e Ac. Rel. Lisboa de 23/10/2008. Processo 4428/2008-8.

[636] A indicação errada da TAEG, nomeadamente, inferior à realidade, constitui uma prática comercial desleal (ação enganosa). Neste sentido cfr. Ac. TJUE de 15/3/2012. Processo C-453/10.

[637] Cfr. Loureiro, Carlos, "Juros Usurários no Crédito ao Consumo", *Revista de Estudos Politécnicos*, vol. V, nº 8, 2007, págs. 265 e ss; Ac. Rel. Porto de 14/11/2017. Processo 474/15.5T8ESP.P1 e Ac. Rel. Lisboa de 11/2/2010. Processo 24936/03.8YXLSB.L1-8.

[638] Cfr. Instrução do Banco de Portugal nº 14/2013 de 17 de junho.

a TAEG média do último trimestre para o subtipo de contrato de crédito X é de é de 10%, será usurária a que ultrapasse 12.5% (por aplicação do artigo 28º, nº 1). Se a TAEG média de todos os subtipos de contrato de crédito ao consumo for de 8%, o limite da usura situa-se nos 12% (por aplicação do artigo 28º, nº 2). Portanto, o limite duplo imposto pelos nºs 1 e 2 do artigo 28º, determina que seja suficiente que um deles seja ultrapassado para que se considere o contrato usurário[639]. No exemplo dado, o limite seria de 12%.

Pese embora a usura não determine a nulidade do contrato, o artigo 28º, nº 6 estabelece que a TAEG é automaticamente reduzida a metade do limite máximo e aplicada a sanção contraordenacional respetiva (artigo 30º, nº 1).

5.4. Cumprimento

5.4.1. Direito de Arrependimento

Relativamente ao revogado DL 359/91, de 21 de setembro, para além da mudança de nomenclatura (período de reflexão para direito de livre resolução), o atual diploma alarga o prazo para o exercício do direito de arrependimento de 7 dias úteis para 14 dias (artigo 17º, nº 1) contados a partir da data da celebração do contrato de crédito, ou da data de receção pelo consumidor do exemplar do contrato e das informações a que se refere o artigo 12º, se essa data for posterior (artigo 17º, nº 2).

O direito de arrependimento é aplicável a todos os subtipos de contrato de crédito[640], justificando-se, o período de reflexão, pelo impacto que a celebração de um contrato de crédito possa vir a ter na vida do consumidor.

No que concerne aos efeitos do exercício do direito de arrependimento, para além da extinção do contrato, o consumidor deve devolver ao profissional o montante do crédito disponibilizado, bem como, os juros vencidos a contar da data de utilização do crédito até à data da devolução, num prazo máximo de 30 dias após a expedição da comunicação (artigo 17º, nº 4).

[639] Cfr. Morais Carvalho, Jorge, *Manual de Direito do Consumo*, 6ª ed., Almedina, Coimbra, 2019, pág. 400.

[640] Cfr. Gravato Morais, Fernando de, "Proteção do Consumidor a Crédito na Celebração e na Execução do Contrato", *RED – Revista Eletrónica de Direito*, nº 1, 2014, pág. 8.

5.4.2. Reembolso Antecipado

O consumidor pode, a todo o tempo, desvincular-se do contrato ou reduzir o peso da dívida[641] mediante o reembolso antecipado total ou parcial[642]. O artigo 19º determina, portanto, que o consumidor tem o direito, a todo o tempo, mediante aviso prévio ao profissional, não inferior a 30 dias, em papel ou outro suporte duradouro, de cumprir antecipadamente, parcial ou totalmente, o contrato de crédito, com correspondente redução do custo total do crédito, por via da redução dos juros e dos encargos do período remanescente do contrato (nºs 1 e 2). Por sua vez, o credor tem direito a uma compensação, justa e objetivamente justificada, pelos custos diretamente relacionados com o reembolso antecipado, desde que tal ocorra num período em que a taxa nominal aplicável seja fixa (nº 3). A compensação traduz-se no pagamento, pelo consumidor, de uma comissão de reembolso antecipado que não pode exceder 0,5% do montante do capital reembolsado antecipadamente, se o período decorrido entre o reembolso antecipado e a data estipulada para o termo do contrato de crédito for superior a um ano, não podendo tal comissão ser superior a 0,25% do montante do crédito reembolsado antecipadamente, se o mencionado período for inferior ou igual a um ano (nº 4). Em nenhum caso a comissão referida pode exceder o montante dos juros que o consumidor teria de pagar durante o período decorrido entre o reembolso antecipado e a data estipulada para o termo do período de taxa fixa do contrato de crédito.

5.4.3. Incumprimento do Contrato pelo Consumidor

A matéria relativa ao incumprimento do contrato pelo consumidor é abordada no artigo 20º[643], que determina que na pendência de tal incumpri-

[641] Cfr. Engrácia Antunes, José, *Direito do Consumo*, Almedina, Coimbra, 2019, pág. 213.

[642] Cfr. Duarte, Paulo, "O Direito do Consumidor ao Cumprimento Antecipado nos Contratos de Concessão de Crédito", *Liber Amicorum Mário Frota – A Causa dos Direitos dos Consumidores*, Almedina, Coimbra, 2012, pág. 409 e ss.

[643] Que consagra um regime especial relativamente ao regime geral dos artigos 781º e 934º do CC. Quanto ao artigo 781º, estabelece, quanto às dívidas liquidáveis em prestações, que a falta de realização de uma delas importa o vencimento de todas. No que concerne ao artigo 934º, e quanto ao contrato de compra e venda a prestações, a falta de pagamento de uma só prestação que não exceda a oitava parte do preço não dá lugar à resolução do contrato, nem importa a perda do benefício do prazo relativamente às prestações seguintes, sem embargo de convenção em contrário.

mento, o profissional só possa invocar a perda do benefício do prazo ou resolver o contrato se, cumulativamente, ocorrerem as seguintes circunstâncias (nº 1):

- A falta de pagamento de duas prestações sucessivas que exceda 10% do montante total do crédito;
- Ter o profissional, sem sucesso, concedido ao consumidor um prazo suplementar mínimo de 15 dias para proceder ao pagamento das prestações em atraso, acrescidas da eventual indemnização devida, com a expressa advertência dos efeitos da perda do benefício do prazo ou da resolução do contrato.

De realçar que a resolução do contrato de crédito pelo profissional não obsta a que este possa exigir o pagamento de eventual sanção contratual ou a indemnização, nos termos gerais (nº 2).

Portanto, o profissional apenas poderá lançar mão da resolução do contrato ou da perda de benefício do prazo[644] se estiver em causa o incumprimento de duas prestações sucessivas, excluindo-se as prestações alternadas, e tais prestações sucessivas ultrapassem em 10% o montante integral do crédito e, cumulativamente, tenha sido concedido ao consumidor um prazo suplementar mínimo de 15 dias para pagamento das prestações em mora e da indemnização devida com expressa advertência dos efeitos do incumprimento[645].

[644] Não nos parece que seja de admitir que, uma vez resolvido o contrato ou invocada a perda do benefício do prazo e, consequentemente, o vencimento das prestações vincendas, seja devido, sobre tais prestações vincendas, o pagamento de juros remuneratórios, pois, seria remunerar um capital a que já não tem direito o consumidor. Cfr. Ac. STJ de 5/5/2009. Processo 09B3604; Ac. Rel. Guimarães de 19/4/2018. Processo 13/14.5T8PTL.G1.; Ac. Rel. Porto de 10/11/2015.Processo 1060/15.5T8PVZ.P1 e Ac. Rel. Évora de 16/5/2013. Processo 1207/11.0TBOLH.E.

[645] Cfr. Gravato Morais, Fernando de, "Proteção do Consumidor a Crédito na Celebração e na Execução do Contrato", *RED – Revista Eletrónica de Direito*, nº 1, 2014, págs. 11 e ss.

5.5. O Contrato de Crédito Coligado

A noção de contrato de crédito coligado[646] encontra previsão no artigo 4º, nº 1 al. o). Considera-se, pois, que um contrato de crédito está coligado a um contrato de compra e venda ou de prestação de serviços, se:

- O crédito concedido servir exclusivamente para financiar o pagamento do preço do contrato de fornecimento de bens ou de prestação de serviços específicos; e,
- Ambos os contratos constituírem objetivamente uma unidade económica, designadamente se o crédito ao consumidor for financiado pelo fornecedor ou pelo prestador de serviços ou, no caso de financiamento por terceiro, se o credor recorrer ao fornecedor ou ao prestador de serviços para preparar ou celebrar o contrato de crédito ou se o bem ou o serviço específico estiverem expressamente previstos no contrato de crédito.

Analisando a definição, pode dizer-se, em primeiro lugar, que a coligação de contratos implica a coexistência de dois ou mais contratos, conexos entre si por um nexo funcional, de tal modo que constituem uma unidade económica[647], apesar de cada um manter a sua individualidade própria. Dada a dependência recíproca, ambos os contratos se complementam na obtenção da finalidade económica comum que implica que as vicissitudes de um se repercutam no outro[648]. Em segundo lugar, a assunção da existência de coligação acarreta que o crédito concedido tenha o propósito de financiar, exclusivamente, o pagamento do preço de contrato de fornecimento de bens ou de prestação de serviços.

No que concerne às repercussões das vicissitudes de um dos contratos no outro, o artigo 18º, nºs 1 e 2 estabelece que a invalidade ou a inefica-

[646] Cfr. Gravato Morais, Fernando de, *União de Contratos de Crédito e de Venda para Consumo*, Almedina, Coimbra, 2004.

[647] O diploma determina, de forma exemplificativa, quando deve assumir-se a existência de unidade económica, nomeadamente, quando o crédito ao consumidor for financiado pelo fornecedor ou pelo prestador de serviços ou, no caso de financiamento por terceiro, se o credor recorrer ao fornecedor ou ao prestador de serviços para preparar ou celebrar o contrato de crédito ou se o bem ou o serviço específico estiverem. expressamente previstos no contrato de crédito. Cfr. Morais Carvalho, Jorge, *Manual de Direito do Consumo*, 6ª ed., Almedina, Coimbra, 2019, pág. 438.

[648] Cfr. Ac. Rel. Coimbra de 18/7/2007. Processo 22/06.8TBSBG.C1.

cia do contrato de crédito coligado repercute-se, na mesma medida, no contrato de compra e venda, por um lado, e, por outro, que a invalidade ou a revogação do contrato de compra e venda repercute-se, na mesma medida, no contrato de crédito coligado. Depreende-se, assim, que a invalidade (nulidade ou anulabilidade) ou ineficácia (resultante por exemplo do exercício do direito de arrependimento ou da resolução por incumprimento) do contrato de crédito, se projeta, na mesma medida, no contrato de compra e venda (ou de prestação de serviços[649]) e *vice-versa*[650-651].

Por sua vez, o artigo 18º, nº 3, consagra um princípio de responsabilidade subsidiária do credor perante o consumidor pelo exato e pontual cumprimento do contrato celebrado com o vendedor ou prestador de serviços[652]. Desta forma, no caso de incumprimento ou de desconformidade no cumprimento de contrato de compra e venda ou de prestação de serviços coligado com contrato de crédito, o consumidor que, após interpelação do vendedor, não tenha obtido deste a satisfação do seu direito ao exato cumprimento do contrato, pode interpelar o credor para exercer qualquer uma das seguintes pretensões:

- A exceção de não cumprimento do contrato;
- A redução do montante do crédito em montante igual ao da redução do preço[653];
- A resolução do contrato de crédito[654].

De realçar o disposto no artigo 18º, nº 4, que determina que em caso de redução do montante do crédito em montante igual ao da redução do preço, ou de resolução do contrato de crédito, o consumidor não está

[649] Apesar do artigo 18º, nºs 1 e 2 não se referir expressamente ao contrato de prestação de serviços, atendendo à definição de contrato de crédito coligado do artigo 4º, nº 1, al. o), e à razão de ser dos preceitos, não nos parece que o legislador tenha querido excluir tal contrato, dado não existir qualquer diferença substancial entre ambas as situações (compra e venda e prestação de serviços).

[650] Cfr. Gravato Morais, Fernando de, "Proteção do Consumidor a Crédito na Celebração e na Execução do Contrato", *RED – Revista Eletrónica de Direito,* nº 1, 2014, págs. 13 e ss.

[651] Cfr. Ac. Rel. Porto de 23/2/2012. Processo 359/06.6TBARC-A.P1.

[652] Cfr. Ac. STJ de 20/12/2017. Processo 1371/12.1TBAMT-A.P1.S1.

[653] Cfr. Artigo 4º, nº 1 do DL 67/2003, de 8 de abril.

[654] Nos termos dos artigos 790 e ss do CC ou do artigo 15º, nº 1, al. c) do DL 84/2021, de 18 de outubro.

obrigado a pagar ao credor o correspondente valor àquele que foi recebido pelo vendedor. Tal norma impõe um especial cuidado ao financiador relativamente aos profissionais com que colabora na concessão de crédito, na medida em que, por ex., em situação de insolvência do vendedor ou do prestador de serviços e, reduzida a prestação ou resolvido o contrato, tal implica o não recebimento simultâneo dos montantes entregues e das prestações do contrato de crédito[655].

[655] Cfr. Gravato Morais, Fernando de, *União de Contratos de Crédito e de Venda para Consumo*, Almedina, Coimbra, 2004, pág. 84.

ÍNDICE

NOTA DE ABERTURA 5
PREFÁCIO 7
ÍNDICE DE ABREVIATURAS 11

CAPÍTULO I – PARTE GERAL 13

PARTE I – ASPETOS GERAIS 15
1. Objeto e Fundamentos do Direito do Consumo 15
2. O Conceito de Consumidor 16
2.1. Elemento Subjetivo 17
2.2. Elemento Objetivo 23
2.3. Elemento Teleológico 23
2.4. Elemento Relacional 24

PARTE II – QUADRO JURÍDICO GERAL DE PROTEÇÃO DO CONSUMIDOR 25
1. Quadro Jurídico Geral de Proteção do Consumidor 25
1.1. Direito à Qualidade dos Bens e Serviços 26
1.2. Direito à Proteção da Saúde e Segurança Física 31
1.2.1. Segurança Geral dos Produtos e Responsabilidade Objetiva do Produtor 31
1.2.2. *RAPEX* 38
1.2.3. *RASFF* 40
1.3. Direito à Formação e Educação para o Consumo 42
1.4. Direito à Informação 44
1.5. Direito à Proteção dos Interesses Económicos 48
1.6. Direito à Prevenção e à Reparação dos Danos Patrimoniais ou Não Patrimoniais 49

1.7. Direito à Proteção Jurídica e a uma Justiça Acessível e Pronta 53
1.8. Direito à Participação por Via Representativa 57
1.9. Livro de Reclamações 58
1.9.1. Formato Físico 61
1.9.2. Formato Eletrónico 64

CAPÍTULO II – CONTRATOS DE CONSUMO 67

PARTE I – ASPETOS GERAIS 69
1. Noção 69
2. Forma e Formação 69
2.1. Forma 69
2.2. Formação 70
2.2.1. Indicação dos Preços 72
2.2.2. Práticas Comerciais com Redução de Preço 73
2.2.3. Publicidade 77
2.2.3.1. Noção e Funções 77
2.2.3.2. Princípios Gerais 79
2.2.3.3. Formas Especiais de Publicidade 84
2.2.3.3.1. Publicidade Domiciliária, por Telefone e por Telecópia 84
2.2.3.3.2. Publicidade nos Meios de Comunicação Social 86
2.2.4. Práticas Comerciais Desleais 88
2.2.4.1. Práticas Comerciais Desleais em Geral – Noção 89
2.2.4.2. Práticas Comerciais Desleais em Especial – Tipologia 90
2.2.4.2.1. Práticas Dirigidas a Consumidores Particularmente Vulneráveis 91
2.2.4.2.2. Ações Enganosas 91
2.2.4.2.3. Omissões Enganosas 95
2.2.4.2.4. Práticas Agressivas 96
2.2.4.3. Regime Sancionatório 99
3. Conteúdos 100
3.1. Cláusulas Contratuais Gerais 100
3.1.1. Noção 101
3.1.2. Inclusão em Contratos Singulares 102
3.1.3. Interpretação e Integração 105
3.1.4. Fiscalização do Conteúdo 107
3.2. Período de Fidelização 109
4. Cumprimento 116
4.1. Boa-Fé 116

4.2. Preço 117
4.3. Lugar e Prazo 118
4.4. Conformidade 120
5. Extinção – O Direito de Arrependimento 122
5.1. Aspetos Gerais 122
5.2. Noção e Elementos 123
5.3. Fundamentos e Natureza 125

PARTE II – CONTRATOS DE CONSUMO EM ESPECIAL 127
1. Contratos Celebrados à Distância e Fora do Estabelecimento Comercial 128
1.1. Objeto e Âmbito de Aplicação 128
1.2. Definições 131
1.2.1. Contrato Celebrado à Distância 131
1.2.2. Contrato Celebrado Fora do Estabelecimento Comercial 133
1.3. Formação 135
1.4. Direito de Arrependimento 139
1.4.1. Fundamentos 139
1.4.2. Prazo 139
1.4.3. Exercício e Efeitos 142
1.4.4. Exceções ao Exercício do Direito de Arrependimento 144
2. Vendas Automáticas 147
3. Venda de Bens e Fornecimento de Conteúdos e Serviços Digitais 148
3.1. Objeto e Âmbito de Aplicação 148
3.2. Conformidade 159
3.3. Entrega do Bem e Obrigação de Fornecimento de Conteúdos e Serviços Digitais 174
3.4. Falta de Conformidade e Ónus da Prova 176
3.5. Direitos do Consumidor 181
3.5.1. Reparação e Substituição 185
3.5.2. Resolução do Contrato e Redução Proporcional do Preço 185
3.5.3. Indemnização e Exceção de Não Cumprimento 189
3.5.4. Transmissão dos Direitos 190
3.6. Responsabilidade do Profissional e Prazos 190
3.6.1. Prazo de Garantia (ou de Conformidade) 191
3.6.2. Prazos Para o Exercício dos Direitos 197
3.6.2.1. Denúncia da Falta de Conformidade 197
3.6.2.2. Caducidade do Direito de Ação 198
3.7. Responsabilidade do Produtor 199
3.8. Garantias Comerciais (Voluntárias) 201
3.9. Imperatividade 202

4. Serviços Públicos Essenciais 203
4.1. Objeto e Âmbito de Aplicação 203
4.2. A Tutela do Utente 205
4.3. Suspensão da Prestação do Serviço 208
4.4. Prescrição e Caducidade do Direito ao Recebimento do Serviço Prestado 211
5. Crédito ao Consumo 214
5.1. Objeto e Âmbito de Aplicação 214
5.2. Formação 218
5.2.1. Publicidade 218
5.2.2. Informações Pré-Contratuais e Dever de Assistência 220
5.2.3. Dever de Avaliar a Solvabilidade do Consumidor 224
5.2.4. Requisitos Contratuais 226
5.3. Conteúdos 231
5.4. Cumprimento 233
5.4.1. Direito de Arrependimento 233
5.4.2. Reembolso Antecipado 234
5.4.3. Incumprimento do Contrato pelo Consumidor 234
5.5. O Contrato de Crédito Coligado 236

ÍNDICE 239